市场营销基础

主编◎侯铭海

参编◎卜 卓 史婷婷 王 博 李荣香 苏爱艳 孙文学

清华大学出版社
北京

内 容 简 介

本书结合教育部对职业教育的培养理念,以市场营销职业能力的培养为重点,围绕着营销岗位的要求,以项目化教学为设计思路,以任务驱动为教学方法,按照市场营销岗位的主线顺序编写,穿插相关理论阐述,全面丰富学生的营销知识,提高学生的营销能力与营销素质。

按照营销岗位的工作流程,本书分为九个项目:市场营销认知、市场营销环境分析、顾客购买行为分析、营销战略分析、产品策略、价格策略、分销策略、促销策略、网络营销认知。

本书可作为高等职业院校、高等专科学校、成人高等院校、本科院校开办的二级职业技术学院等市场营销相关专业的教学用书,也可作为社会从业人士的业务参考用书、培训用书及自学用书。

图书在版编目(CIP)数据

市场营销基础 / 侯铭海主编. —北京:清华大学出版社,2022.5
ISBN 978-7-302-60503-4

Ⅰ. ①市… Ⅱ. ①侯… Ⅲ. ①市场营销学—高等职业教育—教材 Ⅳ. ①F713.50

中国版本图书馆 CIP 数据核字(2022)第 055875 号

责任编辑:杜春杰
封面设计:刘 超
版式设计:文森时代
责任校对:马军令
责任印制:丛怀宇

出版发行:清华大学出版社
   网 址:http://www.tup.com.cn, http://www.wqbook.com
   地 址:北京清华大学学研大厦 A 座   邮 编:100084
   社 总 机:010-83470000   邮 购:010-62786544
   投稿与读者服务:010-62776969, c-service@tup.tsinghua.edu.cn
   质量反馈:010-62772015, zhiliang@tup.tsinghua.edu.cn
印 装 者:三河市科茂嘉荣印务有限公司
经 销:全国新华书店
开 本:185mm×260mm   印 张:14.5   字 数:339 千字
版 次:2022 年 5 月第 1 版   印 次:2022 年 5 月第 1 次印刷
定 价:49.00 元

产品编号:092057-01

前　言

　　市场营销是职业院校财经商贸大类、现代服务大类专业学科体系的重要组成部分，市场营销、电子商务、物流管理、连锁经营管理、商务管理、国际商务等专业均将其纳入专业基础课或专业拓展课。

　　本书吸收了国内外最新的营销理论及营销实践经验，根据营销场景网络化的时代特征，特别加入了网络营销等教学项目。依据营销岗位对营销知识及技能的需要，遵从"项目导向""任务驱动""教、学、做一体化"等教学思路，设计全书内容。从整体框架上看，按照市场营销活动的主要内容，本书分为9个项目，38项子任务，根据职业教育对课程标准的相关要求，为每个任务设定了相应的知识目标、能力目标和素质目标。

　　全书在内容和形式上都力求有所突破，总体来说，有如下特点。

　　（1）以项目为导向，设计驱动型学习任务，可以有效提高学生学习的自主性和能动性，在各学习任务中，首先说明该任务的知识、能力、素质目标，使学生在学习过程中、教师在教学过程中目标明确，有的放矢。

　　（2）本书立足本国特色，大部分引导案例及课内案例均采用了国内最新的营销事件，避免了市场营销教学中大量使用国外案例，无法适应国内教学的情况。同时，本书充分从中国历史、优秀传统文化、正能量社会现象中汲取素材，将大量传统文化中和现代营销思想相契合的典故、案例融入教学内容，做到"润物无声"。

　　（3）充分体现了"教、学、做"一体化的教学思路。通过布置学习型任务，结合相关知识的课堂讲授，辅之技能训练项目，做到"教中学""学中做"，使学生在课程学习中就能够掌握一线营销岗位技能。

　　（4）理论基础知识简明扼要、通俗易懂，技能训练过程程序化，对我国目前职业教育及继续教育的学习者尤为适宜。

　　（5）师生互评。按照职业教育课程标准可评可测的原则，本书在每个项目结束后，设计了相应的技能训练考核成绩表，表中允许教师和学生互评，有助于师生对学习情况进行全面的数据分析，同时该表格可以配合不同的教学信息化平台进行数据采集。

　　（6）本书提供包括电子课件、引导案例视频、课堂思考讲解视频等教学资源，有利于教师更方便地组织课堂教学及学生课前、课中、课后自学。

　　本书由河北建材职业技术学院、东北石油大学的多位一线教师合力编写。侯铭海任主编，卜卓、史婷婷、王博、李荣香、苏爱艳、孙文学参编。编写分工如下：侯铭海设计全书框架，拟定编写大纲，负责全书的修改、总纂和定稿；项目一、二由王博编写；项目三、

四由侯铭海编写；项目五、六由卜卓编写；项目七、八、九由史婷婷编写；苏爱艳、孙文学、李荣香负责全书的校对、案例收集整理；侯铭海、卜卓、史婷婷、王博承担了电子教学资源的编写、整理与制作。

本书的编写参考和借鉴了国内外同行的有关论著和研究成果，并得到清华大学出版社、京源畅想文化传播有限公司的大力支持，在此一并表示感谢。限于编者水平，本书难免存在不当或疏漏之处，恳请同行和读者批评指正，提出宝贵意见，我们将不胜感激。

编　者

2021 年 10 月

目 录

项目一 市场营销认知

任务一 市场营销基本认知

知识目标

1. 认识市场营销的内涵。
2. 掌握与市场营销相关的概念。
3. 理解市场营销管理的任务。

能力目标

1. 能够灵活运用营销理论。
2. 能够对与市场营销相关的概念进行区分。
3. 能够通过分析市场营销管理的任务实现企业营销目标。

素质目标

1. 初步具备市场意识及营销岗位知识。
2. 能够运用科学思维解决具体问题。
3. 塑造敢于创新的品质。

引导案例

胜于颜值、精于速溶？三顿半逆势增长背后的标杆级营销手法

速溶咖啡似乎已经被时代抛弃，然而2019年爆火的三顿半似乎发出了不一样的信号。

继2019年登顶天猫"双11"咖啡类目榜首后，三顿半在2020年天猫"618"期间，力压雀巢、星巴克两大巨头，跃居天猫"618"冲调大类销量第一。

在咖啡热门赛道中，三顿半究竟有着怎样的吸引力，由一个名不见经传的小众品牌蜕变成受人热捧的品牌新星呢？

虽然速溶咖啡本身不断进行着健康化、品质化的行业内部升级，但在外界看来，其"反式脂肪酸""高糖"的标签始终存在。三顿半正是嗅到这一机遇，创新式地开辟了一个全新的咖啡市场——"精品速溶咖啡"。要打造全民喜爱的优质品牌，除了自身产品过硬外，还需要顺应潮流，打造审美红利。三顿半抛弃传统速溶咖啡的塑料包装，改为可爱

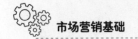

的小塑料罐装，迎合了当下的颜值经济潮流，俘获了消费者的情感需求，让消费者像讨论口红色号一样去讨论咖啡。

三顿半于2017年10月主动开启"返航计划"，而且注入了很多营销细节。"返航计划"具体来说就是用户把空罐子送到指定地点，能够兑换"返航之星"，"返航之星"可继续兑换徽章、贴纸、胶带等周边产品，纪念品以及抽奖获得滑板的机会。"返航计划"不仅规避了"环保"风险和公关危机，还能作为杠杆撬动多方资源，如小程序对于用户信息的收集、极度的用户黏性和复购、周边产品的衍生和品牌露出、跨界合作多元活动、建立全国的咖啡网络等。

回看体验方面，用户积极响应，有成就感，也有满足感。一位来自B站的用户就上传了自己的返航计划视频博客。很明显，这些用户不缺内容创作的内驱力，就看品牌是否给人家"递话筒"。

"返航计划"作为三顿半具有战略性意义的全季节性的活动，把空罐本身作为货币，线上线下互相倒流，同时形成自己的用户——产品——体验的生态，是现在新零售玩法的一个典型代表。

资料来源：品牌几何. 胜于颜值、精于速溶？三顿半逆势增长背后的标杆级营销手法[EB/OL].（2020-09-23）[2021-05-06]. https://mp.weixin.qq.com/s/qN0SPMs19P9wyVLmVCpEIg.

任务分析

三顿半咖啡品牌的成立源于创始团队思考的一个问题："为什么1杯30元左右的咖啡，顾客觉得贵，而开咖啡馆的又赚不到钱？"基于现有咖啡的消费痛点，推出方便又好喝的精品速溶咖啡，成为三顿半突破咖啡行业困境的破局点。企业若想成功，从不可能的商机中开发出广阔的市场，除了要有过硬的产品，离不开好的市场营销。请同学们分小组讨论以下问题。

（1）三顿半咖啡是如何成功营销的？

（2）三顿半咖啡的成功对其他品牌有哪些借鉴意义？

知识学习

一、认识市场营销的内涵

谈到市场营销（marketing），可能很多人简单地理解成推销或销售，然而这只是市场营销中的某一环节，并不是其本质内涵。正如张瑞敏指出的："促销只是一种手段，但营销是一种真正的战略。"

市场营销是一门非常年轻的学科，但不乏学者和机构都去定义它、研究它。美国市场营销协会将市场营销定义为：引导货物和劳动从生产者流向消费者或用户的企业商务活动过程。还有一些学者发表的著作研究和提出的相关理论成为市场营销学科发展的重要里程碑。例如，霍华德的著作在营销界产生了很大影响，他认为市场营销的管理根本就是企业对于动态的环境创造性的适应。杰姆罗·麦卡锡将产品、价格、地点和促销概括为四个基本要素，提出了著名的 4P 理论，还建立了以管理为导向的营销思想体系。

美国著名的营销学者、现代营销学之父菲利普·科特勒对市场营销的定义得到了广泛认同。他指出："市场营销是个人或群体通过创造、提供并同他人交换有价值的产品，以满足需求和欲望的一种社会活动和管理过程。"本书认同并采用了这一概念，从该定义概括出如下几方面内容。

第一，市场营销适用于存在交换关系的所有领域，主体既可以是企业，也可以是个人或其他组织，但企业最为典型。

第二，市场营销的目的是"满足需求和欲望"。企业只有发现消费者的需要，并通过商品交换尽力满足它，才能为自己赢取赚钱的机会。

第三，市场营销的核心是一种交换活动。只有满足各方需要的交换活动才是市场营销。

第四，市场营销的对象是"产品和价值"。

第五，市场营销既包括企业参与社会活动，又是企业进行经营管理的过程。

由此可见，市场营销与推销、促销是有很大不同的。在企业将产品投入生产之前，市场营销就已经开始。企业要深入了解市场动态，分析顾客的现实需求、潜在需求，规划产品从设计到投放的全部经营活动，进行产品定价，从而确保产品能够销售出去并迅速占领市场。在现实商业活动中，很多企业的市场营销部门只将重心放在了将产品变成现金这一环节上，并未对前述市场营销的本质进行深刻理解，没有让这个部门发挥真正的作用。而市场营销是企业最核心的一项经营管理活动，因此，在当今商业竞争如此激烈的环境下，我们更要去系统地认识市场营销、学习市场营销。

二、市场营销的相关概念

（一）需要、欲望和需求

市场营销的目的是满足需求和欲望，这也是人们进行交换活动的动因。因此，在现代经济活动中，可以从这个角度去观察和指导市场活动。

1. 需要

"需要"一词在 360 百科中解释为：有机体感到某种缺乏而力求获得满足的心理倾向，是有机体自身和外部生活条件的要求在头脑中的反映，是人们与生俱来的基本要求。因此，可以看到需要包括生理上、精神上和社会活动中所产生的要求。人类首先必须满足吃、穿、住、行等物质生活需要，例如，炎炎夏日口渴难耐时就想喝水，饥肠辘辘就想找吃的食物，劳累的时候想睡觉。需要还包括精神上的，如对社会公平正义、文明和谐的需要等。这些是人的本能，是他人无法左右的，因此，市场营销者不能自我创造人类的需要，但可以通过市场活动去满足、激发这些需要。

延伸阅读 1.1
人民美好生活
需要：内涵、
体验与获得感

2. 欲望

如果说需要是泛泛的，那么欲望就有了明确的指向性，是对特定的东西的渴求，是想满足上述基本需要而意欲得到的具体产品的愿望。欲望要比需要上了一个台阶。欲望对于每个人不是统一的，文化背景、社会背景、生活习惯、受教育背景甚至性别都会影响一个人的欲望。人们的基本需要是有限的，但是欲望却参差百态。然而对于企业而言，有购买

力的欲望才是有意义的。商人无法创造需要，却可以通过市场来影响人们的欲望。

3．需求

这里仅是指有购买能力并甘愿花钱去买的欲望，即人们常说的有支付能力的需求。人的欲望是无边的，但需求能否得到满足是受制约的。对于企业产品来说，顾客有"欲望"而且有购买能力才是有用的，才会构成"需求"。例如，初入职场的人想买当下最新款的智能手机，但该手机不参与任何促销活动，积蓄不足以购买，那么便构不成需求。因此，在自身有限的支付能力下最大程度地满足顾客的欲望，就是营销之于顾客的意义所在。

此外，人们将那些虽然有明确意识的欲望，但由于各种原因还没有明确表达出来的需求称为潜在需求。潜在需求通常包括：购买力不足的潜在需求；适销商品短缺的潜在需求；不熟悉的潜在需求；竞争倾向的潜在需求。因此，企业要想赢得竞争，不但要注重顾客的现实需求，更应捕捉市场的潜在需求。一旦上述原因消除，条件成熟，潜在需求就会转化为现实需求，为企业提供无限的商机。众所周知，当今的中国市场具备巨大潜力。2020年11月4日，在第三届中国国际进口博览会开幕式上国家主席习近平谈到："中国有14亿人口，中等收入群体超过4亿，是全球最具潜力的大市场。预计未来10年累计商品进口额有望超过22万亿美元。中国制造已经成为全球产业链供应链的重要组成部分，做出了积极贡献。中国广阔的内需市场将继续激发源源不断的创新潜能。"

拓展知识 1.1
马斯洛需要
层次理论

（二）市场

市场主要是由"卖方"和"买方"组成。通常卖方构成行业，买方形成市场。在营销学中有"目标市场""市场细分"等专有名词，多指顾客群体。因此，在这里我们说的市场是某种产品的实际购买者和潜在购买者的集合。

同样参照科特勒对市场进行的定义：市场是由那些具有特定的需要或欲望，而且愿意并能够通过交换来满足这种需要或欲望的全部顾客。

市场包括三个要素：有某种需要的人、为满足这种需要的购买能力及购买意愿。用公式表示为：市场=有某种需要的人+购买能力+购买意愿。

以上这三个要素缺一不可、互相制衡，只有具备市场的三要素，才能形成现实市场。营销实践中还有一个是潜在市场。如果只是具备了其中的某种需要的人、购买欲望而缺少购买力就是潜在市场。市场营销的重要任务就是要通过企业的努力，将潜在市场转化为现实市场。

（三）产品

产品是指能够满足人类需要和欲望的任何东西，既可以是有形的实体产品，也可以是人员、地点、活动、组织、观念等，例如，一些人在感到疲劳时，去参加一个狂欢派对放松（人员）、到温泉度假区游玩（地点）、参加"马拉松"解压（活动）、参加俱乐部的会员活动（组织）、参加学术交流（观念）。

人们购买产品不仅仅是为了占有，而在于它使人类的欲望得到满足。有些企业很容易患上"营销近视症"，即仅仅把关注点局限在有形的实体产品上，忽略了无形产品可能提供的服务、创意而产生的丰厚回报。

课堂思考 1.1

（四）交换与交易

1．交换

交换是一种古老的商业活动，是指通过为他人提供某些物品作为回报，从对方处取得所需物品或货币的行为。《诗经》·《卫风·氓》中"氓之蚩蚩，抱布贸丝"就是关于商品交换的记载。若人们想获得自己所需要的产品，可以通过自我生产、强行获取、乞讨、交换等方式，无疑交换是最现实、合理的。市场营销中的交换是指主体双方按照彼此的需要互换物品或货币。例如，某品牌汽车销售商想将汽车卖到心理价位并且及时拿到购车款；而对倾向于该品牌某型号的购车者，希望商家提供安全、符合性能的车，并给予合理价格且提供完善的售后服务。交换的发生需要具备以下条件：双方是交换的意向对象；双方都有对方需要的东西，如货币或者所需货物；双方都有沟通信息和向另一方交付物品的能力；双方都可以自由接受或拒绝对方的物品；双方都拥有对方认为有价值的物品并都认为值得与对方进行交换。只有以上条件全部满足，才能称为交换。值得注意的是，交换是一个过程，它不是必须发生的，最终是否发生取决于交换双方的认可与否。

2．交易

交易是交换过程中的一个环节，是由双方拿有价值的两个事物，在买卖双方同意的条件下，在约定的时间、地点完成的一种行为。

（五）价值与成本

顾客购买商品的过程会经历不断的选择和比较。在这一过程中，他们会结合自身的经历、认知、收入水平等，从众多商品中选择自身需要且价值最大化的商品。此时就产生了顾客让渡价值理论，即顾客总价值与顾客总成本之间的差额。用公式表示为：

$$顾客让渡价值 = 顾客总价值 - 顾客总成本 \tag{1.1}$$

顾客总价值是指顾客从某一特定产品或服务中获得的所有利益，它包括产品价值、服务价值、人员价值和形象价值等，其中产品价值是顾客在购买商品时考虑的核心内容。

顾客总成本是指顾客为获得某一产品所支付的成本，包括货币成本和非货币成本。非货币成本又包括时间成本、体力成本和精神成本等。

从上述公式可以看出，顾客会把总价值最高、总成本最低的产品作为第一选择对象。因此，企业要想赢得竞争对手，获得消费者认可，必须提高顾客让渡价值，可通过两种途径去实现，即提高顾客的总价值或者降低顾客总成本。

虽然顾客让渡价值理论在解释顾客为什么愿意购买某品牌产品方面很有说服力，但并没有回答如何才能让顾客产生重复购买行为的问题。营销学认为，顾客是否重复购买取决于对产品或服务是否满意及满意程度的高低。顾客满意是营销管理的最高目标，它有助于提升企业形象，提高企业产品销售量，从而使企业获得更大的利润。那么如何提高顾客满意度呢？

结合市场经济的客观发展规律及顾客让渡价值理论可以得出：人们在以适当的成本获得了适当价值的情况下，才会有真正的满足；若以较小的成本获得了较大的价值，顾客会十分满意。顾客只有满意度高，才有可能成为企业的忠实顾客。因此，企业若想建立稳定市场，促进交易达成，不仅需要提供稳定可靠的产品，更需要使顾客感受到在交换中能实

现更大的价值。

（六）营销者与购买者

市场营销是一种积极的市场交易活动，在交易中积极主动的一方就是营销者，他们采取积极有效的手段促进市场交易的实现。科特勒认为，营销者是指寻找一个或者更多潜在顾客的人；购买者指的是顾客、消费者和用户。在当今互联网营销发展的时代，双边营销会成为发展趋势，即"你中有我，我中有你"，交换双方都有可能成为营销者。

三、市场营销管理

（一）市场营销管理体系

市场营销属于管理学下属学科，市场营销管理依照管理学的知识指导市场营销活动。菲利普·科特勒指出，营销管理就是通过创造、建立和保持与目标市场之间的有益交换和联系，以实现组织的各种目标而进行分析、计划、执行和控制的过程。市场营销管理体系包括分析市场营销机会、确定营销战略、制定营销战术、组织营销活动、市场营销控制。

（二）市场营销管理任务

市场营销管理任务是指企业在某项营销活动过程中通过合理配置各种资源，高效率地组织营销活动等影响市场需求时间、需求大小和需求构成，实现企业预期的营销目标。假设在 A 市场积累了一定的需求，B 企业作为营销主体也已经具有了提供相应商品或服务的能力，B 企业所能提供给 A 市场的商品与服务是否与 A 市场需求做到完全平衡的关键就在于需求管理。根据需求所表现的不同特征，市场营销管理者会承担不同的任务，具体可以归纳为以下几种类型。

1. 负需求与转换性营销

负需求是指顾客不喜欢，感到厌恶，毫无购买意愿，甚至愿意出钱回避的需求状况，如素食主义者对肉类的排斥、老年人对蛋黄等高胆固醇食物的回避。因此，某些新产品或新项目在做市场推广时，容易因认知限度或市场误解而被顾客拒绝。对于负需求，市场营销管理的任务就是采用转换性营销，调研顾客为什么不喜欢这种产品，针对目标顾客的需求对产品重新设计，进一步制订合理的计划，采用降低价格或更积极的促销方案，改变顾客对这种产品不利的信念和态度，将负需求转变为现实需求。

2. 无需求与刺激性营销

无需求是指目标顾客对产品毫无兴趣或不关注的需求状况，也就不会产生购买举动。究其原因，可能有以下几种：第一，产品设计缺陷使其无法满足消费者需求；第二，产品与消费者传统观念、习惯相抵触，如老年人不会花高昂的价格买一款游戏机；第三，不具备使用陌生产品的条件，如网络覆盖欠发达的地区不会依赖网络购物；第四，宏观环境的原因，比如新冠肺炎疫情期间，大众对线下商场购物需求不大。这种情况下，市场营销的任务就是要通过促销和各种营销措施，进行刺激性营销，设法把产品能带来的利益同人们的现实需要和兴趣结合起来，以引起消费者的关注，刺激消费需求。

3. 潜在需求与开发性营销

潜在需求是指顾客对现有产品或服务尚不能满足的、隐而不现的需求状况。当前市场上的商品或服务还不尽如人意，如款式、质量等，从而导致顾客期待更好的产品或服务，如人们对不伤害眼睛的电子屏幕的需求，上班族对智能化厨具的需求，老年人对低糖、低胆固醇食品的需求等。因此，市场营销管理的任务就是设法研究顾客所能接受且满意度高的商品或服务的特征，然后根据潜在市场的大小和发展前景，研发、生产，努力开发能满足潜在需求的新产品或服务。

4. 下降需求与再生性营销

下降需求是指市场对某些产品或服务的需求较以往呈下降趋势的需求状况，出现衰退趋势。比如，因为企业难以在每一营销环节尽善尽美，导致营销不力从而使需求减少。再比如，消费眼光的变化会使一些时尚产品市场需求波动更大。因此，市场营销管理的任务是研究需求下降的原因，进行再生性营销，营销人员通过组织营销活动开辟新的目标市场，改变产品特色，或采取更有效的促销手段刺激需求使产品重新获得生命力，通过创造性的产品再营销来扭转需求下降的趋势。

5. 不规则需求与协调性营销

不规则需求是指需求与供应在时间上存在差异，即市场对某些产品或服务的需求在不同时间、不同季节呈现出很大波动的需求状况。国际劳动节、国庆节、春节期间，旅游业、公共交通运输业的不规则需求的情况尤为明显。此时市场营销管理的任务是通过灵活定价进行促销及其他激励手段调节需求时间，使产品或服务的供求在时间上趋于同步。

6. 充分需求与维持性营销

充分需求是指市场对某种产品或服务的需求水平和时间与预期相一致的需求状况，即供求平衡。这是一种最理想的状态，但是这种状况不会一成不变，如果消费者的偏好发生了变化，或是同行业的竞争格局发生了变化，都会打破这种理想的状态。因此，市场营销管理的任务是采用维持性营销，密切注视消费者偏好，分析营销需求的可能性因素，保持警惕性观察竞争状况的变化，进行顾客满意度追踪，并且不断提高产品质量，保持合理售价，激励推销人员和经销商提高售后服务，使市场这种均衡发展的状态能够长久地保持。

7. 过度需求与限制性营销

过度需求是指市场对某种产品或服务的需求水平超过了企业所能供给和愿意供给水平的需求状况，即供不应求。造成过度需求的原因，有可能是暂时性缺货、生产能力不足、原料短缺，因此，市场营销管理的任务就是暂时性限制市场对某种产品或服务的需求，通过提高价格、合理分销产品、减少服务和促销、劝导节约等措施，降低需求水平。

8. 有害需求与抵制性营销

有害需求是指对某些有害物品或服务的需求，如对烟、赌、污染环境的物品等的需求。在这种情况下，企业市场营销管理的任务就是大力宣传这些产品的危害性，大幅度提高价格，减少供应，以使消费者放弃或抵制这种爱好和需求。抵制性需求甚至在一定程序上需要通过立法、执法使人们从根本上消除有害需求的产生。企业通过提高获取和使用成本来抑制有害需求。例如，各地春节期间发布燃放烟花爆竹禁令，因其不仅污染环境还容易造成人身危害，所以对销售烟花爆竹的许可十分严格，价格也十分高昂。

延伸阅读 1.2
当文物考古遇上潮流盲盒——中国博物馆文创新观察

课堂任务

根据以上所学，班级学生分小组收集顾客不同需求的案例，并分析市场营销管理者为此所承担的任务。

（1）将学生分组，每组对应不同的需求。

（2）各组内部交流收集的案例并对本组案例中的需求类型进行展示。

（3）其他组通过教学信息化平台对该案例提出相应的任务解决方案。

（4）教师点评，总结本项目内容。

任务二 树立现代市场营销观念

知识目标

1. 掌握早期市场营销观念的主要类型。
2. 掌握现代市场营销观念的主要类型。

能力目标

1. 能够通过特征区别几种早期市场营销观念。
2. 掌握两种现代市场营销观念的表现。

素质目标

1. 提高理念运用于实践的能力。
2. 通过相关案例的学习，增强社会责任感。

引导案例

案例 1：百年张裕

张裕集团有限公司（以下简称张裕）的前身烟台张裕葡萄酿酒公司创办于 1892 年，是较早工业化生产葡萄酒的厂家，当年产品畅销全国并远销世界 20 多个国家和地区。1915 年，在世界产品盛会——巴拿马太平洋万国博览会上，张裕的白兰地、红葡萄、雷司令、琼瑶浆（味美思）一举荣获四枚金质奖章和最优等奖状，中国葡萄酒从此为世界所公认。改革开放后，社会经济环境为其提供了前所未有的发展机遇，张裕产品凭借其优越的品质，多次在国际、国内获得大奖，成为家喻户晓的名牌产品。

然而，名牌不等于市场，金字招牌对于张裕来说是一个极大的优势，但是，这个优势却不足以使张裕在市场中所向披靡。由于之前不愁顾客，在改向市场经济的前两年，张裕由于市场观念差，缺乏市场竞争力，盲目生产，等客上门，受到了市场的惩罚。1989年，张裕累计亏损400多万元，生存和发展都面临着严峻的挑战，工人没有活干，近一半的酒积压在仓库里。关键时刻，张裕人积极反思失败原因，努力摸索市场规律，下功夫钻研营销后，公司树立了"市场第一"的经营观念和"营销兴企"的发展战略，实现了两个根本性转变：一是企业由"销售我生产的产品"转变为"生产我销售的产品"，一切围绕市场转；二是由"做买卖"转变为"做市场"，从"推销"变成"营销"。

案例2：保险箱

有家保险箱生产公司的经理过分迷恋自己的产品质量，认为该公司生产的保险箱牢不可破。但产品拿到展销会上推销时遇到了强大的销售阻力，很少有人问津。他觉得质量好的保险箱理应获得顾客的青睐，所以经常抱怨消费者没有眼光。他在对一位朋友谈起此事时，一生气竟然搬起一台保险箱从五楼扔了下去，然后让该朋友去看这个保险箱有没有损坏。然而这位朋友只是淡淡地一笑，说："顾客需要的是适合他们生活环境和条件的产品，我想没有人买来保险箱是为了往楼下扔吧？"

案例3：史玉柱的营销心得：脑白金式营销

从2001年起，脑白金的广告铺天盖地，形成了一道电视奇观。相信大家还记得"今年过节不收礼，收礼只收脑白金"，其广告之密集，创造了中国广告之最。脑白金以极短的时间迅速启动了市场，创造了十几亿元的销售奇迹，是营销领域的一个成功典范。

史玉柱在江阴和常州进行了长达一年的试销。在试点城市江阴，他亲自走村串镇，挨家挨户地去走访，和村民拉家常。"今年过节不收礼，收礼只收脑白金"的广告语就来自这些无意的"闲聊"。在试销期间，脑白金尝试了各种推广、广告、销售手法。

史玉柱在每个省都从最小的城市开始启动市场。他倾尽所有猛砸广告。地方电视台与报纸的宣传相互交错，对消费者进行深度说服。脑白金先从江阴起步，然后进无锡，接着启动南京、常熟、常州、吉林……随后就顺利启动了全国市场。

案例4：不一样的手套

有一家名不见经传的小企业，生产的手套却几乎占整个市场的80%。因为人的右手比左手大4%，所以这家小企业生产的手套，左右手的尺寸是不一样的，这种大小不一的手套戴起来感觉更舒适。生产手套的企业很多，只有这家小企业注意到这个细小的4%，取得了成功。

案例5：蚂蚁森林

2016年8月27日，支付宝上线了一款游戏化公益产品：蚂蚁森林。蚂蚁森林的产品模式是：支付宝用户通过步行、地铁出行、在线缴纳水电燃气费、网上缴纳交通罚单、网络挂号、网络购票等行为，就会减少相应的碳排放量，可以用来在支付宝里养一棵虚拟的树。这棵树长大后，公益组织、环保企业等蚂蚁生态伙伴们，可以"买走"用户的"树"，而在现实某个地域种下一棵实体的树。而对于支付宝用户的直观感受就是：每天网上攒能量，届时支付宝去种树。

蚂蚁森林从第一站内蒙古阿拉善的27万平方千米土地开始，把种树区域逐步拓展到很

多地区。截至 2020 年的世界环境日（6 月 5 日），支付宝公布了蚂蚁森林"手机种树"的最新"成绩单"：截至 5 月底，蚂蚁森林的参与者已超 5.5 亿人，累计种植和养护真树超过 2 亿棵，种植面积超过 274 万亩，相当于 2.5 个新加坡。

资料来源：张栋伟，支付宝的"蚂蚁森林"[EB/OL].（2019-04-15）[2021-05-20]. https://www.sohu.com/a/308010787_100126170.

任务分析

上述五个案例，分别代表了五种不同的市场营销观念，同时反映出市场营销观念的发展演变过程。我们不能简单地去判断孰是孰非，因为每一种市场营销观念的产生，都是时代背景下的产物，都有其产生的合理性。市场外部环境在不断地发展变化，这就要求市场营销观念要不断更新。我们要通过对本项目的课堂学习及讨论，能够对五种市场营销观念准确清晰地辨析。因此设置如下具体任务。

（1）解释五种市场营销观念的产生背景及适用场合。

（2）回答五种市场营销观念的主要观点并能结合企业实例来说明。

（3）辨析早期市场营销观念和现代市场营销观念的差别。

知识学习

一、市场营销观念的内涵

在《营销管理》第 8 版的序言中，菲利普·科特勒曾经这样说过："毫不奇怪，今天能取得胜利的公司必定是那些最能使它的目标顾客得到满足并感到愉悦的公司。这些公司把市场营销看成公司的整体哲学，而不仅仅是某一部门的个别职责。"所谓市场营销观念，就是一部营销哲学。它是营销者对市场所持的根本态度和看法，是企业制定营销决策、从事营销活动的重要指南，因为市场营销需要正确的观念和思想予以指导。市场营销观念的核心问题是：在企业开展的营销活动中，如何权衡营销企业、消费者和社会三方利益之间的关系，是以自身利益为中心还是以顾客为中心。

随着市场营销理论和现实经济条件的发展，营销观念在不停地演进。如前所述，市场营销观念是营销工作的重要出发点。在广义上，我们可以根据时间将市场营销观念划分为早期市场营销观念和现代市场营销观念。

二、早期市场营销观念

（一）生产观念

生产观念是一种最久远的市场观念，在 20 世纪 80 年代以前的我国也有体现。由于社会生产水平普遍不发达，生产物资短缺，商品供不应求是市场常态。顾客没有多大的选择余地，在这种市场环境中，商品一旦生产出来，就会有消费者前来购买。因此，那段历史时期生产观念成了最好的市场营销观念。

在以生产观念为导向的环境下，顾客所关注的是商品是否买得到、是否买得起，企业在意的是如何把产品生产出来。因此，企业只要大量生产，提高生产效率，降低成本和售价，就能在市场竞争中获得主动权，其典型口号是："企业生产什么，就卖什么"。

这种市场营销观念，是在一定条件下产生的，通常需要下列市场环境：一是在生产资料短缺的特定历史时期；二是产品不愁没有销路，即市场需求十分旺盛；三是通常情况下实行的是计划经济体制，依据政府政令去生产并销售。因此，生产观念是早期的市场营销观念之一。在这个"以产定销"的观念下，企业营销的重点是生产环节，从而忽视了消费者多样化的需求以及产品质量，如著名的福特 T 型车案例。因此，生产观念适合经济欠发达、市场竞争不激烈的卖方市场状态。

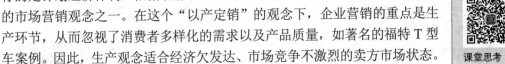

课堂思考 1.2

（二）产品观念

随着市场上个别行业、个别产品出现越来越多的竞争者，企业开始注重产品的质量，认为消费者喜欢那些高质量、高性能和有个性的产品，这就是与生产观念几乎同一时期出现的产品观念。

产品观念认为，只要产品质量高、性能好、有特色，消费者就会购买。因此，企业应致力于生产优质产品，并不断加以改进。在市场供不应求的条件下，企业最容易滋生产品观念，特别是企业推出了一项新产品时，会过分关注自己的产品，而看不到消费者需求的变化，容易导致"营销近视症"，进而使企业经营活动受到影响，甚至走向衰败。

还有一个现象称为"隧道视野效应"，原本指一个人身处隧道，他只能看到前后非常狭窄的通道，越加速视野越狭窄。同理，在营销活动中，企业若过分看重产品的质量而忽略其他，如消费者的实际需求，就会导致经营活动出现偏差。因此，企业应当使自己摆脱"隧道视野效应"，及时调整自身的营销策略。

课堂思考 1.3

（三）推销观念

在 20 世纪 30 年代至 50 年代初的美国，企业开始重视采用广告与推销相结合的方式去推销产品，因此推销观念应运而生。此时市场地位已经发生变化，正处于由卖方市场向买方市场转变的过渡时期，市场上的商品开始变得供过于求，顾客有了多种选择，不再依赖于一家企业的生产。正是由于企业竞争加剧，出现了产品过剩的现象，很多企业不得不转变之前的营销理念，开始奉行推销观念。

推销观念以销售为导向，和其他两种观念相比，企业已经开始将目光从生产领域转向流通领域，开始在销售上投入精力和成本。企业认为，对于非必需品，顾客一般不会主动去购买，需要通过大力劝说和引导，通过推销手段去刺激消费者的购买欲望。因此，企业应致力于产品的推销和广告以说服顾客购买。在当时的环境下，推销观念在一定程度上确实产生了很好的效果，企业通过宣传和人员推销使产品销量上升，打开了市场。

但是，推销观念是有弊端的，具体如下：① 盲目地向顾客推销一些滞销产品，没有根据顾客自身提供对路的产品；② 片面地夸大产品的使用价值，不能客观准确地描述产品的具体特点和实际效用；③ 不能认真分析市场需求状况，在工作中只讲究销售方法和技能。在此观念下，企业的目的只是销售制造出来的产品，而不是关注如何制造不愁销路的产品。当市场竞争更加激烈时，推销的效应就会递减，而且推销过度还会适得其反。生活中我们都接到过诸如保险、在线教育培训、家装、汽车等行业的销售电话，电话推销员精通销售话术和心理战术，他们期待成功推销产品以获取利润。在愈发注重隐私权和个人信息的今天，这些推销会给人们带来很多困扰。商家通过不法手段获取个人信息从而对消费者进行"电话轰炸"、发送垃圾短信等不仅没有达到推销效果，反而会引起消费者的反感，最终有可能使企业和产品都深陷泥潭，导致恶性营销发生。所以，市场营销不只是单纯的销售产品。美国著名管理学家彼得·德鲁克指出：营销的目的是充分认识和理解顾客，使产品和服务适应顾客，从而推销企业本身。

以上三种观念都是以生产者为导向，以产定销，没有考虑到消费者的真正需求，因此统称为早期市场营销观念。

课堂思考 1.4

三、现代市场营销观念

现代市场营销观念主要包括市场营销观念和社会营销观念。

从早期的市场观念发展到现代市场观念，是营销发展史上的一次重大变革，被称为"营销革命"。企业从原来的以生产者为中心彻底转变为以顾客为中心，一切从消费者的需求出发，通过满足消费者的需求获取利润。

（一）市场营销观念

市场营销观念是 20 世纪 50 年代中期在美国形成的一种新营销观念。当时的生产力得到迅速提高，产品供应量迅速增加，市场竞争变得激烈。那时的消费者因为福利待遇提高，可支配收入增加，对生活质量有了更高的要求。市场营销观念正是锁定了这一点，它要求企业在经营活动中遵循"顾客至上"，这种观念以满足消费者需求为核心，和早期营销观念相比发生了质的改变。这个营销观念的口号是"顾客需要什么，就生产什么"，它把企业的经营看成是一个不断满足顾客需要的过程，因此和推销观念相比有了很多不同（见表 1.1）。

表 1.1　推销观念与市场营销观念的对比

观念类别	出 发 点	立 足 点	表 现 途 径	目　　的
推销观念	生产企业	产品	推销、促销	通过销售实现利润
市场营销观念	目标市场	消费者需求	营销组合	通过使消费者满意实现利润

为了进一步了解市场营销观念，本书从以下几个特征介绍。

1. 市场营销观念中企业将满足顾客需求放在首位

随着经济迅速发展，消费者购买力增强，产生了多样化的需求。企业也应洞察到满足消费者需求对企业发展的重要性，即企业只有了解消费者的需求，而不是一味自我生产、自我推销，才能在买方市场格局下得以立足。如果企业调研好了消费者的需求，生产了相适应的产品，有效地进行了营销，那么产品就很容易被销售出去。360 公司创始人周鸿祎在《极致产品》一书中写道："如果你打算在产品经理这条路上走下去，打算研发出一款脍炙人口的产品，务必关注三个关键性要素：刚需、痛点和高频。"换言之，企业的产品需要符合人性最根本的需求，能抓住用户痛点，并拥有较高频次的使用场景。因此，企业如果想占领市场，一定要清楚它面对的消费者是谁，谁将为它的产品买单，因为生意机会源自消费者的需求。

延伸阅读 1.3
"人民的代步车"
宏光 MINIEV 直
击市场核心需求

2. 运用营销组合手段，全面迎合消费者需求

市场营销组合是指企业针对选定的目标市场，为满足顾客需求而设计的产品、分销、促销和价格策略的特定组合。尼尔·博登在美国市场营销学会的就职演说中首次提出了"市场营销组合"这一术语。

1960 年，麦卡锡将各种因素归结为四个主要方面的组合，即产品策略（product）、价格策略（price）、渠道策略（place）和促销策略（promotion）的组合，简称 4P 组合。

后来，营销理论有了新的发展。1986 年，科特勒提出"大市场营销"理论（简称 6P）。他提出，营销组合在上述"4P"之外还应加上"权力"（power）与"公共关系"（public relation），就是说要运用政治力量和公共关系，打破国际或国内市场的贸易壁垒，为企业营销开辟道路。

各种营销策略之所以会助力企业经营活动，是因为营销组合的不同元素会相互配合、彼此互补。根据所在行业情况和营销计划的目标，专注于营销组合有利于企业实现总体经营目标。

3. 盈利能力

企业营销的重点是发现某种可满足人们需要的盈利机会和盈利方式，企业应经常分析和评价各种不同的营销机会可能会产生的利润。对于如何让企业盈利，营销和销售迥然不同。普通销售只强调产品所用的手段，而营销则着眼于在当前情况下发现可盈利的机会。在市场营销理念下，企业不局限于通过销售现有的产品以获取利润，而是寻求更多的盈利可能从而提高盈利能力。

延伸阅读 1.4
盲盒或许会死，
但"盲盒式营销"
永远年轻

（二）社会营销观念

以社会整体利益为中心的观念称为社会营销观念（societal marketing concept），社会营销观念萌生于 20 世纪 70 年代中期。

在市场营销观念形成时期，特别是在早期，企业片面强调"顾客需要什么，我们就生产什么"，这虽然给企业带来了短期的巨大利润，但也造成了环境污染、资源消耗快、破坏了生态平衡、忽略社会责任等许多问题。因此，以美国为代表的一些营销学者提出了社会营销观念。社会营销观念强调企业在经营过程中，在满足消费者需求的同时，更应着眼于社会的长远发展和消费者的长远利益，合理生产，综合营销，引导正确消费，从而实现企业利益和社会效益的统一。

社会营销观念有以下特征：第一，企业在其经营活动中要承担起社会责任，因为企业的产品服务、广告宣传直接影响着消费者的生活方式和思想观念，企业的生产行为也会影响社会环境，而且企业的良性发展对国民经济有着至关重要的作用。注重消费者权益维护、保护环境、提高社会人群文化素质、构建和谐关系、服务社区、提供绿色产品等都是企业需承担的社会责任。第二，要实现企业利益、消费者利益同社会整体利益的统一（见图 1.1）。

企业不能只注重短期利益，也不能只满足消费者眼前需要。企业应通过自身影响力，协调消费者短期欲望与社会长远发展之间的冲突。第三，企业承担着双重责任，不仅需要探究消费者兴趣，了解市场环境和行情，还要维持或增加社会和消费者的福利，以此更好地为消费者提供服务和产品。

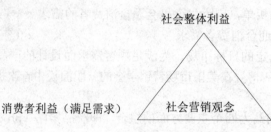

图 1.1　社会营销观念的主体

　　社会营销观念不是对前述观念的否定，而是一种补充和延伸。社会营销观念也是随着经营实践的发展而逐步为企业所接受的。企业是一种营利性的组织，处于经济循环系统之中，然而企业又不可避免地属于社会生活的一员，处于整个社会系统之中。如果企业在经营中不顾社会利益，只追求自己的利润，就必然会受到社会公众的舆论谴责；再者，政府的政策对有损环境的生产行为和危害消费行为的监管越来越严厉。这些变化迫使企业不得不通过树立良好的社会形象和主动承担社会责任来树立自己的形象，社会营销观念也因此而被普遍接受。

延伸阅读 1.5
新老电商和门户网站为农产品神助攻

课堂任务

　　1．以 5～8 人的学习小组为单位，分别讨论"任务分析"中的相关问题。

　　2．结合布置的具体任务，各组内部交流讨论，撰写出本组的见解。

　　3．随机指定小组，由其派代表回答其中的一个问题。其他同学可结合发言人的阐述通过信息化教学平台进行讨论、提问。

　　4．每组代表汇报完毕，教师点评，并总结本项目内容。

课后阅读 1.2
市场营销观念的新发展

任务三　营销基础知识及技能训练

营销基础知识

一、单项选择题

1．以"顾客需要什么，我们就生产什么"作为座右铭的企业是（　　）。

　　A．生产导向型　　　　　　　　　B．市场营销导向型

　　C．推销导向型　　　　　　　　　D．社会营销导向型

2．（　　）是指对具有支付能力并且愿意购买某种物品的欲望。

  A．需要   B．欲望   C．需求   D．营销

3．顾客让渡价值越大，顾客感到购买产品或服务所获的利益（　　）。

  A．越高   B．越低   C．不变   D．无法确定

4．市场营销的核心是（　　）。

  A．生产   B．分配   C．交换   D．促销

5．菲利普·科特勒的"6P"营销策略被称为（　　）。

  A．市场营销 B．社会营销 C．大市场营销 D．关系营销

6．市场营销管理的实质是（　　）。

  A．刺激需求 B．需求管理 C．生产管理 D．销售管理

7．布达拉宫在旅游黄金周，为更好地保护景点会限制游客人数，景点管理部门这样做是担心游客对布达拉宫景区的需求是（　　）。

  A．有害需求 B．负需求 C．过量需求 D．不规则需求

8．奉行生产观念在下列哪种情况下不可能成功？（　　）

  A．买方市场   B．卖方市场

  C．生产成本太高   D．产品为生活必需品

9．指出下列哪种观念会产生市场营销近视症。（　　）

  A．产品观念   B．推销观念

  C．市场营销观念   D．社会市场营销观念

10．现代营销观念应该是以（　　）为中心。

  A．顾客需求 B．推销产品 C．企业需要 D．生产产品

11．要权衡企业利益、消费者需要和社会利益的是（　　）观念。

  A．产品   B．社会营销 C．推销   D．市场营销

12．现在很多农产品基地专门生产无公害蔬菜，其持有的营销观念是（　　）。

  A．生产观念   B．产品观念

  C．市场营销观念   D．社会营销观念

13．马斯洛认为需要按其重要程度分，最低层次的需要是（　　）。

  A．生理需要 B．社会需要 C．尊敬需要 D．安全需要

二、多项选择题

1．市场营销与销售具有根本的区别，它们表现在（　　）。

  A．市场营销是企业系统管理过程，而销售仅是营销过程中的一个环节

  B．市场营销以满足顾客需求为中心，而销售以出售现有产品为中心

  C．市场营销的出发点是市场需求，而销售的出发点是企业产品

  D．市场营销采用的是整体营销手段，而销售主要采用人员推销、广告手段

2．从营销的角度看市场，市场的构成要素包括（　　）。

  A．人口   B．购买力 C．购买欲望 D．购买场所

3．顾客购买的总价值是由（　　）等几个主要部分组成的。

A．产品价值　　　B．服务价值　　　C．人员价值　　　D．形象价值

4．顾客总成本是由（　　　）构成的。

A．货币成本　　　B．时间成本　　　C．体力成本　　　D．精神成本

5．下列属于"4P"营销组合的是（　　　）。

A．产品策略　　　B．价格策略　　　C．分销策略　　　D．促销策略

6．"6P"营销策略是在"4P"的基础上再加上（　　　）。

A．政治权力　　　B．公共关系　　　C．政治关系　　　D．公共权力

7．潜在需求包括（　　　）。

A．购买力不足的潜在需求　　　　　B．适销商品短缺的潜在需求

C．不熟悉的潜在需求　　　　　　　D．竞争倾向的潜在需求

8．以下被称为传统观念的有（　　　）。

A．生产观念　　　B．推销观念　　　C．产品观念　　　D．营销观念

9．市场营销观念就是要（　　　）。

A．一切为顾客利益着想　　　　　　B．满足消费者的需要

C．真正做到顾客第一　　　　　　　D．客户至上

10．以消费者为中心的市场营销管理哲学包括（　　　）

A．社会市场营销观念　　　　　　　B．市场营销观念

C．推销观念　　　　　　　　　　　D．产品观念

三、判断对错

1．市场营销就是推销，就是促销。（　　　）

2．市场营销要求企业应该先开市场，后建工厂。（　　　）

3．营销学中的市场是指买卖双方的交易场所。（　　　）

4．市场营销中的产品是指有形产品。（　　　）

5．针对充分需求，企业营销管理的任务是"抵制市场营销"。（　　　）

6．顾客的让渡价值是指产品成本与产品价值之间的差额部分。（　　　）

7．顾客的让渡价值与顾客满意度成正比。（　　　）

8．谁拥有最先进的产品，谁就占据了市场。（　　　）

9．"顾客就是上帝"，也就意味着不管顾客需要什么，我们都应该设法满足他们。（　　　）

四、案例分析

福特 T 型车

福特汽车公司成立于 1903 年，第一批大众化的福特汽车因实用、优质、价格合理，生意一开始就非常兴隆。1908 年年初，福特根据当时大众的需要，做出了战略性的决策，致力于生产规格统一、品种单一、价格低廉、大众需要且买得起的汽车。1908 年 10 月 1 日，采用流水线生产方式的著名的 T 型车被推向市场。

此后十多年，由于 T 型车适销对路，销量迅速增加，产品供不应求，福特在商业上取得了巨大的成功。

到了 20 世纪 20 年代中期，随着美国经济的快速增长和百姓收入的增加、生活水平的提高，汽车市场发生了巨大的变化，买方市场在美国已经基本形成。道路及交通状况也发生了质的改变，简陋而又千篇一律的 T 型车虽然价廉，但已经不能满足消费者的消费需求。然而，面对市场的变化，福特仍然自以为是，置消费者的需求变化于不顾，顽固地坚持生产中心的观念，就像他宣称的"无论你需要什么颜色的汽车，我福特只有黑色的"，这句话也成为了营销观念僵化的"名言"。而面对市场的变化，通用汽车公司及时地抓住了市场机会，推出了新的式样和颜色的雪佛兰汽车，雪佛兰一上市就受到消费者的追捧，福特 T 型车的销量剧降，1927 年销售了 1500 多万辆的 T 型车不得不停产，通用公司也乘虚而入，一举超过福特，成为世界最大的汽车公司。

从福特 T 型车的兴衰历史可以看出，营销理念是多么的重要。根据市场特点，及时改变营销理念，成就了通用，使其成为世界第一大汽车公司；而固守僵化的营销理念使福特遭受了沉重的打击。因此，正确的营销理念是企业成败的关键。

根据案例分析：

（1）这个著名的案例体现的是哪个时期的什么营销理念？

（2）分析这个营销理念产生的原因。

（3）现代社会还适用这种营销理念吗？

项目一技能训练

项目二　市场营销环境分析

任务一　营销环境的认知

知识目标

1. 了解市场营销环境的概念及组成。
2. 掌握市场营销环境的特点。

能力目标

1. 能够辨析具体哪些市场营销环境因素会对企业产生影响。
2. 能够正确认识市场营销环境。

素质目标

1. 培养行业环境洞察力。
2. 提高辩证看待问题的能力。

引导案例

最严"限塑令"激活需求，造纸股扩产抢"风口"

在 2020 年 12 月的最后几天，国内白卡纸龙头集体发声宣布涨价，国金证券数据统计，白卡纸名义均价将达到 7400 元/吨，已经非常接近 2017 年的历史高点 7600 元/吨。一方面是需求增加而白卡纸产能不足，另一方面是限塑令下"以纸代塑"的新市场契机出现，多家纸业上市公司纷纷发布产能扩充公告，积极分享这场周期盛宴。业内也普遍认为，2021 年白卡纸价格将延续上涨势头。

白卡纸价格在 2020 年的涨势也并非一帆风顺，在 2020 年 3 月纸业龙头涨价引领下，白卡纸产品全线涨价，但受新冠肺炎疫情影响，白卡纸售价反而开始下跌。直到 6 月以后随着国内疫情逐步得到控制，白卡纸下游需求爆发，自 8 月开始，各大纸业龙头不断提升白卡纸的出厂价，全年累计提价约 2000 元/吨。

清华大学互联网产业研究院副院长兼物流产业研究中心主任刘大成对《证券日报》记者说："白卡纸涨价还源于国际因素，因为疫情影响，东南亚国家供应全球的纸张生产向中国转移，也导致白卡纸产能供应不足，供需关系变化直接影响着价格的涨跌，供小于求的状态让白卡纸价格一涨再涨。"

刘大成表示，由于这种供应紧张关系仍要维持一段时间，而限塑令的落实则将带来新一轮白卡纸需求，所以未来白卡纸上涨是一个可以预见的趋势。

2020年1月，国家发布最严"限塑令"，全面限制不可降解塑料的使用，作为食品外包装等塑料的替代品，白卡纸的应用前景被市场普遍看好。

洁鹿环保董事长彭丽军对《证券日报》记者表示，木浆和废纸等原材料价格接连上涨，对于没有竞争力的纸制品生产和环保回收企业来说影响较大，会让这些企业慢慢淘汰，行业规模未来一定会更加集中，只有深耕行业、提升产品质量附加值的企业才能够更好地生存。

因为废纸回收价值提升，且其中带有的油墨在焚烧中会产生污染，所以废纸焚烧的经济性大幅下降，废纸回收分拣、循环再利用等下游产业都将因废纸价格上涨而受益。

刘大成认为，低成本、高效率的废纸回收利用，是"限塑令"和纸张原材料价格上涨影响下，凸显出的下游循环利用产业价值。尤其是"限塑令"之后白卡纸消耗量增加，回收市场规模增加也提高了效率，回收利用经济性也进一步提高。随着环保产业在政策和市场引导下转型升级，一些环保公司将面向新的消费者和新的消费市场，不仅带来挑战，更有政策与资本支持下的环保创新机遇。

资料来源：证券日报. 最严"限塑令"激活需求，纸价起飞造纸股扩产抢"风口"[EB/OL]. （2021-01-13）[2021-05-23]. https://baijiahao.baidu.com/s?id=1688770425046726013&wfr=spider&for=pc.

任务分析

企业若想进行营销活动，要时刻关注环境的变化，对市场环境变化趋势的掌握有助于企业精准判断当下面临的市场机会和环境威胁，以此改变发展战略，提出应对措施。因此，本项目设置如下具体任务。

（1）结合案例资料，请谈谈白卡纸行业目前面临的市场机会有哪些？环境威胁有哪些？

（2）分析白卡纸行业面临的营销环境及该类行业应采取的策略。

相关知识

一、市场营销环境的概念及组成

近年来，许多在华经营的跨国企业产品或服务产生问题时，企业处理态度往往比较消极，有时需要网络力量才能让他们关注。然而这些企业的产品质量或售后在自己的国家或其他发达国家可能完全不同。这是什么原因导致的呢？市场营销环境会影响企业的决策吗？我们来认识和学习一下。

（一）市场营销环境的概念

"物竞天择，适者生存"的道理不仅适用于生物界，在竞争激烈的市场营销环境中亦如此。

市场营销环境是指与企业营销活动有关的、影响企业市场营销活动及其目标实现的各种外部因素和力量的集合。著名的市场营销学专家菲利普·科特勒将市场营销环境定义为：市场营销环境由企业营销职能外部的因素和力量所组成，这些因素和力量影响着营销管理者成功地保持和发展自身同其目标市场客户交换的能力。众所周知，这些外部环境是不以我们的意志为转移的，是客观存在的。那么，企业只能被动顺从，被环境所改变吗？并不是，企业可以通过对自身内部因素的优化组合，去应对外部环境的冲击。加强对环境变化趋势的分析研究，掌握其变化规律，维持企业内部因素与外部环境的平衡，使企业可以应对激烈的竞争，永远充满生机和活力。因此，企业主动适应外部环境，与外部环境处于一种平衡状态，这不是无法实现的目标，而是任何企业生存和发展的客观要求。在现实中，外部环境因素对企业营销活动会产生直接影响和间接影响。对企业的直接影响可能会即时显现，而间接影响则要经过一段时间之后才会被感受到。因此，无论直接影响还是间接影响，企业在分析市场营销环境时都不能忽视。

（二）市场营销环境的组成

市场营销环境是由菲利普·科特勒提出的宏观营销环境和微观营销环境组成的。

宏观营销环境，又叫间接营销环境，它是指能够影响企业营销活动的社会力量和因素，包括人口比例、经济环境、政治法律制度、科学技术、文化环境和自然资源等各种因素（见图2.1）。

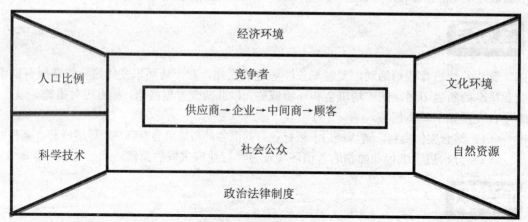

图 2.1　市场营销环境的构成

微观营销环境，又叫直接营销环境，是与企业市场营销联系较为紧密、直接影响其营销能力的外在参与者，包括各类供应商、各类分销商、顾客、竞争者、各类公众及企业参与营销决策的各部门。

此外，按照不同的视角和不同的学者观念，市场营销环境还可有以下划分。

（1）从大类上划分，市场营销环境有：一般环境、策略环境、科技环境、国际环境及市场总和环境。

（2）从层次上划分，市场营销环境有：组织环境、市场环境、大环境及超环境。

（3）从对象上划分，市场营销环境有：任务环境、竞争环境、大众环境及总体环境。

（4）从范畴上划分，市场营销环境有：毗邻环境、社会环境、经济环境及公共利益环境。

（5）学者麦卡锡从整体角度划分环境为：公司目标资源环境、竞争环境、组织与技术环境、文化与社会环境。

（6）根据企业的内外部环境，市场营销环境又可分为内部营销环境和外部营销环境。

（7）根据对企业营销活动影响的利弊，市场营销环境可分为不利环境和有利环境，即造成威胁的环境和充满机会的环境。

（8）根据对企业营销活动影响时间的长短，营销环境又可分为长期环境和短期环境。

二、市场营销环境的特点

第一，客观性。企业总是在特定的社会经济和其他外界环境条件下生存和发展。如前述所言，市场营销环境是一种客观存在，有着自己的运行规律和发展轨迹。企业不能改变人口因素、社会因素、政治法律因素等，如果违背这些自然规律，任凭自己意志去做出营销决策，企业就无法生存下去。因此，企业只要从事营销活动，就必然要受各种环境要素的影响和制约，而营销者的任务就是做出与外部环境相适应的营销策略或优化营销组合。

第二，差异性。不同的企业会受不同环境的影响，每一企业所处的地区、政府的管理政策和制度、企业生产经营条件、当地市场发育程度等都有所不同，甚至同一环境对不同企业的影响也不相同。比如，中国加入世界贸易组织，对不同行业造成的冲击和影响不一样。同一企业在不同的市场区域，也面临着存在巨大差异的宏观环境。

第三，动态性，又称为多变性。时间并不是静止的，所以营销环境往往处在一个不断变化的过程之中。每一项环境因素都会随着社会经济的发展而有所变化，因此它是一个动态的概念，如国家政策的调整、相关法律的修订、消费者需求的变化等。

第四，关联性。构成营销环境中的各个因素不是孤立的，而是相互影响、相互制约、相互依赖的。比如，经济因素不能脱离政治因素而单独存在，文化因素对经济、法律、政治也都有影响，反之也会受到制约。再比如，一种商品价格发生变化，可能与该地区爆发疫情、原材料的供应成本、市场的供求关系、新技术的革命、财政税收等都有关系。

第五，不可控性。影响市场营销环境的因素是十分复杂的，而且都是不可改变、不可控的。例如，一国的政治法律制度、人口增长幅度、社会文化风俗等，不可能随企业的想法而随意增设、改变。

三、市场营销环境分析的现实意义

营销环境分析对企业的生存和发展至关重要。企业营销环境的众多因素及其变化，有可能给企业带来市场营销机会，也有可能给企业带来环境威胁。

市场营销机会，是指对企业市场营销活动富有吸引力的领域。在该领域里，企业将拥有竞争优势。

环境威胁，是指环境中不利的发展趋势对企业所形成的挑战，这种不利趋势有可能威胁企业的市场地位。

在分析市场营销环境时，既要看到营销环境变化带来的威胁，又要善于发掘它给企业带来的机遇。及时地发现并利用市场机会，回避环境威胁，提高企业对环境的适应性是企业得以生存和发展的关键。

课堂任务

通过预习和收集资料，请同学们讨论"任务分析"中的问题。

（1）按班级教学分组。

（2）各组内部讨论，形成本组的讨论结果。

（3）各组选派代表，汇报分析的成果。

（4）各组在信息化平台互相分享、学习各组收集的资料。

（5）教师点评，总结本项目内容。

课后阅读 2.1
我国的经济成就与市场机会

任务二　营销微观环境分析

知识目标

1. 了解营销微观环境的构成因素。
2. 掌握营销微观环境中各因素对企业营销活动的直接影响。

能力目标

1. 能认知和辨析营销微观环境因素。
2. 能掌握营销微观环境因素影响与营销活动的动态适应。

素质目标

1. 培养沟通和协调能力。
2. 能学以致用，具备解决实际问题的能力。

引导案例

盒马鲜生"走红的秘密"

随着经济的快速发展，传统的生鲜零售商逐步走上"线上+线下"的新零售模式。新零售以消费者为中心回归零售服务本质、依托数据和技术提升零售效率、驱动供应链变革等观点已成为共识。说到新零售，不得不提的就是盒马鲜生。新零售本身就是以线上线下的体验再加上现代物流进行深度融合的零售新模式。

线下给线上引流，这是盒马鲜生崛起的关键。盒马鲜生高度融合线上线下经营，对传统生鲜电商形成冲击，原因有两个：一是配送时间短、效率高；二是有助于提高顾客的信任度，使顾客对线上购物更加放心。

顾客不仅可以通过线上 APP 下单，也可以在线下门店消费。这种门店的主要作用是让消费者亲眼见证生鲜产品的新鲜程度，让顾客放心购买。线下门店既是体验店也是仓库，网上接到的订单直接从门店发货，从前端门店到后台装箱，全部用物流带运送，减少了仓储的费用，同时也可以达到通过提高出货量减少生鲜产品养护和管理成本的目的。

对于线上订单，盒马鲜生承诺 3 km 内配送，30 分钟内送达，每个环节都经过严格的时间把控。盒马鲜生高效率、便捷的智能物流配送获得了很多顾客的青睐。

盒马鲜生最大的核心价值是满足消费者"吃饭"这件事的一站式服务。顾客可以直接在门店就餐，线下体验式消费吸引了更多顾客的目光。盒马鲜生巧妙地利用线下门店的体验式营销模式，让顾客能在超市里购买现场加工、新鲜又健康的食材，使许多顾客对盒马鲜生的环境和食品质量产生信任感和品牌好感，二次购物时就会直接网上下单，形成了线下体验拉动线上消费的模式。这就是典型的新零售模式。

盒马鲜生技术优势突出。运营系统是盒马鲜生重要的核心价值之一。利用各种先进技术，盒马鲜生完成了门店的最优选址，此外还有高效率的物流配送系统。盒马鲜生充分利用大数据、移动互联、智能物联网、自动化等技术及先进设备，实现人、货、场三者之间的最优化匹配，从供应链、仓储到配送，盒马鲜生都有自己的完整物流体系，大大提升了物流效率。

资料来源：经济的常识. 盒马鲜生"走红的秘密"[EB/OL]. （2020-04-01）[2020-05-29]. https://www.sohu.com/a/384801867_165453.

任务分析

微观环境的各个因素都会影响企业占据目标市场的能力。因此，企业营销活动组织者有必要对自身和这些相关部门、个人做深入的了解和把握，以确保企业的营销活动可以顺利开展。结合相关知识的学习，本项目设置如下具体任务。

（1）企业微观环境包括哪些单位或个人？

（2）分析案例中盒马鲜生走红的秘密。

相关知识

企业生产是一个链式系统，这个"链条"上的每一个环节都是影响企业营销活动的重要的、直接的因素，这就是微观环境。微观环境是指影响企业为顾客服务的能力的各种要素构成，包括企业、供应商、营销中介、市场、竞争者和公众。

一、企业的自身环境

企业开展营销活动与企业内部的相关因素密不可分。企业要想占领市场，并在竞争中获胜，就必须首先对自身有一个深刻的认识和把握。企业内部通常由最高管理层、生产、采购、技术研发、财务、人事、市场等职能部门组成，企业的正常运转必须依靠这些部门的通力合作才能实现企业的战略目标。当最高管理层做出营销战略设想后，市场营销部门在制订市场营销计划和选择营销策略时，还应该站在其他职能部门的角度，考虑其利益诉求，以便得到他们的支持与配合。不仅如此，还要考虑市场营销部门内部的相关人员，征询他们的意见，如营销副总裁、销售经理、推销人员等的利益诉求，他们的配合至关重要。企业只有在获得各部门和个人对营销管理部门制订的营销计划和营销策略欲达到的目标的支持和理解，并能站位到他们的利益上，才能够获得这些部门和个人的配合与支持，才能更快、更优质地完成企业营销战略目标，同时还会提高企业工作效率。

作为一个整体，企业内部理应相互配合、协调一致。但是众口难调，企业各部门之间难免存在冲突与矛盾，企业营销者应意识到这些问题，并做到如下几点。

第一，通过宣传、培训、企业团建等让各部门树立全局观念。因为营销部门与各职能部门之间既有合作，也存在利益冲突和争夺资源方面的矛盾，所以需要企业高层管理部门的统一领导，树立全员市场营销理念，让部门间通过有效沟通与协作，互相站位考虑，从而营造良好的内部营销环境。

第二，营销部门在制定营销策略时，必须要考虑最高管理层对于企业的发展意图和方向。以最高管理层制定的企业任务、目标等为准则，制订市场营销计划，在得到最高管理层认可后执行。

第三，企业若想在市场竞争中形成自己特有的竞争优势，顺应环境变化和发展的趋势，让员工在企业有归属感，不随意跳槽，拥有好的企业文化理念至关重要。企业文化是近年来日益受到重视的企业内部环境因素。企业的价值标准、经营理念、行为准则、典礼仪式、企业形象等，对于提高员工的凝聚力、向心力起着非常重要的作用。企业文化、营销部门、其他职能部门、高层管理部门共同构成了企业的内部营销环境。

二、供应商

供应商是指向企业及其竞争者提供生产产品和服务所需资源的企业或个人，如供应能源、原材料、零部件、劳动力、资金、技术、信息、交易交换平台等要素的各类组织。可见，供应商是企业维持生产的供给站，因此选择供应商时应当认真考虑，具体可参考以下标准。

第一，供应商具备符合国家规定和企业要求的经营资质，资信状况真实，这样才会建立长期稳定的合作关系，保证企业生产资源供应的稳定性。

第二，供应商提供的各种材料要符合国家标准或行业标准，以及企业所要求的具体质量规格，因为供应材料的质量会直接影响企业产品的质量。

第三，供应商承诺的交工、交货期限要符合与企业的约定，逾期交货可能使企业接下来的成品无法按期完成，从而影响为下游供货。

第四，企业挑选供应商应多样化。企业不能守着单一供应商而不去开发其他进货途径，这样可能出现"鸡蛋放在一个篮子里"的风险。但需注意的是，企业也不能频繁地变更供应商，以防导致货物生产不同而影响消费者体验。

因为供应商处于营销渠道的上游，因此供应商这一环境因素对企业的营销活动影响是很大的。事实上，企业与供应商的关系是相互制约和依赖的。当原材料供给过剩时，供应商依赖企业的需求安排生产；但是当原材料出现短缺、价格一路上涨时，供应商会控制供货数量和节奏，这将明显影响企业的成本。任务一的白卡纸价格上涨的案例就说明了这一问题。

三、营销中介

营销中介是在促销、销售及协助企业将顾客订购的产品送到顾客手中的部门、机构、企业和个人，主要包括以下几种。

（一）中间商

中间商是一个帮助企业寻找购买者或直接与购买者进行交易的商业企业。企业要打开市场，以解决生产集中和销售点分散的矛盾，只有通过中间商的协助才能快速找到销路。中间商包括商人中间商和代理中间商。商人中间商主要包括批发商和零售商，他们可以直接从事商品销售，对所经营的商品拥有所有权；代理中间商包括代理商等，他们主要负责专门介绍客户或协助买卖双方签订合同，但没有商品所有权。例如，生产集中和购买分散的矛盾，就须通过中间商的分销来解决。选择合适的中间商并建立密切合作关系，对企业业务活动的开展大有裨益。当然，很多企业会对其中间商建立激励措施和惩罚机制，以使产品定位在消费者意识中稳定不变。

（二）物流公司

物流公司是指负责储存货物、协助生产企业将产品从产地运送到目的地的仓储公司和运输公司，如冷链物流、快递公司等，其主要工作职能包括仓储、包装、运输、搬运装卸甚至库存管理、订单处理等。物流的安全、可靠、便捷以及公司实力直接影响企业营销的质量，物流公司最大程度上协助制造企业完成产品空间的转移以及协调储存问题，他们解决了生产和消费之间的矛盾，提供产品的时间效用和空间效用，满足消费者需求。在当今社会，如果没有高效的物流公司，会导致很多企业生产滞销甚至破产，可见物流环境因素的重要性。

延伸阅读 2.1
让全世界分享
中国物流速度

（三）营销服务机构

营销服务机构是指协助厂商推出并促销其产品，提供营销服务的机构，主要有市场调研公司、广告公司、传播媒介公司和营销咨询公司等。企业只有依靠这些专业的机构，才能准确地进行市场定位、市场开拓和推广宣传。因此，营销服务机构对企业也是必不可少的。

课堂思考 2.1

（四）金融中介机构

金融中介机构是指协助企业融资、结算或分担货物购销、储运风险的机构，包括银行机构、信托公司、保险公司等。企业与金融机构有着十分密切的联系，金融机构对企业发展提供支持和服务，有着至关重要的作用。例如，企业间的财务活动要通过银行账户进行结算，企业财产和货物要通过保险机构进行保障以避免风险等。而银行加息或是保险公司的保险费率上升，都会使企业的营销活动成本受到影响，贷款受限更会使企业陷入困境。因此，企业必须和金融机构保持密切联系，从而保证融资渠道畅通和信贷业务稳定。

四、竞争者

市场经济充满了竞争，企业在进行营销活动的过程中，不可避免地会遇到同行对手的挑战。竞争对手的价格公示、宣传、推销手段以及新产品上市等战略都会对企业营销造成很大的影响。因此，企业必须关注存在的竞争对手，做出相应的对策和规划。一个企业面临的竞争者包括如下几种。

（一）品牌竞争者

品牌竞争者即能满足顾客某种愿望的同类产品的各种品牌的企业。各种不同的品牌面向同一类顾客群体，并且价格相似，档次相似，如安踏、361°等服装品牌。

（二）产品形式竞争者

产品形式竞争者即能满足顾客某种愿望的各种产品型号的企业。各个生产厂家推出的不同型号产品，可能在价格上、档次上都有明显差异，如华为公司、小米公司均有手机、平板、笔记本电脑等。

（三）类别竞争者（平行竞争者）

类别竞争者即能满足顾客同一需要的不同类别产品的企业。例如，某品牌自行车制造商认为自己不仅与其他的自行车厂商在展开竞争，同时还与电动车、摩托车、平衡车等厂商展开竞争，原因就在于它们在满足需求方面是相似的。

（四）愿望竞争者

愿望竞争者即能提供满足顾客目前各种愿望的产品的企业，也就是把所有争取同一顾客群的人都看作竞争者。例如，名创优品可以认为自己在与所有的日常消费品公司竞争。

五、市场

市场是购买产品或企业服务的个人或组织，他们有可能是最终消费者，也可能是代理人或中间人。市场也是企业经营活动的出发点和归宿。企业的一切营销活动都是以市场需要为中心，从而获取利润。依照购买的群体及购买的目的，市场一般分为以下几种类型。

（一）消费者市场

消费者市场指为了满足个人或家庭需要而购买商品或服务的消费者群体，一般由个人和家庭构成。所有的市场都是为了这个市场有效运行而存在。

（二）生产者市场

生产者市场指为赚取盈利或实现其他目的而购买商品和服务，再生产和提供其他产品和服务的组织。生产企业既购买产品和服务，也销售产品和提供服务，它们的特点是产品采购量和销售量巨大，对产品价格的影响也很大。

（三）中间商市场

中间商市场包括批发商和零售商，指为获利而购进商品并转卖的组织和个人。这些企业不生产产品，仅进行转售。中间商市场为市场营销提供了更加专业的分工，为消费者提供了更方便的渠道，但是也增加了购买的成本。

（四）政府市场

政府市场指为提供公共服务或将商品与服务转给有需求的人而购买商品和服务的政府部门。政府市场一般不追求盈利，主要提供公共服务，满足公共利益。

（五）国际市场

国际市场指国外的买主，一般包括外国消费者、生产商、中间商及政府部门等，国际市场突破了一国界限，更考验企业的实力。我国近些年一直积极发展国际市场，国际市场也越来越依赖我国。国际市场对加强技术交流、进行经济贸易合作有十分重要的作用。

六、社会公众

公众是指对企业实现营销目标有实际或潜在影响的群体和个人。公众可能有助于增强一个企业实现自己目标的能力，也可能妨碍这种能力。因此，得到各类公众的理解和支持，是企业搞好营销的重要条件之一。企业的公众主要有以下类型。

（1）金融公众，即对企业的获取资金能力有重要影响的金融机构，主要包括银行、投资公司、证券交易所、保险公司等。

（2）媒介公众，如报纸、杂志、自媒体、广播、电视和互联网等大众传播媒体。

（3）政府公众，即负责管理企业进行经营活动的有关政府主管部门。

（4）社团公众，即各种消费者权益保护组织、环境保护组织等群众团体。

（5）社区公众，即与企业同处某一区域的其他组织和个人。

（6）一般公众，即与企业无直接利害关系，但其舆论对企业市场营销有潜在影响的公众。

（7）内部公众，即企业内部成员，包括高层管理者和一般职工。当企业雇员对自己的企业满意并到处宣传时，就会影响企业以外的公众。

延伸阅读 2.2
海底捞为什么永远有人在排队

课堂任务

1. 根据以上所学，结合引导案例，以 5～8 人的学习小组为单位分析盒马鲜生所面临的微观环境并完成"任务分析"的问题。

2. 各组内部讨论，收集资料并形成结论。

3. 随机指定小组派代表轮流发言，其他小组可以提问。

4. 教师点评，总结本项目内容。

课后阅读 2.2
华为管理体系探秘：从矩阵作战到服务至上

任务三　营销宏观环境分析

知识目标

1．了解营销宏观环境的构成因素。
2．了解营销宏观环境中各因素对企业营销活动的影响。

能力目标

1．能认知和辨析营销宏观环境因素。
2．能掌握营销宏观环境因素影响与营销活动的动态适应。

素质目标

1．培养市场营销活动中的全局观念，摒弃局部利益观。
2．增强市场营销活动中的法治观念。

引导案例

2019 年出生人口下滑，奶粉行业加剧洗牌

2019 年 1 月 17 日，国务院新闻办公室举行新闻发布会，提到数据显示，2019 年全年出生人口 1465 万人，人口出生率为 10.48‰；死亡人口 998 万人，人口死亡率为 7.14‰；人口自然增长率为 3.34‰。

自 2016 年放开二胎政策之后，2017 年中国人口出生数量出现了反弹，至 1723 万；而到了 2018 年，全年的人口出生数量回落到 1523 万，2019 年又出现下降。

不过，出生率的下降并未影响乳制品企业的收入增长。近日，乳制品工业协会公布一年一度的乳制品行业运营情况。其中，据国家统计局数据（月报）显示，2019 年 1—11 月，全国规模以上乳制品企业 565 家（2018 年为 589 家），销售总收入 3577.0 亿元，同比增长 12.44%（2018 年为 10.02%），这是自 2014 年以来首次突破 12%。

当奶粉行业进入高竞争期后，品牌至关重要，小品牌或遭淘汰，大品牌则优势显著，行业正迎来新一轮洗牌。

资料来源：网易财经. 2019 年出生人口下滑至 1465 万，奶粉行业加剧洗牌[EB/OL]. （2020-01-17）[2021-06-06]. https://baijiahao.baidu.com/s?id=1655963261215281869&wfr=spider&for=pc.

任务分析

从资料中可以看出，乳品企业面临的洗牌正是因为外部环境发生了变化，在以后几年，

人口问题势必影响乳品企业格局。除此之外，还有很多因素会影响企业的营销活动，而其中这些社会力量组成的环境就是企业所面临的宏观环境。宏观环境分析可以更好地让企业调整营销策略，使企业适应环境及变化，达到企业营销目标。结合案例及相关知识，本项目设置如下具体任务。

（1）案例中体现了宏观环境中哪一种因素对乳品企业的影响？企业应该如何处理好营销活动与这类环境因素的关系？

（2）请小组列举所了解的宏观环境因素给社会格局带来的影响及给企业带来的威胁和机会。

知识学习

菲利普·科特勒在《市场营销导论》一书中指出，宏观环境是指影响企业微观环境中的人口统计学、经济、自然、技术、政治、法律、文化等各要素的强大社会力量。因此，宏观环境可以通过对企业营销活动造成市场机会和环境威胁，从而影响和约束企业的生产经营活动。这虽是企业不可控的环境因素，但是企业可以调整和控制自己的营销活动，以此来适应宏观营销环境的变化。

一、政治法律环境

市场营销的政治法律环境主要是指企业外部政治形势，以及所在国家或地区法律法规对企业营销活动带来直接或潜在的影响。社会主义核心价值观强调了"法治"观念，而现代市场经济是法治经济，国家通过制定法律、法规，调整经济关系，规范经济行为，指导经济运行，维护经济秩序，使整个经济逐步按照法律预定的方式快速、健康、持续有序地发展。因此，政治法律环境一直对企业市场营销活动有着很深刻的影响。企业负责人如果不知悉所处的政治法律环境，有可能导致企业无法经营或者违规经营。因此，企业不断对政治法律环境进行分析，主要就是了解国家出台的法律法规以及政府制定的各项方针政策对企业市场营销活动的影响。政治环境引导着企业营销活动的发展方向，而法律环境则为企业的经营活动提供行为准则。

（一）政治环境

政治环境指一家企业在营销活动中所面临的外部政治形势，包括政治稳定性、社会治安、政府更换、政府机构办事作风、信息透明度、国家的人口政策、能源政策、物价政策、金融政策等都会对企业营销活动造成影响。国家政局稳定，经济就能顺利发展，人民就能安居乐业，企业就有了良好的营销环境，这也是我国为何吸引众多外国投资的原因之一。例如，国家制定政策鼓励和扶持某一产业的发展，会直接影响该产业，而对周边产业来说其影响可能是间接的。所以，企业对政治环境的分析不能仅重视那些具有直接影响的政策，还要关注可能造成间接影响的政策。如果企业开展跨国经营，那么政治环境分析可能更为复杂，要分析目标市场国家的基本政治制度、政局稳定情况、进出口贸易政策、外汇政策、劳务政策等。不得不说，对政治环境的分析至关重要，政治风险带来的损失有时会让企业

走向衰亡，更别说对企业的营销活动带来的影响。

（二）法律环境

法律环境指国家所颁布的与经济相关的法律、法令、法规等，这里主要了解国家制定的与市场营销活动有关的各项法律法规。国家这双有形的手对企业的宏观管理主要是靠经济和法律手段。因此，企业需要熟悉的法律很多。在现代社会中，与企业市场营销关系较为直接和密切的法律法规主要有《中华人民共和国产品质量法》《中华人民共和国企业所得税法》《中华人民共和国反垄断法》《中华人民共和国消费者权益保护法》《中华人民共和国环境保护法》《中华人民共和国电子商务法》《中华人民共和国反不正当竞争法》《中华人民共和国专利法》《中华人民共和国商标法》等。立法的根本目的就是维持国家和社会的经济秩序，保障企业和消费者的合法权益，促进公平竞争。新法律法规的颁布或原有法律法规的修改和废止，都会影响企业的营销活动。

延伸阅读 2.3
国务院常务会议
提出优化营商环
境四大举措

延伸阅读 2.4
《电子商务法》
实施带来的影响
及应对措施

二、人口环境

市场由有购买欲望同时又有购买能力的人构成，人口是市场的第一要素，人口数量决定着市场规模。人口环境对市场格局有着整体和长远的影响，因而人口状况自然成为企业营销人员最关注的环境因素。重视对人口环境的研究有助于企业及时调整和当下相适应的营销策略，正确地选择目标市场。分析人口环境对企业营销的影响主要从以下方面进行。

（一）人口数量

人口数量是决定一个地区市场规模和潜在容量的关键要素。一个国家的人口越多，对市场细分越有要求，食品、穿衣、日用品等基本生活资料的需求量也越大。我国庞大的人口数量让国外很多著名企业看到了中国的市场潜力，来华投资。人口增长意味着市场的扩大，同时也能为企业生产发展带来丰富的劳动力资源。但是不得不承认，人口数量带来需求扩大的同时，也会带来资源短缺、环境污染等严峻问题。

（二）人口增长率

人口增长率是预测市场规模扩大的依据之一。如果一个国家的人口总数不少，但是增长率很低，那么从长远看这个市场的潜力很小。如果一个国家的人口增长很快，对食品、衣着和住房等消费品的需求量也会迅速增长，这样的市场才是一个潜在的大市场。

（三）人口结构

人口结构主要包括人口的年龄结构、性别结构、家庭结构和民族结构等。

1．年龄结构

不同年龄段的人有不同的生理特点、兴趣爱好、生活习惯和价值观念。消费者的年龄差别意味着购买力的年龄结构和商品的需求结构，购买力会随着年龄的增长直接导致需求的变化。目前，我国年龄结构的总体趋势是人口老龄化。人口老龄化是指总人口中因年轻人口数量减少、年长人口数量增加而导致的老年人口比例相应增长的动态。首先是指老年人口相对增多，在总人口中所占比例不断上升的过程；其次是指社会人口结构呈现老年状态，进入老龄化社会。国际上的通常看法是，当一个国家或地区60岁以上老年人口占人口总数的10%，或65岁以上老年人口占人口总数的7%时，即意味着这个国家或地区的人口处于老龄化趋势。人口老龄化的趋势对整个社会的经济发展、科教文化和社会保障体系等领域都有着深刻的影响。

人口老龄化的现象催生了老年产业、老龄产业的繁荣，又称"银发经济"。"银发经济"是指专门为老年人消费服务的，围绕老年人群体展开的一系列消费行为与经济现象。当前老年消费者比例逐渐增多，和过去相比他们存款多，健康状况更好，参与工作的时间也更长，因而他们会消费，也愿意积蓄。为适应这一市场需求的变化，企业将在老年人食品、穿着、娱乐休闲用品和场所、康养保健、社会服务机构和设施等方面发现新的市场机会。

2．性别结构

不同性别的人在市场消费的需求内容、购买习惯、购买心理有显著差异。例如，厨房用品、化妆品、服装、首饰等一般属于女性市场中的重要商品；大件商品、高科技商品一般属于男性市场中的重要商品。

3．家庭结构

家庭是社会的细胞，也是商品采购和消费的基本单位，因而商品特别是以家庭为单位进行消费的商品的购买行为受家庭状况的影响比较大，如住房、家用电器等。再者，处于不同家庭生命周期的家庭，购买行为也有很大的差异。

4．民族结构

不同的民族，其生活习惯、文化传统、消费习惯也不相同。因此，企业营销者要注意不同民族的市场的营销，重视开发适合各民族特性、受其欢迎的产品，企业营销才能取得成功。

（四）人口地理分布

人口地理分布是进一步分析市场潜力的重要依据，是人们形成不同区域消费偏好的重要原因。居住在不同地区的人有着不同的需求。由于地理位置、气候条件、传统文化、生活习惯和经济发展水平不同，人们会表现出消费习惯和购买行为的差异。表现在市场上就是：各地人口的密度不同，其市场潜力大小不同；人口消费习惯不同，则市场需求不同。人口迁移的变动会带来消费的变动。近年来，城镇化发展、各地人才引进政策、对于居住环境的重视等让我国人口流动不断增多。

 拓展知识2.1

城镇化发展的新特征

"十四五"时期我国城镇化仍将保持相对较快的增长速度，必须充分考虑城市化快速发展对经济和社会的影响，同时也要看到城镇化发展将呈现出一些新特征，需要在制定城镇化政策时充分考虑，并做出相应调整。

城镇间人口流动比重不断提高。国家统计局农民工监测数据显示，2019 年农民工总量仅增长 0.8%，增速已连续两年低于 1%，而在外出农民工中，年末在城镇居住的农民工人数没有增长，乡城间人口转移总量已经稳定甚至出现下降。国家卫健委的流动人口监测结果显示，省内县际流动人口和省际流动人口比重有所上升，城镇间流动人口比重上升。根据手机信令的监测数据结果，2017 年在新增跨市域流动人口中，以县城和市区作为流出地的比重为 36.1%，2018 年上升为 39.2%，2019 年则达到 45.1%，呈快速上升趋势，未来在推进农民工市民化的同时，需要更加关注城镇间的流动人口问题。

大城市承载人口比重上升，城市出现分化。我国城镇实行等级化管理体制，优质公共服务资源集中在大城市中。随着收入水平的提升，人们对美好生活的需求更为强烈，优质公共服务是美好生活的最主要内容。过去受户籍制度的限制，行政等级高的大城市进入门槛较高，随着城镇化改革的深化，各类城市的进入门槛在降低，越来越多的人口流向公共服务水平更高的大城市，这也是对美好生活向往的体现。

资料来源：新华网. 我国城镇化发展新趋势：家庭化转移比重提高[EB/OL]. （2020-07-27）[2021-06-08]. https://baijiahao.baidu.com/s?id=1673420370994940082&wfr=spider&for=pc.

三、经济环境

经济环境指企业营销活动所面临的外部经济条件。一个国家的经济状况及其发展变化趋势直接或间接地对企业市场营销活动产生影响。

（一）经济发展阶段

一个国家或地区所处的经济发展阶段不同，呈现的市场需求和消费方式也不同，从而直接或间接地影响市场营销。在经济发达的地区，消费者购买商品更注重样式、性能及个性；而在经济发展欠发达的地区，人们则偏重于产品的功能性和实用性。因此，针对经济发展程度不同的地区，企业应采取相适应的市场营销策略。

（二）经济形势

经济周期对企业市场营销活动有着重要影响。当经济处于蓬勃发展阶段时，市场营销活动就容易进行。消费者的消费能力强，需求旺盛，商品交易活跃度高，企业投资增加，产品供应充足，因此人们对于接下来消费的预期进一步增强；但当经济处于低迷时期时，企业投资压缩，消费者的消费需求弱，市场商品交易冷淡，产量削减，市场营销活动开展困难。因此，经济形势对企业的营销活动都会产生很大影响。

课堂思考 2.2

（三）地区与行业的发展状况

城市与农村、东部与中西部、南方与北方地区的经济发展差异对市场营销有着很大影响。地区与行业是否平衡发展、产业结构是否合理都将影响到社会整体经济的稳定增长。行业不同，市场选定、产品策略、分销模式等都会有差异。地区与行业的发展状况以及它们的调整与优化可能会给企业的发展带来市场机会，也有可能造成威胁。

（四）购买力水平

市场是由有购买欲望且有支付能力的顾客构成的。购买力大小是构成市场和影响市场规模的重要因素。购买力是由消费者收入、支出和储蓄等因素决定的。

1. 消费者收入

消费者收入直接影响市场容量和消费者支出，从而决定购买力水平。研究收入常用如下指标。

（1）人均国内生产总值：人均国内生产总值=总产出/总人口，即一个国家或地区，在核算期内（通常为一年）实现的生产总值与所属范围内的常住人口的比值。它是衡量一个国家经济实力与购买力的重要标准，影响和决定了消费结构与消费水平。

（2）个人收入：指居民从各种来源所得到的收入，是个人各项货币收入的总和，包括工资、奖金、津贴、退休金、红利、租金、接受赠与等。它是衡量个人购买能力的基础指标但不是绝对指标，因为消费者并不会将所有的收入都用来购买产品。居民收入总额可用于衡量地区消费市场的容量；人均收入的多少反映了购买力水平的高低。

（3）个人可支配收入：是指扣除缴纳的各种税款和非税性负担后，用于个人消费和储蓄的这部分收入，主要用于购买生活必需品等其他方面的固定开支。个人可支配收入是真正影响消费者购买力的决定性因素。

（4）个人可任意支配收入：是个人可支配收入减去用于维持个人和家庭生存必需的费用后（食品、穿着、房租、水电气暖等）的余额。它是消费需求变化中最活跃的因素，是消费者增加购买量、提高生活水平的基础，也是企业组织营销活动时所要考虑的主要对象。

2. 消费者支出模式和消费结构

消费者支出模式是指各种消费支出所占的比例关系，它主要取决于消费者的收入水平。没有收入就不会有支出，人们对产品的需要和欲望就不能转化为有货币支付能力的需求。此外，消费者的支出还取决于家庭生命周期、家庭结构等。

3. 居民储蓄和信贷

储蓄和信贷水平会影响一定时期的需求总量，改变市场需求构成。储蓄是指消费者将任意支配收入的一部分储存待用。消费者的消费能力或购买能力受储蓄的影响。较高的储蓄率会减少近期的货币支付能力，推迟现实的消费支出，但储蓄会使潜在的购买力增长。消费者信贷使消费者用未来的钱先期取得商品的使用权，然后按期归还贷款，如信用卡、蚂蚁花呗等。消费者可以通过借款来增加购买力，因此信贷创造了更多的消费需求。信贷的规模与条件在一定程度上影响着某一时期内消费者现实购买力的大小。

延伸阅读 2.5
2020 中国奢侈品
消费逆势上涨

四、社会文化环境

文化是一个复合的整体，会影响社会基本价值、感知、偏好和行为。市场营销的社会文化环境是指社会成员所共有的行为规范、风俗习惯、对客观物质世界的态度及观念，从而影响人们的消费方式、购买行为等，它反映社会成员精神财富的总和。在同一社会文化领域内成长的成员都会受到某种特定文化的制约，表现为某种固有的生活方式。若当地社会文化环境与企业营销的方式冲突，就会影响消费欲望，进而影响企业占有市场。社会文化环境是影响企业市场营销行为最深刻、最复杂的变量。市场营销社会文化环境应主要分析以下方面。

（一）价值观念

价值观念是人们在日常生活中形成的对待事物的态度和看法，如人们的时间观念、对新事物的适应能力、承担风险的能力和对财富积累的态度等。社会文化背景各异，人们的价值观念就会展现出很大差距，进而会影响消费者对商品的选择和购买行为。

（二）语言文字

语言和文字是人们相互沟通的主要工具，通信交流、合同签订、广告宣传等都离不开语言和文字。在营销活动中，要想起到让人耳目一新的效果，加深消费者对产品的印象，营销文字也要用得恰到好处。不同的国家有自己独有的语言文字，即使同一国家因为民族、区域不同也可能有多种不同的语言和文字，而且相同的语言在不同的国家或地区表达的意思也不一定相同。因此，要组织好营销活动，必须注意语言文字的适用得体，否则，就会使大众诟病，给品牌形象造成难以挽回的损失。

延伸阅读 2.6
大润发就女装尺
码标注歧视道歉

（三）受教育水平

一个国家或地区的社会成员受教育水平往往与该地区经济发达程度相一致。文化底蕴不同，表现出的审美需求就会不同，消费者对商品的选择态度和原则也不同，这样就会影响企业的营销活动。例如，在公众受教育水平普遍高的地区，消费者对商品是否精致、科技含量、附加功能、包装档次等都有要求。

（四）审美观念

审美观念通常表现在人们对事物好坏、善恶的评价，表现在对艺术、音乐、戏剧、舞蹈及颜色等的鉴赏上。企业在进行产品设计、包装或广告宣传时，要注意各地美学观念的差异。例如，现在越来越多的人喜欢穿汉服，是因为大家都觉得汉服能体现出特有的古典气质，因此汉服市场异常火爆。企业在市场营销活动中要格外注意地区审美观念差异，以调整自己的营销策略。

（五）宗教信仰

宗教是影响信仰宗教地区人们消费行为的重要因素之一，不同的宗教各有其特殊的传统。企业要熟悉各种宗教的禁忌，生产与销售符合当地宗教习惯的产品，以适应不同宗教信仰的人们的特殊需求。

（六）风俗习惯

百里不同风，千里不同俗。市场营销管理者更应该做到"入境而问禁，入国而问俗，入门而问讳"，关注目标地区积久而成的风情、礼节、习俗等。了解各地区的风俗习惯，是企业开展营销活动的重要前提，如我国很多人喜欢数字"6""8"，喜欢龙、凤图案，喜欢牡丹、松、竹、梅等。

五、自然地理环境

自然地理环境决定着企业的生存发展，会给企业造成环境威胁或者带来市场机会，它是指影响消费者需求与购买行为的气候、资源、生态等要素。自然地理环境的主要影响因素如下。

（一）自然条件

自然条件如自然灾害的产生、气候的变化，可能会对企业的经营有影响，同时也会给企业带来许多商机。例如，一个地区如果夏季时间变长，整体气候变热，夏装售卖就会延长，春秋服装就会缩短。因为中国地大物博、自然条件各地均有不同，所以营销企划、商品销售需要考虑各个地方各种气候因素，需要根据具体情况做具体分析。

（二）自然资源日益短缺

自然资源是自然界中人类可以直接获得用于生产和生活的物质，分为三类：一是不可再生资源，如各种金属和非金属矿物、化石燃料等，需要经过漫长的地质年代才能形成；二是可再生资源，指生物、水、土地资源等，能在较短时间内再生或循环再现；三是取之不尽的资源，如风力、太阳能等，被利用后不会导致储存量减少。有限资源的无遏制的利用与人类对自然资源需求的无限扩大的趋势加剧了人类与自然资源的矛盾。因为自然资源的短缺问题突出，所以企业需要研发、寻找替代品，降低原材料消耗，保障生产。

（三）环境污染加剧

在之前很长一段时间内，企业为保障产能，追求金钱利益而使环境遭到了巨大的破坏。对于自然环境的持续恶化，我国政府及人民已认识到自然环境对人类生存发展的重要性，人与自然和谐共存已成共识。我国实施了限制气体排放、减少汽车使用量、造林绿化、鼓励新能源应用等举措，取得了一定的成果。在这些举措下，污染的企业有可能面临关停或者责令采取措施控制污染，但是对于擅长节能减排、控制污染的环保企业就会有新的市场机会。现在为了保护环境，我们更提倡生产和消费绿色产品，促进绿色营销的发展。

六、科学技术环境

当前科学技术的发展深刻地改变着行业的变革、企业的生产与人们的日常生活。技术落后的企业只能被取代从而退出市场。时至今日，人工智能、新能源技术、物联网、光导通信、计算机技术等行业的发展，使制造企业、航空企业、手机生产商等有了更多市场机会，人们的饮食、出行、购物也发生了天翻地覆的变化。企业的营销活动也受科学技术的影响，因为它是作用最直接、变化最快的因素。

课后阅读 2.3
我国主要经济
指标

课堂任务

1．根据以上所学，以 5～8 人的学习小组为单位，完成"任务分析"的问题。

2．各组进行内部讨论，形成结论。

3．其他小组可以针对平台上的结论报告进行提问。

4．教师点评，总结本项目内容。

任务四　营销环境的机会与威胁分析

知识目标

1．了解 SWOT 分析法的含义及内容。

2．掌握 SWOT 矩阵分析。

能力目标

1．能够理解 SWOT 分析法的应用意义。

2．能运用 SWOT 矩阵对企业营销业务进行分析。

素质目标

1．具备分析和处理市场营销活动中问题的能力。

2．培养职业技能所需的逻辑思维。

引导案例

"十四五"天然气市场影响因素

对"十四五"我国天然气需求规模进行预测，首先需要分析影响天然气市场的相关因素，根据各领域研究成果，未来影响天然气需求规模的主要有经济、能源、油价、大气污染治理、气价水平、市场区域变化等几方面。

宏观经济韧性增加，助推多个领域的用气增长。我国经济新常态使得宏观经济增长对天然气需求的驱动力减弱，是未来发展的大趋势，但自 2014 年开始的我国经济产业结构持续深入调整，加之工业经济增长韧性不断增强、电力消费稳定增长、城镇化进程持续推进等有利的宏观因素将为我国天然气在工业、发电和城镇燃气领域的深入应用提供新的增长动力。

能源消费增速将持续放缓，天然气发展为"主体能源"的方向不会改变。随着我国经济发展逐步进入"新常态"，近年来国家发改委、能源局等多个部门先后颁布了一系列相关政策，旨在改善我国能源消费结构。预计"十四五"期间我国能源消费增速将处于低位增长，能源结构持续进行战略性调整，控制煤炭为主的化石能源消费，降低煤炭在能源消费总量中的比重，提升天然气在能源消费总量中的占比，培育天然气在能源消费中的主体地位这一发展方向将继续保持。

国际油价存在一定的上涨空间，天然气价格综合竞争力持续回升。"十四五"期间国际油价的上浮将使得燃料油、LPG 等价格有所增长，且随着我国 LNG 长贸合同价格逐渐与油价脱钩，天然气的综合价格竞争力将持续得到回升，利好国内天然气市场的发展。

大气污染防治力度持续加强，天然气仍是主要治理措施。根据国务院印发的《打赢蓝天保卫战三年行动计划》，"抓好天然气产供储销体系建设，重点支持京津冀及周边地区、汾渭平原、大湾区、长三角等地区蓝天保卫行动，实现'增气减煤'工程。""十四五"期间，大气污染治理的重点逐渐由京津冀地区向周边扩展，覆盖区域更广，覆盖用户更多。

未来终端用户用气成本将继续下降，利好下游市场发展。价格是影响我国天然气市场需求的决定性因素。天然气经济性主要受到替代能源价格、终端产品价格等因素影响，在替代能源价格较高、终端产品效益较好的情况下，天然气经济性更强，市场需求存在更高的增长空间。随着国内天然气定价市场化程度不断加深，国际 LNG 资源成本下降，天然气价格市场化改革深入，管道输配费用监审加强，压缩中间环节成本下，预计"十四五"期间终端供气价格将有望继续下降。

天然气自身的特性及天然气用户的用气特性导致天然气是我国能源消费中不可或缺的一环，天然气管道可以便捷、经济的为普通家庭提供能源，燃气电厂具有优势明显的调峰作用，工业用户可以通过清洁的天然气生产质量、规格更高的终端产品。对于天然气来说，未来仍将具有非常广阔的利用空间，而制约天然气发展的因素主要有经济性、安全性以及第三方准入机制三点。

解决天然气过高的成本问题是天然气发展的重中之重，解决天然气安全性问题是天然气持续发展的长久战争。天然气的安全性具体来说就是天然气供应的保障程度。其中保障程度细分为上游国产气资源生产的保障程度、进口天然气资源的保障程度、天然气管道的保障程度、储气设施的保障程度四大部分。目前我国天然气产业链相对脆弱，保障程度较低，当发生大范围气候变化、产业重大调整时，产业链的各环节均有可能出现诸多问题，导致影响国计民生的"气荒"现象发生。

资料来源：南方能源观察. 能源"十四五"，天然气供需分析及预测[EB/OL]. （2019-11-23）[2021-06-18]. https://mp.weixin.qq.com/s/NMyDEQMOHPFFxEzjVS5XZw.

任务分析

从资料中可以看出，在油气体制改革继续深入推进的背景下，天然气供需形势及行业发展情况较"十三五"均有所改变。利用 SWOT 分析法，结合案例及相关知识，本项目设置如下具体任务。

（1）找出某一具体天然气公司，结合案例及其自身具体情况，总结该天然气公司发展的优势和劣势。

（2）总结该天然气公司发展面临的机遇和威胁。

知识学习

一、SWOT 分析法的含义及应用意义

SWOT 分析法是目前市场环境分析最常用的工具和方法（见表 2.1）。SWOT 是四个单词的英文缩写：S 是 strenghths（优势），代表企业内部的优势；W 是 weaknesses（劣势），代表企业内部的劣势；O 是 opportunitie（机会），代表企业外部营销环境的机会；T 是 threats（威胁），代表企业外部营销环境面临的威胁。优势和劣势是相对于自身竞争对手而言的：优势是指企业比竞争对手在某些方面所具有的能力和资源，如雄厚的资金实力；而劣势是指企业和竞争对手相比在一些方面欠缺和不足的能力和资源，如市场占有率低。机会和威胁是关于企业外部营销环境的：企业外部营销环境的机会是指外部环境对企业营销有利的因素，如政府政策扶持；企业外部营销环境的威胁是指环境中对企业营销不利的因素，如技术的落后。

表 2.1 SWOT 分析法

	S（优势）	W（劣势）
优势与劣势	新颖的产品或服务 企业产品无可模拟 较高的市场覆盖率 良好的营销技巧 品牌声誉好、知名度高 信息处理能力强 自主知识产权 ……	产品质量差 狭隘的产品线 企业地理位置差 丧失商业信用 研发能力下降 竞争对手优先进入 分销渠道不占据优势 ……
	O（机会）	T（威胁）
机会与威胁	政府鼓励政策 新兴市场 国际贸易壁垒消除 ……	竞争对手不断增多 价格战 政府禁令 ……

SWOT 分析法是一种动态的方法。由于企业面临的环境处于变化中，使机会与威胁并存，企业能否依据自身发展目标，及时检查自己的劣势和存在的威胁，并善于把握和利用自己的优势去清除不利的内外部要素，最大程度上发挥自己的优势，及时抓住机遇，直接关系到企业的生存和发展的命脉。SWOT 分析法旨在对企业所拥有的资源和相关环境分析的基础上，帮助企业明确其优势、劣势、机会和威胁。

二、SWOT 分析法的应用

SWOT 分析法既可以使企业识别自身的优势与劣势、市场环境的机会与威胁，又可以利用分析工具本身来制定战略。建构 SWOT 矩阵（见图 2.2），可形成 4 种不同类型的组合：优势—机会（SO）组合、劣势—机会（WO）组合、优势—威胁（ST）组合和劣势—威胁（WT）组合。对 SO、ST、WO、WT 这 4 种组合进行分析，得出一系列企业未来发展的可选择对策。

	机会	威胁
优势	SO（Ⅰ）	ST（Ⅲ）
劣势	WO（Ⅱ）	WT（Ⅳ）

图 2.2　SWOT 矩阵分析

Ⅰ 优势—机会（SO）组合分析，是一种发挥企业自身内在优势与利用外界环境机遇的分析模式，即企业具有自身特定的优势，而外部环境又为这种优势提供了非常有利的机会。例如，产品销量好、市场认可度高、竞争对手产品品控不严格等外部条件，加上企业市场占有率提高等内在优势，就可以帮助企业做出击败竞争对手、扩大生产规模等策略。

Ⅱ 劣势—机会（WO）组合分析，是利用外部环境机会来改变内部劣势，使企业转劣势为优势的分析模式，即企业虽然有有利的外部机会，但由于存在一些内部劣势而妨碍其利用机会，那么就可采取措施先克服自身这些劣势。例如，企业的劣势是原材料质量不稳定和生产周期长，从成本角度来看，会导致加大原材料复检频次、单位成本上升、出现附加费用、产量低下等。在产品市场前景看好的前提下，企业可利用优秀的供方保证产品质量、新技术新工艺新设备降低产品成本等，实现纵向整合战略，重构企业价值链，实现利益最大化；同时，可考虑购置生产线来改变生产能力不足及设备老化等劣势。通过改变这些劣势，企业就能进一步利用各种外部机会，降低成本以取得成本优势，最终赢得竞争优势。

Ⅲ 优势—威胁（ST）组合分析，是一种利用自身优势，回避或减轻外部威胁所造成的影响的分析模式。例如，竞争对手利用新工艺进一步保证产品质量，降低产品成本，给企业带来很大的竞争压力；原材料供应紧缺，市场需求量大，价格上涨；消费者要求逐步提高产品质量；企业还要承担安全环保投入成本等。这些都会导致企业成本状况进一步恶化，从而在竞争中处于非常不利的地位。但若企业拥有宽裕的现金流、精湛的技术人员和较强的产品研发能力，便可利用这些优势开发新工艺，优化生产工艺控制过程，进一步提高原材料利用率，从而降低材料消耗和生产成本。另外，开发新技术产品也是企业的可选择对策。新技术、新材料和新工艺的开发与应用是最具潜力的成本降低措施，同时还可提高产品质量，从而回避外部威胁造成的影响。

Ⅳ 劣势—威胁（WT）组合分析，是一种旨在改变内部劣势，回避外部环境威胁的分析模式。当企业存在内忧外患时，往往会面临生存危机，降低成本也许可作为改变劣势的主要措施。当企业成本状况正在恶化，原材料供应不足，生产能力不够，无法实现规模效益，且设备老化，以致企业在成本方面难以有大作为时，就会迫使企业采取目标聚集战略或差异化战略，以回避成本方面的劣势及成本原因带来的威胁。

经过 SWOT 分析营销环境，可能会出现四种不同的结果（见图 2.3）。企业可根据威胁与机会水平不等的各种营销业务，分别采取不同的对策。

机会	威胁	
	小	大
大	理想业务	冒险业务
小	成熟业务	困难业务

图 2.3　环境威胁—机会矩阵图

（1）理想业务机会大、威胁小。必须做好资源配置，充分发挥企业优势，及时抓住不可多得的良机，与此同时也应该密切观察环境威胁的变化，因为理想业务不只企业自身可以看到，竞争者也会看到。

（2）冒险业务机会大、威胁大。环境对企业的营销有极强的吸引力，有着高额利润但又面临极大的威胁。企业应全面剖析自身的优势与劣势，既不激进也要敢于尝试，通过采取适当的措施来限制、减轻和转移威胁因素，可促使其向理想业务转化。

（3）成熟业务机会小、威胁小。成熟业务表明该业务已经被大众所普遍认可和接受。企业在维持正常运转的同时，应当意识到现实情况下创利空间有限。企业应发挥自身优势，提高业务增长空间，最大程度上延长该业务的生存时间，提高盈利能力。

（4）困难业务机会小、威胁大，意味着该类业务已经不适合长期发展。企业要么因势利导，清除不利因素、改变现状，要么有计划地退出和转移，开发新领域。

三、企业面对机会或威胁时的对策

（一）面对市场机会的对策

1．抓住时机

当市场机会与企业的营销目标恰好趋向一致，企业本身还具备利用该市场机会的条件，同时在产品竞争中占有优势时，企业应立即抓住时机，充分利用市场机会，开拓市场，占据有利地位。

2．等待时机

有些波动不大的市场机会，短时间内不会发生变化，企业暂时也没有利用该机会的条件和资源，此时，企业可积极创造条件，发挥自己的优势，待各方面条件成熟后再利用这一市场机会。

3．选择放弃

如果市场机会很具有吸引力，但企业根本没有可利用的必要条件，此时企业应主动放弃，另辟新道路。

（二）应付环境威胁的对策

1. 反抗战略

反抗战略即通过各种措施，限制或改变不利因素对企业的威胁。例如，一国旅游公司生意不景气时，几名公司负责人疏通该国议员，宣布了一项法令，增加旅游假。

2. 减轻战略

减轻战略即通过优化和调整营销组合来改善环境带来的变化，以减轻企业受环境威胁的程度。例如，"限塑令"使许多企业的生产成本增加，此时应采取加强技术更新、提高劳动生产率、减少生产浪费或适当调高产品价格等手段，以消化环境因素给企业带来的威胁。

3. 转移战略

转移战略即转移到其他赢利更多的行业或市场。有三种转移策略可供企业选择：第一，产品转移，是将受到威胁的产品转移到其他市场；第二，市场转移是转移到新的细分市场；第三，行业转移就是将企业的资源转移到更有利的行业中，如以岭药业利用自身优势发展康养产业、特色农产品等。

课堂任务

1. 根据以上所学，以 5～8 人的学习小组为单位，完成"任务分析"的问题。

2. 各组进行内部讨论，形成结论。

3. 其他小组可以针对平台上的结论报告进行提问。

4. 教师点评，总结本项目内容。

课后阅读 2.4
适用于业务分析的"SWOT"与"五力"

任务五　营销基础知识及技能训练

营销基础知识

一、单项选择题

1.（　　）不属于企业营销的微观环境因素。

　　A．政府公众　　　　　　　　B．社区公众

　　C．媒介公众　　　　　　　　D．社会文化

2．机会水平、威胁水平都高的业务是（　　）。

　　A．理想业务　　　　　　　　B．冒险业务

　　C．成熟业务　　　　　　　　D．困难业务

3．海湾战争的爆发对（　　）产品的营销影响最大。

　　A．武器　　　　　　　　　　B．石油

    C. 钢材   D. 汽车

4. 人口老龄化对（　　）企业来说是一种机会。
    A. 通信   B. 娱乐
    C. 保健品   D. 休闲服装

5. 恩格尔定律表明，随着消费者收入的提高，恩格尔系数将（　　）。
    A. 越来越小   B. 保持不变
    C. 越来越大   D. 趋近于零

6. 影响消费者需求变化的最活跃的因素是（　　）。
    A. 个人可支配收入   B. 可任意支配收入
    C. 个人收入   D. 人均国内生产总值

7. 宗教信仰属于宏观环境中的（　　）。
    A. 人口环境   B. 政治环境
    C. 社会文化环境   D. 法律环境

8. 分析市场营销环境的目的是（　　）。
    A. 防患于未然   B. 寻求企业发展空间
    C. 增强企业适应能力   D. 发现机会和识别威胁

9. 市场营销环境中被称为一种创造性的毁灭力量的是（　　）。
    A. 科学技术   B. 自然资源
    C. 社会文化   D. 政治法律

10. 代理商是属于市场营销环境的（　　）因素。
    A. 供应商   B. 竞争者
    C. 营销中介企业   D. 社会公众

11. 顾客属于企业的（　　）。
    A. 微观环境因素   B. 宏观环境因素
    C. 中观环境因素   D. 内部环境因素

二、多项选择题

1. 下列哪些选项属于企业的微观环境因素？（　　）
    A. 竞争者   B. 社会公众   C. 供应商
    D. 营销中介   E. 顾客

2. SWOT 分析依次是指（　　）。
    A. 机会   B. 优势   C. 威胁   D. 劣势

3. 企业面对环境威胁时，可以考虑采取的对策有（　　）。
    A. 对抗策略   B. 减轻策略   C. 转移策略   D. 利用策略

4. 一个地区的自然地理环境包括该地的（　　）。
    A. 行政区划   B. 自然资源   C. 气候条件
    D. 地形地貌   E. 历史沿革

5. 宏观营销环境是影响企业营销活动的社会性力量和因素，包括（　　）。

A．人口和经济　　　　　　　　B．社会文化

C．政治法律　　　　　　　　　D．自然和科技

6. 目前许多发达国家的人口环境方面的主要动向有（　　）。

A．数量迅速增长　　　　　　　B．出生率下降

C．老龄化　　　　　　　　　　D．家庭规模缩小

7. 技术因素对市场营销的影响主要表现在（　　）。

A．新行业的出现　　　　　　　B．产品生命周期缩短

C．消费者的购买方式发生改变　D．对人们的价值观念和伦理观念产生影响

8. 国际上各国政府采取的对企业营销活动有重要影响的政策和干预措施主要有（　　）。

A．进口限制　　B．税收政策　　C．价格管制

D．外汇管制　　E．国有化政策

9. 就互联网对企业营销的影响，下列说法正确的是（　　）。

A．以顾客能接受的成本进行定价

B．产品的分销以方便顾客为主

C．从强迫式促销转向加强与顾客直接沟通的促销方式

D．品牌建设的重要性下降

E．以顾客为中心提供产品和服务

三、判断对错

1. 企业可以按自身的要求和意愿随意改变市场营销环境。（　　）

2. 受金融危机的影响，企业面对市场疲软、经济不景气的环境威胁，只能等待国家政策支持和经济形势好转。（　　）

3. 随着经济发展，人们的文化生活日益丰富，这对书刊、报纸等文化产品行业来说是一种市场机会。（　　）

4. 我国人口正逐步进入老龄化阶段。（　　）

5. 恩格尔指数越小，说明该国或该地区的生活水平越高。（　　）

6. 消费者有了"个人收入"就意味着他想怎么花钱就怎么花钱。（　　）

7. 人口数量是决定市场规模和潜量的基本要素。（　　）

8. 品牌竞争者是指生产同种产品，但规格、式样和型号不同的竞争者。（　　）

四、案例分析

2020 年中国新能源汽车行业发展分析

2020 年 4 月 23 日，财政部、工信部、科技部、发改委发布了《关于完善新能源汽车推广应用财政补贴政策的通知》。此次通知综合技术进步、规模效应等因素，将新能源汽车推广应用财政补贴政策实施期限延长至 2022 年年底，平缓补贴退坡力度和节奏，原则上2020—2022 年补贴标准分别在上一年基础上退坡 10%、20%、30%，每年补贴规模上限约 200 万辆。

　　能源在社会发展中占有重要位置，但是能源的存储量都是有限的，为了满足社会长久发展对能源的需求，除了改进生产工艺减少能源的消耗、浪费外，还需要发展新能源，以此减少传统能源使用的同时还可以降低环境污染。新能源汽车是指采用非常规的车用燃料作为动力来源的汽车，这样就降低了传统石油资源的消耗，站在环保的角度，新能源汽车将成为未来汽车行业发展的主导方向。

　　2004年以来，新能源汽车厂商遍地开花，国内外主流汽车品牌主机厂也加入新能源汽车开发队伍中。2020年，中国新能源汽车行业主要生产企业有上海汽车集团股份有限公司、比亚迪股份有限公司、特斯拉（上海）有限公司、广州汽车工业集团有限公司、中国第一汽车集团有限公司、安徽江淮汽车集团有限公司、北京汽车集团有限公司、东风汽车集团有限公司、长城汽车股份有限公司、奇瑞汽车股份有限公司。2020年1—10月，这10家公司新能源汽车产量占全国新能源汽车总产量的77.20%，企业市场占有率较高，市场集中度较高。

　　目前中国新能源汽车行业发展中存在的主要问题有产品成熟度与发达国家相比较低、科技创新能力有待提升、科技与管理人才队伍建设提升空间大、汽车使用环境有待优化等。

　　资料来源：中国产业信息网. 2020年中国新能源汽车行业发展现状、市场竞争格局及未来发展前景分析[EB/OL].（2020-12-18）[2021-06-19]. https://www.chyxx.com/industry/202012/917300.html.

　　根据案例分析：

　　（1）分析新能源汽车行业所面临的宏观环境因素有哪些？微观环境因素有哪些？

　　（2）若你是某品牌新能源汽车生产商，请借助SWOT法来对你的企业进行分析。

　　（3）请用环境威胁矩阵图对新能源汽车行业加以分析，并说明采用哪种策略。

项目二技能训练

项目三　顾客购买行为分析

任务一　消费者购买行为分析

知识目标

1. 了解消费者市场、产业市场的特点。
2. 了解影响消费者购买行为的主要因素。
3. 掌握消费者市场的特征、消费者购买行为类型及消费者的购买决策过程。

技能目标

1. 具备获得消费者购买行为或企业行为信息的能力。
2. 具备解释消费者购买行为、企业行为的能力。
3. 具备针对消费者市场的特点、购买行为类型及决策过程，能够有的放矢地制定相应营销策略的能力。

素质目标

1. 具备针对不同消费者购买行为的洞察力。
2. 具备根据对不同消费行为的分析，有效引导顾客合理消费的社会责任感。

引导案例

"国民神车"——哈弗 H6

2020 年 3 月，国产汽车品牌"长城汽车"旗下王牌车型"哈弗 H6"在全球范围内销量突破了 300 万台。至此，哈弗 H6 已经占据中国 SUV 市场月度销量榜首累计达 80 个月之久。仅仅 8 年时间，哈弗 H6 从曾经的一款产品发展成为"国民神车"，这个称号不仅将延续属于哈弗 H6 的荣誉，同时也刻画了中国 SUV 的高光时刻。

纵观整个汽车产业的发展史，任何一个成功品牌的背后，必然都会有一款成功的车型支撑起整个品牌的基础——于丰田而言，这款车型是卡罗拉；于大众而言，这款车型是高尔夫；于本田而言，这款车型是思域；而于哈弗而言，这款车型是哈弗 H6。

2011 年，哈弗品牌作为长城品牌架构下的车系，正式推出旗下首款城市 SUV——哈弗 H6。当时，国内的 SUV 市场是这样的：以丰田 RAV4、本田 CR-V、大众途观牢牢地占据着 SUV 销量排行榜的前列，因为市场始终处于空白，大家一直所期待的以合资品牌 SUV 互相制衡的情况并没有出现，由于存在着产品形象的差异，紧凑型 SUV 的售价整体呈现出了比同级别轿车更高一级的情况。与速腾同平台的途观卖到了迈腾的售价，与思域同平台的 CR-V 卖到了雅阁的售价。于是，这也就意味着，在 15 万元这一传统的家用购车预算区间里，始终缺少一款能够支撑起大众消费的产品，哈弗 H6 准确地把握住了中国家用乘用车的切入点，作为当年 15 万元内唯一的一款紧凑型 SUV，与传统家用轿车价格相同的长城哈弗 H6 迅速成为市场的热宠，登场数月销量就突破万辆，并快速成为国内 SUV 市场销量的冠军。

抛开售价和品牌的因素来看，彼时登场的哈弗 H6 在产品力层面上并不输几款合资产品。由于有了 CR-V 和 RAV4 的铺垫，哈弗 H6 的紧凑型 SUV 定位也符合了消费者的传统认知：中庸而大气。

得益于哈弗 H6 的热销，2011 年以后，本土品牌的紧凑型 SUV 开始变得多了起来，本土品牌也正式转向了以 SUV 为主的产业结构。而哈弗 H6 既是拉动本土品牌 SUV 上行的龙头，也是本土品牌 SUV 的标杆。对长城汽车而言，哈弗 H6 系列的热销，也促进了长城汽车运行模式的转变。巨大的销量让长城汽车降低了企业的运行成本，进入了一个低成本高效率的运作体系。低成本的企业运行方式，让价格不高的哈弗 H6，不会显得廉价——这一点，也恰好满足了国民车的定位。

从产品的层面上来看，哈弗 H6 的热销还在于其丰富的衍生车型。从 2013 年开始，哈弗 H6 也开始逐步推出衍生车型来丰富车系的形象，除了运动版和升级版之外，2015 年，哈弗 H6 Coupe 正式登场，相较于普通版的哈弗 H6，哈弗 H6 Coupe 整体造型更加精干。在 2017 年，哈弗 H6 也实现了主体车型的换代，新一代哈弗 H6 正式亮相，并推出了两种不同的外饰造型。而哈弗 H6 Coupe 也在 2018 年有了新款。

此外，在哈弗品牌的序列里，还有一款和哈弗 H6 关系密切的产品——哈弗 M6，虽然没有计入哈弗 H6 家族的销量中，但是这款脱胎于哈弗 H6 的入门级紧凑型 SUV，也开辟了一个全新的细分市场。

在哈弗 H6 获得市场的巨大成功之后，长城汽车的做法是加快高端车型的研发，以哈弗 H7、H8、H9 等车型形成了一个品牌内部的高端化和差异化形象，在 2018 年，哈弗 F 系列也正式登场。

相比其他的本土品牌，哈弗品牌的品牌溢价是在逐年上涨的，品牌形象也是在逐年提升的，这也反过来带动了哈弗 H6 的新款车型销量，迎合了市场消费升级的需求，固化了其目标消费群体，使得其目标客户群并不会因为消费升级和时间的推移而有所变化。这一点，是哈弗 H6 热销得以延续的关键。

资料来源：车文驿. "国民神车"哈弗 H6 简史[EB/OL]. （2020-03-26）[2021-09-19]. https://xw.qq.com/cmsid/20200326A0OD2F00?f=newdc.

任务分析

市场营销的目的是满足消费者的需求，这既是营销的出发点，又是营销的归宿。消费者市场是最终市场，是起决定作用的市场，其他市场如产业市场等，都要以消费者市场的需求和偏好为转移。因此，任何一家营销企业都必须重视对消费者市场的研究。消费者市场对市场营销决策影响深远，普通消费者既是营销活动的目标受众，也是营销活动的直接参与者。如果站在企业的立场，该如何认识消费者市场，并更好地为消费者市场提供服务呢？

结合该案例，设置如下具体任务。

（1）"哈弗 H6"准确把握住了中国家用车消费者的哪些行为特征，从而取得了巨大成功？

（2）解释消费者及企业的行为。

（3）企业该如何针对消费者市场的特点确定独特的营销策略？

知识学习

一、消费者市场的特征

（一）广泛性、分散性、周期性

消费者市场具备广泛性和分散性的特征，且少量多次购买，并呈周期性的特点。

消费者市场涉及每个人及每个家庭，人要生存和发展，就离不开消费。由于受到消费人数、需要量、购买力、储藏地点、商品保质期等诸多因素的影响，加之购买批量小、批次多，购买频繁，绝大部分商品都是通过中间商销售产品，以方便消费者购买。

很多消费品，消费者在购买时，呈现一定的周期性。有些商品，如食品、副食品、牛奶、蔬菜等生活必需品，由于存在保质期的限制，消费者需常年购买、均衡消费。有些商品，如时令服装、节日消费品等，消费者需要季节购买或节日购买。而有些商品，如家用电器等，消费者需要等商品的使用价值基本消费完毕才重新购买。

延伸阅读 3.1
服装的销售周期

（二）复杂性、多样性、发展性

消费者市场需求复杂，购买具有多样性、发展性的特点。

消费者购买因受个性、年龄、性别、受教育程度、宗教信仰、风俗习惯等影响，其需求有很大的差异性，对商品的要求也各不相同。随着社会经济的发展，生活质量的提高，消费者的消费习惯、消费观念、消费心理不断发生变化，消费需求也在不断向前推进，呈现出发展性的特点，如小轿车，过去在普通老百姓的眼里是奢侈品，现如今早已走进寻常百姓家。

（三）非专家、弹性大、可诱导

消费者市场的购买大多属于非专家购买，需求弹性大，可诱导性强。

绝大多数消费者购买缺乏相应的专业知识、价格知识和市场知识，尤其是对某些技术性较强、操作比较复杂的商品，更显得知识缺乏。因此，对消费品的购买表现出较强的情感性和可诱导性，购物时，消费者很容易受广告、包装、品牌、降价、营销人员推销等促

销因素的影响,从而产生冲动性购买。加之替代品较多,因而商品的价格需求弹性较大。

(四)时代性

消费者市场的购买具有时代特征。消费者购买常常受到时代精神、社会风俗习俗的引导,从而使人们对消费购买产生一些新的需要。随着文化自信精神的不断弘扬,穿汉服已然成为一种风潮,大街小巷、公园景区,或是书店博物馆,总能看到束发盘髻、衣袂飘飘的汉服爱好者。天猫服饰等机构发布的《2020 年汉服消费趋势洞察报告》显示,近三年来,汉服市场呈现爆发式增长。2019 年,淘宝平台上汉服成交金额首次突破 20 亿元,在阿里平台下单购买过汉服的消费者人数逼近 2000 万人。

延伸阅读 3.2
"十四五"期间,
我国消费的趋势
特点

二、消费者市场的购买对象

消费者的购买对象即满足个人和家庭生活需要的产品以及相应的服务。

(一)依据人们购买、消费的习惯分类

依据人们购买、消费的习惯分类,购买对象可分为便利品、选购品、特殊品和非渴求品。

便利品:又称日用品,是指消费者日常生活所需、需重复购买的商品。消费者在购买前,对便利品的品牌、价格、质量和出售地点等都很熟悉,所以对大多数便利品只花较少的时间与精力去购买,如调味品、饮料、肥皂、洗衣粉等。便利品都是消费者在日常生活中的必需品,消费者在购买这类商品时,一般不愿花太多的时间比较价格和质量,愿意接受其他任何代用品。因此,便利品的生产者应注意分销的广泛性和经销网点的合理分布,以便消费者能及时就近购买,为顾客提供购买该类产品的便利性。

选购品:指消费者会仔细比较其适用性、质量、价格、式样、色彩、特色、品牌,购买频率较低的消费品。选购品是消费者并不经常购买的产品,消费者对这些产品的适用性、质量、价格和款式要做仔细的比较。购买选购品时,消费者会花许多时间,努力寻找信息,以便做出比较。这类产品有家具、服装、二手车和大件家用电器等。对于选购品,为了方便消费者进行选购,企业必须备有丰富的花色品种,以满足不同消费者的爱好,同时应将销售网点设在商业网点较多的商业区。

延伸阅读 3.3
选购品的分类

特殊品:指消费者对其有特殊偏好并愿意花较多时间去购买的商品,如高级服装、轿车、专业摄影器材等。消费者在购买前对这些商品有了一定的认识,偏爱特定的厂牌和商标,不愿接受替代品。为此,企业应注意争创名牌产品,以赢得消费者的青睐,要加强广告宣传,扩大本企业产品的知名度,同时要切实做好售后服务和维修工作。对特殊品的营销,企业不必太多考虑销售地点是否方便,但是要让可能的顾客知道购买地点,如汽车 4s 店,通常选择地点并不考虑是否位于商业区、社区等地。

非渴求品:指消费者未曾听说过或即便知道但不感兴趣、不想购买的商品,如保险、百科全书等。经营非渴求品的企业,常用人员推销的方式来销售商品。

（二）依据产品的耐用程度分类

依据产品的耐用程度，购买对象可分为耐用品和非耐用品。

耐用品：一般是指使用年限较长、价值较高的有形产品，如冰箱、电视机、高档家具等。耐用品较多地采用人员推销，提供较多的售前售后服务和担保条件。

非耐用品：一般是指有一种或几种消费用途的低值易耗品，如解渴饮料、食盐、肥皂等。这类产品消费快，购买频率高，企业的营销战略应该是：使消费者能在许多地点方便地购买到这类产品；价格中包含的盈利要低；加强广告宣传以吸引消费者试用并形成偏好。

三、消费者市场的购买动机

当人们的某种需求尚未得到满足而又受到一定条件刺激时，就会产生某种动机，从而诱发特定的行为。

购买动机是指为了满足一定的需要而引起人们购买行为的欲望或意念。在现实生活中，每个消费者的购买行为都是由其购买动机引发的，而动机又是由人的需要产生的。人饿了就要吃饭，渴了就想喝水，这就是人的需要产生动机、动机引起行为的表现。消费者的购买动机是推动消费者进行购买活动的内部动力。人们的购买动机是与人的需要密切相关的，需要是消费者产生购买行为的原动力。但是，并不是所有的需要都能表现为购买动机，由于受各种条件的限制，人的各种需要不可能同时全部获得满足。对消费活动来讲，只有那些强烈的、占主导地位的消费需要才能引发消费者的购买动机，促成现实的购买活动。

消费者具体的购买动机有如下几种。

（一）求实动机

求实动机是指注重商品的实际使用价值，也就是在选购商品时特别注重商品的实际效用，要求经济实惠、经久耐用，而不大注重商品的外观造型、款式、色调等因素的动机。这种动机或心理具有普遍性，经济收入较低的消费者和主持家务的中老年妇女更是如此。他们在购买商品时，不爱幻想和浪漫，受商品的包装、命名、广告宣传的影响较小，而是凭经验和传统习惯，善于精打细算，他们是中、低档商品和大众化商品的主要购买者。对这类消费者，在销售服务中，应耐心、周到，多介绍物美价廉、经济实用的商品，以满足他们的心理动机。

（二）求新动机

求新动机是以追求商品的新颖、时兴、奇特为主要目的的购买动机，这种动机的核心是"时髦"和"奇特"。这类消费者在购买商品时，特别注重商品的款式、流行式样和色彩，力求新颖、时整、与众不同，而不大注重商品是否实用和价格高低。具有求新动机的人都是一些经济条件较好的男女青年，他们在消费需求上富于幻想，渴求变化，喜欢追逐社会潮流，购买各种新潮商品。他们易受商品宣传和社会的影响，凭一时兴趣和冲动购买商品。因此，企业要不断地创新和不断地改进产品，以迎合这类消费者的心理。

（三）求美动机

求美动机以追求商品欣赏价值和艺术价值为主要倾向，其核心是"装饰""美化"，具有此购买动机的消费者在挑选商品时注重商品造型、色彩包装等，购买商品的目的主要是艺术欣赏和精神享受，不太在乎商品价格。

（四）求名动机

求名动机是指追求商品的名牌和高档的动机，具有这种购买动机的人在选购商品时，特别注重商品的品牌和商品的声誉，其中有些人是信赖名牌产品的质量，有些人则是为了显示自己生活富裕、地位特殊或购买能力超群，满足自己的优越感。具有此购买动机的消费者在挑选商品时不太注重商品的使用价值，而特别重视商品的影响和象征意义，在一些高收入人群、大中学生中，求名动机较明显。

（五）求廉动机

求廉动机以追求商品、服务的价格低廉为主导倾向，其核心是"价廉"和"物美"，具有此购买动机的消费者特别关注商品价格的高低，对低价、折价、降价商品感兴趣，不太注重商品款式、花色、包装等。

（六）求便动机

求便动机以追求商品购买和使用过程中的省时、便利为主导倾向。消费者对时间、效率特别重视，对商品本身则不甚挑剔，他们特别关心能否快速方便地买到商品，讨厌过长的候购时间和过低的销售效率，对购买的商品要求携带方便，便于使用和维修。一般而言，成就感比较高，时间机会成本比较大，时间观念比较强的人，更倾向于持有求便的购买动机，随着人们生活节奏的加快，持有这种动机的消费者将越来越多。

（七）模仿动机

模仿动机是在购买商品时模仿他人的购买行为而形成的购买动机。有出于仰慕、钦羡和获得认同而产生的模仿；有由于惧怕风险、保守而产生的模仿；有缺乏主见、随大流而产生的模仿。普通消费者的模仿对象多是社会名流或其崇拜、仰慕的偶像。

（八）惠顾动机

惠顾动机又叫信任动机、求信动机，以追求某一商品或某一商店信誉和表示信任而经常购买某种商品或光顾某一商店为主导倾向，其核心是"好感""信任"，具有此购买动机的消费者在购买商品时从经验和印象出发，对某个商店、营业员有特殊好感就会购买不断。

（九）嗜好动机

嗜好动机是指人们由于兴趣爱好、生活习惯或职业等原因，成为某类商品的经常性购买者，该类购买行为具有集中性、稳定性和经常性。具有这类心理的顾客总是具有特殊的个人偏好，成为某类商品的经常性购买者，他们对所购买的商品具有很强的鉴赏力和丰富的知识，购买行为具有经常性、稳定性的特点。

这类消费者的购买活动定型化。例如，有模型、手办、钓鱼、收藏和养花爱好的人，总是持续地购买相关的某一类型的特殊商品。

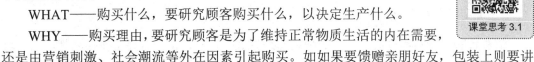

延伸阅读 3.4
嗜好购买

四、消费者购买行为分析的内容（5W1H）

课堂思考 3.1

WHO——何人购买，要考虑谁是该产品的消费者？谁参与购买过程？谁实施购买行为？

WHAT——购买什么，要研究顾客购买什么，以决定生产什么。

WHY——购买理由，要研究顾客是为了维持正常物质生活的内在需要，还是由营销刺激、社会潮流等外在因素引起购买。如如果要馈赠亲朋好友，包装上则要讲究一些。

WHEN——何时购买，要研究消费者购买决策过程中的时间规律，以适当调整营销对策。如节假日商品，往往在节假日到来之前是最旺销的时候。

WHERE——何处购买，要研究消费者居住地点及其交通情况、商业网点分布、商店信誉、商店服务质量等，从而决定选择何种营销渠道分销商品。

HOW——如何购买，要根据消费者的要求来组织营销活动。消费者是愿意一次性付款还是分期付款，是要求送货还是自己提货，这些都是应该考虑的。

五、消费者购买行为类型

消费者购买商品时，受商品价格、品牌差异等因素的影响，投入购买的复杂程度不同。按照消费者在购买过程中的介入程度和品牌间的差异程度，消费者的购买行为可分成四种类型，如表 3.1 所示。

表 3.1　消费者购买行为类型

品 牌 差 异	介 入 程 度	
	高 度 介 入	低 度 介 入
品牌差异大	复杂型购买	变换型购买
品牌差异小	协调型购买	习惯型购买

（一）复杂型购买行为

复杂型购买行为是指消费者面对不常购买的贵重物品，由于产品品牌差异大，购买风险大，消费者需要有一个学习过程，会高度参与、全身心投入，广泛了解产品的性能、特点，从而对产品产生某种看法，最后决定购买，如对汽车、首饰、房产等产品的购买。营销者应通过广告宣传、人员推销、提供产品目录或其他产品资料等促销活动及利用相关群体的影响来增加企业广告的可信度与说服力，采取有效措施帮助消费者了解产品性能及其相对重要性，并介绍产品优势及其给购买者带来的利益，从而影响购买者的最终选择。

（二）协调型购买行为

商品价格较昂贵，不常购买，但品牌之间没有太大区别，因此，只要价格合理，购买方便，很快便会做出品牌选择。但购买后，又会因听到赞誉其他品牌的议论或宣传而感到不如意。为此，消费者就会去收集更多信息，试图证实自己购买决策的正确性，来达到心理上的平衡。因此，企业要通过合理的定价、方便的分销网点和积极的人员推销来影响消费者对本品牌的选择，促成其购买；利用广告宣传和新闻报道，通过专家学者、各界明星对商品或品牌的正面评价，使消费者相信自己做了正确的购买决策，以帮助他们保持心理平衡。

（三）变换型购买行为

消费者购买参与程度低，但各品牌之间差异大。这时，消费者经常变换品牌，消费者这样做并不是因为对产品不满意，而是为了寻求多样化，如洗洁精、瓶装水、饮料等。营销者应采用占有有利的货架位置、保证货源及经常作提示性广告等手段，促使消费者成为习惯购买者；市场挑战者则可采取低价、折扣、免费赠送样品及重复产品特点的广告宣传等，吸引和鼓励消费者改变原来的购买习惯。

（四）习惯型购买行为

习惯型购买行为是指品牌间差别不大，消费者不愿或不需要花费时间与精力进行选择与比较，往往就近购买，对品牌的选择主要出于熟悉或者习惯。

企业可利用价格优惠或现场促销等方式，吸引顾客试用。广告促销应突出重点，便于记忆；短期内多次重复，培养消费者的习惯行为；媒体以电视、报纸为主；通过价格折让和付款条件优惠等方法，争取在尽可能多的货架上摆上本企业产品，并通过商店现场的营业推广活动吸引消费者购买。

六、影响消费者购买行为的主要因素

消费者购买行为的影响因素主要包括文化、社会、个人和心理等因素。

（一）文化因素

在各类因素中，文化因素的影响最为深远，潜移默化地影响着每个人的心理过程。

1. 文化群体和亚文化群体

世界上有许多种文化群体，每一群体内部又包含若干亚文化群体，主要有以下四种类型。

民族亚文化群：各个民族在生活习惯、风俗等方面都有其独特之处，尤其要注意不同的禁忌。民族亚文化对消费者行为的影响是巨大的、深远的。

宗教亚文化群：不同的宗教群体具有不同的文化倾向、习俗、戒律和禁忌，存在着不同的信仰性消费习俗和禁忌性消费习俗。

种族亚文化群：各色人种有发色、肤色、眼色的不同，有体形、眼、鼻、唇的结构上的差异，这些都会影响消费行为。

地理亚文化群：处于不同地理位置的不同国家，甚至一国内部处于不同地理位置的各个省份都有不同的文化习俗。

2．社会阶层

划分社会阶层，主要是根据职业、收入、教育和价值观念等因素划分出来的具有同质性和持久性的社会群体。

延伸阅读 3.5
粽子的甜咸之争

社会阶层不同，人们的经济状况、价值观和兴趣有所不同，他们对一些商品、品牌、商标、闲暇活动、大众传播媒介等也都有各自的偏好。同一阶层的成员有相似的价值观、兴趣和行为，在消费行为上相互影响并趋于一致。

就结构形态而言，我国目前的社会阶层是一个中低层过大、中上层有所发育但还没壮大，最上层和底层都比较小的"洋葱头"型结构，具体包括国家与社会管理者阶层、经理人员阶层、私营企业主阶层、专业技术人员阶层、办事人员阶层、个体工商户阶层、商业服务人员阶层、产业工人阶层、农业劳动者阶层，以及城乡无业、失业、半失业人员阶层。

延伸阅读 3.6
时尚标签里的中等收入阶层

（二）社会因素

影响消费者购买行为的社会因素包括相关群体、家庭、社会地位。

1．相关群体

相关群体就是能够影响一个人的态度、行为与价值观念的群体。影响消费者购买行为的相关群体的类型有如下两种。

参与性群体，即消费者置身其中的群体，包括主要群体与次要群体。关系比较密切的相关群体称为主要群体，如家庭成员、亲朋好友、同学、同事等。关系比较一般的群体称为次要群体，如各种有关的社会团体、职业性协会等。

非参与性群体，即消费者不在其内的群体，包括向往性群体与回避性群体。希望加入的群体称为向往性群体，如歌星、影星、体育明星等；其价值观及行为于己背道而驰的群体称为回避性群体。

相关群体对消费者的影响主要体现在以下三个方面。

示范性：相关群体为消费者展示出新的行为模式和生活方式。

仿效性：由于消费者有效仿其相关群体的愿望，因而消费者对某些事物的看法和对某些产品的态度也会受到相关群体的影响。

一致性：相关群体促使人们的行为趋于某种"一致化"，从而影响消费者对某些产品和品牌的选择。

相关群体对消费者购买不同商品的影响有所区别，它对购买使用时不易为他人所觉察的洗衣粉、食盐、水果等商品影响较小，对购买使用时十分显眼的服装、鞋帽、装饰品及某些耐用品影响较大。

2．家庭

消费者的购买活动一般以家庭为单位，但是购买的决策者，通常不是家庭这个集体，而是家庭中的某一成员或某几个成员。不同的家庭成员对购买商品具有不同的实际影响力。在一般家庭做出购买决策的过程中，家庭成员扮演着五种主要角色。

提议者——促使家庭其他成员对商品产生兴趣的人。

影响者——提供商品信息和购买建议，影响挑选商品或服务的人。

决策者——有权单独或与家庭其他成员一起做出买与不买决定的人。

购买者——购买商品的人。

使用者——使用所购商品或服务的人。

至于家庭中多少人充当这些角色，什么人充当哪些角色，则要根据家庭的不同和他们所买商品的不同而变化。

典型的家庭决策类型如下。

丈夫支配型：如人身保险、汽车等。

妻子支配型：如洗衣机、厨具等。

各自做主型：如女性自用的化妆品、男士吸的香烟等。

共同协商型：如度假、住宅等。

按所购商品的种类来划分，商品不同，家庭成员发挥的作用也不同。例如，家庭食品、日用品、儿童用品、装饰用品等，女性影响作用大；五金工具、家用电器、家具用具等，男性影响大；价格高昂、全家受益的大件耐用消费品，文娱、旅游方面的支出，往往共同协商。家庭中的孩子在家庭购买特定类型产品的决定上产生某些影响，如对购买点心、糖果、玩具、文体用品等商品就有较大影响。在我国当今的城市家庭中，妻子有与丈夫平等的经济收入，她们有工作，又承担了更多的家务，家庭经济多为她们控制，家庭的大部分日用品及耐用消费品大多在她们的影响下购买，这在城市家庭中已成为很普遍的现象。

企业应有针对性地开展促销活动，如针对丈夫促销，或者针对妻子促销，进而增强促销活动的效果。

3. 社会地位

社会地位即在一个社会的等级或阶层序列中的位置。通常被具体化为职业地位、教育地位、经济地位、权力地位等。目前我国个人的社会地位已由原来父辈传承的世袭制发展为以自我成就为主要特征的自治制。

（三）个人因素

消费者购买决策也受其个人特性的影响，特别是受其年龄、职业、经济状况、生活方式、个性以及自我观念的影响。分析这些因素对更好地预测消费者购买行为趋向会有很大帮助。影响消费者购买行为的个人因素主要包括家庭生命周期、职业、经济状况、生活方式、个性和自我形象。

1. 家庭生命周期

家庭生命周期是一个家庭形成、发展直至消亡的过程，反映家庭从形成到解体呈循环运动的变化规律，最初由美国人类学家格里克于1947年提出，在市场营销学中，特指消费者作为家庭成员所经历家庭各个阶段形态的变化，用以分析和揭示消费者在不同阶段消费的形式、内容和特征等，从而作为市场细分的变量。

不同年龄消费者的欲望、兴趣和爱好有所不同，他们的购买或消费商品的种类和式样也有一定的区别。家庭生命周期是指消费者从年轻时离开父母独立生活，到年老后并入子女家庭或独居最后死亡的家庭生活全过程，具体包括以下几个阶段。

单身期：离开父母独居的青年，穿戴时髦，从事娱乐活动。

新婚期：新婚的年轻夫妻，无子女，需要购买家具、电器等耐用消费品。

"满巢"一期：子女在 6 岁以下，即学龄前儿童，需要购买婴儿食品、玩具等商品。

"满巢"二期：子女大于 6 岁，已入学，需要购买儿童及文教用品。

"满巢"三期：结婚已很久，子女已长大，但仍需抚养，孩子衣、食、教育支出较多，更新耐用消费品。

"空巢"一期：结婚已久，子女已成人分居，夫妻仍有工作能力，常购买非生活必需品、礼品和保健用品，支出一定的旅游费用。

"空巢"二期：已退休的老年夫妻，子女已离家分居，常购买特殊食品和保健用品。

延伸阅读 3.7
银发经济的基本
盘和新常态——
正能量的中国老人

鳏寡就业期：独居老人，尚有工作能力。

鳏寡退休期：独居老人，已退休养老。

2. 职业

不同的职业决定着人们的不同需求和兴趣。营销人员应该能分析出哪种职业的人们对自己企业的产品或劳务有兴趣。有些企业甚至会专门生产或经营适合某一种职业的产品或劳务，然后通过广告宣传，造成舆论，促使人们购买。

3. 经济状况

收入水平高的消费者，易做出购买决定，往往是新产品的最先购买者。收入水平低的消费者，购买耐用品多持谨慎态度，注意价格，讲求实惠。因此，营销者必须研究个人可支配收入的变化情况，以及人们对消费开支和储蓄的态度等。如果对经济前景预测不佳，则有必要重新设计产品、制定价格，或采取其他的应变措施。

4. 生活方式

生活方式指人们的生活格局和格调，集中表现在他们的思想见解、兴趣爱好和活动方式上。营销人员应尽量了解其产品与消费者生活方式的关系，努力加强产品对消费者生活方式的影响，使消费者的生活更加文明、健康和舒适。

5. 个性和自我形象

外向型性格的消费者往往是新产品的首批购买者；内向型性格的消费者一般喜欢购买大众化的产品。另外，许多消费者在采购商品特别是服装时，都要同自我形象相对照，考虑该商品是否能保持或美化自我形象，只有当商品同自我形象相一致时才会采取购买行动。企业必须了解目标市场可能存在的个性特征和消费者的自我形象，所设计的品牌形象应与之相符合。

（四）心理因素

影响消费者购买的心理因素有动机、知觉、学习和态度。

1. 动机

动机指推动个人进行各种活动的驱动力。动机是人产生各种行为的直接原因，购买行为同样也由动机引起，而动机又是由需要引起的。

不同的人有不同的需要，需要呈现出典型的层次性，由低到高分别如下。

生理需要：这是最基本的需要，包括衣、食、住、行等方面的需要。

安全需要：指为了保证人身安全而对保险、保健、饮食、卫生等方面的需要。

社会需要：如希望加入某一组织的归属感，对友谊、对爱情的需要等。

尊重的需要：包括自尊心、名誉、地位、受人尊重的需要。

自我实现的需要：即希望能发挥自己的才能，实现自己的抱负。

一般而言，人们只有在低层次的需要满足以后才会追求较高层次的需要，因此，企业必须了解目标市场的顾客目前尚未满足的需要是什么，然后针对性地展开市场营销活动，促使其产生购买动机，进而产生购买行为。例如，旅游公司在为顾客设计旅游方案时，就需要用需要层次理论分析顾客旅游的目的，如果顾客的主要目的是同朋友们一起度假，就满足了他的社交需要；如果是为了向朋友们炫耀他将去异国度假，就满足了他的自尊需要；但是如果度假是他作为父亲能和家人共度美好时光的话，度假就满足了他的自我实现的需要。

2. 知觉

知觉是个人通过选择、组织并解释输入信息来获得对世界有意义的描述的过程。简单来说，知觉就是人的大脑对客观事物的某些属性的反映。人们面对相同的事物，可能会形成不同的知觉。例如，两个人都需要同一种商品，同时进入一家商店，受到同一销售人员的接待，但结果可能完全不同。也就是说，知觉过程是一个有选择的心理过程：选择性注意、选择性曲解、选择性记忆。

（1）选择性注意。我们每天面临很多刺激物，以广告为例，每人平均每天见到的广告超过1500条，不可能都引起注意，绝大多数一闪即逝，留不下什么印象。人们总是有选择地注意一些刺激物，有三种情况能引起人的注意：一是与目前需要有关的，如正要购买空调的人，就对空调类的广告信息特别注意；二是预期将要出现的，如早就等待的某明星的直播或者演唱会信息；三是变化幅度大于一般的、较为特殊的刺激物，如降价40%的广告比降价10%的广告更引人注意。

对营销人员来讲，广告宣传的表达方式一定要新颖、生动、刺激强烈，只有这样才易引起顾客的注意，形成对消费者有利的感觉，给其留下深刻的印象，从而促成其购买。

（2）选择性曲解。人们面对客观事物，不一定都能正确认识、如实反映，而是往往按照自己的偏见或者先入之见来曲解客观事物。也就是说，人们倾向于将自己固有的观念认知和外界输入的信息相结合，这种按照个人信念曲解信息的倾向，称为选择性曲解。

（3）选择性记忆。人们往往会忘记大多数接触过的信息，而只会记住那些符合自己的态度与信念的信息。

3. 学习

消费者的购买行为，是通过不断学习和积累而成。消费者在不断地购买和使用商品的实践中，逐步获取知识，积累经验，并根据经验调整自己的购买行为。可以说，学习是通过驱策力（某种需要）、刺激物（满足需要的产品或服务）、提示物（一种更具体的刺激物）、反应（需要得到满足的感觉）和强化（加深印象）等一系列过程相互影响相互作用而成。

4．态度

通过学习实践，人们获得了自己的态度和信念。态度和信念一旦形成，反过来又会影响人们的购买行为。态度是个人对事物所持有的喜欢与否的评价、情感上的感受和行动倾向。

消费者的态度主要有以下来源：与商品的直接接触；受他人直接或间接的影响；家庭教育与本人经历。态度包括三个相互联系的部分：信念、情感和倾向。

态度一旦形成，不会轻易改变，具有一定的稳定性。因此，企业应设法适应消费者持有的态度，而不要勉强去改变消费者的态度。当然，某些对企业特别不利的态度，企业也可以通过各种广告宣传手段，改变人们的信念和态度。

总之，消费者的购买选择是文化、社会、个人与心理等因素综合作用的结果，其中许多因素是市场营销人员所无法改变的。但是，它们在确认那些可能对产品有兴趣的购买者方面是很有用的，而且市场营销人员可以利用这些因素，制定产品、价格、分销和促销方式，以激发消费者的强烈反应。

七、消费者的购买决策过程

消费者的购买决策过程早在决定购买以前就已经开始了，而且延伸到实施购买以后。消费者在各种主客观因素影响下形成动机，产生购买行为。消费者行为主要体现为购买商品，但是购买者做出决策并非一种偶然发生的孤立现象。因此，营销人员应该通过调查研究，了解消费者在各阶段的具体思想和行为，以便采取适当措施来影响消费者的购买行为，使之有利于扩大本企业产品的销路。具体来说，购买者决策过程可以分为以下五个阶段，如图3.1所示。

确认需求　→　信息收集　→　比较评价　→　购买决策　→　购后评估

图3.1　消费者购买决策过程

（一）确认需求

确认需求是消费者购买行为的起点，人们的消费需求可能由内部刺激引起，如食、饮、衣等；也可能由外界刺激引起，如看了介绍某种新产品的商业广告，产生了很大兴趣，从而引起了需求。

对于营销人员来说，这个阶段的主要任务是确定激发出某种需求的环境，了解消费者属于什么需求类型以及需求产生的原因，引导消费者去寻找并接受本企业的产品信息。

（二）信息收集

如果消费者的需求欲望很强烈，但对产品又不熟悉，他就会积极收集有关产品的信息，如果消费者虽有购买欲望但不是那么强烈，他可能就不会主动收集有关产品的信息，但却可能比平常更加注意有关产品的广告宣传、亲朋好友购买或使用的品牌以及对不同品牌产品的议论与看法等。通常来说，当消费者从有限度的解决问题转向全面解决问题时，收集信息活动的程度就会相应加强，消费者所需信息可能有以下四个方面的来源。

个人来源：消费者购买信息的最有效来源为个人来源，如家庭、亲友、邻居、同事等。

社会来源：大众传播媒介、消费者组织等。

商业来源：即市场营销人员所能控制的来源，如网络、广告、推销员、分销商、包装品、展销会等。

经验来源：操纵、实验和试用产品的经验。

企业应注意消费者的产品信息来源，从而采取相应的策略与措施来影响消费者对本企业产品信息的获得，扩大本企业产品信息的传播。

（三）比较评价

这是决策过程中的决定性一环。消费者从各种途径获取了所需信息，对各种可能选择的商品及品牌要进行比较评价，从而确定自己所喜欢的商品或品牌。弄清楚各品牌的利弊，权衡优劣后方能做出购买决定。据此，企业应采取以下对策，以提高自己产品被选中的概率。

（1）改进产品性能，使之接近消费者的理想评估标准。

（2）利用广告宣传，改变消费者对本企业品牌的不佳信念。

（3）设法改变消费者评估标准顺序，使本企业产品占优势的性能与特点得到重视。

（四）购买决策

消费者对商品信息进行比较和评选以后，已形成购买意图，然而从购买意图到购买决定之间，还要受三个因素的影响：① 其他人的态度；② 意外的情况；③ 预期风险大小。

因此，企业在这个阶段的营销重点，一是加强广告宣传活动，增强消费者购买本企业产品的信心；二是加强销售地点的促销活动，吸引消费者购买本企业的产品。

（五）购后评估

购后评估是消费者对已购产品通过自己使用或者通过他人评价，满足自己心理预期的反馈过程。消费者购买某种商品并使用该商品一段时间以后，必然会产生某种程度的满意或不满意的感觉。如果感到满意或较满意，他们就会再购买这种商品，并且会向他人称赞这种商品；反之，如果消费者的购后感受是不满意或很不满意，他们不但以后不会再买这个品牌的商品，而且还会对其他人说这个品牌商品的坏话，使原来想买这个品牌商品的人也不再购买。可见，消费者的购后感受和行为，与企业产品的销路关系极大。为了强化消费者购后满意的正效应，减少购后不满意的消极影响，企业在营销活动中应注意采取以下措施。

（1）对产品的广告宣传应实事求是，恰如其分，不要做过分的吹嘘或过多的承诺，因为消费者一旦发现与实际不符，极易产生强烈的反感。

（2）与顾客保持联系，肯定其购买决策的正确性，刊登购后满意的宣传报道，以提高消费者的满意度。

（3）介绍产品正确的使用方法，避免因使用不当引起不满；向消费者征求改进意见，提供质量保证与维修服务，尽量减少购后的不满意。

延伸阅读 3.8
"买家秀"为什么那么重要

1. 以 5 人左右的学习小组为单位，讨论自己购买手机或者其他数码产品的决策过程。

2. 小组成员组织语言，派出代表，进行发言，教师也可以通过教学信息化平台，组织在线讨论，其他同学可结合发言人的阐述进行提问。

3. 教师点评，总结本部分内容。

课后阅读 3.1
顾客追踪调查和
衡量的方法

任务二 生产者购买行为分析

知识目标

1. 了解生产者市场的购买特点。
2. 理解生产者市场购买行为的类型。
3. 掌握生产者市场的购买决策过程。

技能目标

1. 具备解释生产企业购买行为的能力。
2. 针对生产者市场的各种购买行为类型，能为营销企业提供建议。
3. 针对产业市场的各个购买阶段，能为企业的营销决策提供建议。

素质目标

1. 具备针对不同生产者购买行为的洞察力。
2. 具备根据不同生产者的特点，采用有效方式诚信经营的社会责任感。

引导案例

格力电器的采购策略

2016 年，董明珠获评"2016 十大经济年度人物"，在颁奖现场，董明珠谈及原材料涨价对于格力的影响时说："我们同行都在商量怎么涨价，但企业还是要顾全社会影响，我们还是不涨价。"格力不涨价的原因是成本控制得好。对一家典型的制造业企业来说，成本控制的核心应该来自于对采购成本的控制。

格力电器根据国内的实际情况，结合空调产品制造情况探索出自己的采购控制模式。以降低成本、保证质量和满足生产三个需求作为外部采购必须考虑的因素，形成自有的独特采购策略。

为合理地评估和选择满足格力要求的供应商，格力电器制定了一套严谨的评估运作程序，对某种零部件的供应商的开发应考虑如下条件。

首先，同等或高于现在供应商的水平。供应商所供零部件产品质量，原则上必须高于现有供应的供货质量水平；供应商所供产品技术含量和技术水平同等或高于现有水平；供应商的生产工艺水平和生产规模必须同等或高于现有的供应商水平。

其次，供应商应具有价格优势。供应商供货价格是否具有优势、能否在保证现有产品质量的同时，把供货价格降到一个合理的范围，以实现采购成本的降低。

再次，供应商应该合理布局。由于目前国内空调制造厂家所执行的是库存销售，并不是订单销售，因此整个生产计划经常随着市场的变化而进行调整。因此，对供应商供货的及时性必须加以考虑。这样，供应商的分布在同等质量、价格情况下，应以厂址靠近珠海市为优先选择条件。

最后，同行供货信誉度良好。作为新供应商是否曾给同行厂家供货，而且供货的质量状况，以及信誉度如何等作为必备考虑的条件。

在以上四个基本条件满足之后，格力公司通过一个评审小组（包括供应部、技术部、质量部门人员）对厂家进行全面评估和筛选，以确保最优、最好的供应商给格力电器供货。同时，可以杜绝一些人为因素的操作，体现公平、公正、优胜劣汰的原则。

资料来源：Gala 珍珍. 格力采购部的管理模式曝光[EB/OL]. （2017-07-24）[2021-09-19]. http://news.soo56.com/news/20170724/79592m1_0.html.

任务分析

企业的市场营销对象不仅包括广大消费者，也包括生产企业、中间商、政府机构等各类组织机构，这些机构构成了原材料、零部件、机器设备、供给品和企业服务的庞大市场。组织市场又可分为产业市场、中间商市场、政府市场和非营利性组织机构。产业市场又叫生产者市场或工业市场，由那些购买货物和劳务，并用来生产其他货物和劳务，以出售、出租给其他人的个人或组织构成。各类组织市场在采购中呈现出很多共性特征，因此本任务以产业市场为例来介绍组织市场的相关知识。结合案例，本项目设置如下具体问题。

分析格力电器取得成功的原因。

（1）格力电器的采购从哪些方面反映了产业购买者的共同行为特征？

（2）作为生产者、购买者，格力的购买行为有哪些时代特点？

（3）假设你所在的公司是一家生产空调压缩机外壳的企业，现在打算将格力电器由潜在客户变为现实客户，请你为自己的公司设计一套能够实现这一目标的方案。

知识学习

一、产业市场的特征

产业市场与消费者市场相比，存在以下几个主要特点。

（一）买家数量少、规模大、关系固定

产业市场上购买者的数量较少，购买规模较大，购买关系比较固定。产业市场上的购买者多为企业单位，其数目自然比消费者个人或家庭的数量少很多，并且由于是为了生产而采购，要保证合理的库存，所以，原材料、零配件的采购，通常批量很大。

（二）地理分布相对集中

产业市场大部分交易量都集中在工商业比较发达的少数地区、规模巨大的重要产业部门，以及大买主之间的贸易往来。有很多行业在地理区域上的分布相当集中，如石油、钢铁、橡胶等。因此，企业可以充分考虑产业生产力的布局与自然资源、交通地理等因素，集中区域做好原料、配件等的营销，这样既有利于发展规模优势，又能够降低成本费用。

（三）产业市场的需求是一种派生需求

这是说生产者对设备、原材料、零配件等的需求，归根结底是从消费者对消费品的需求中派生出来的。例如，汽车制造商之所以购买轮毂，是因为消费者要到4S店去购买汽车的缘故。因此，产业市场的购买者也必须要密切注视消费品市场的发展趋势，并以此调整自己的生产计划、采购计划。

（四）产业市场的购买需求缺乏弹性

与消费者市场相比，生产企业对很多产业用品和劳务的需求受价格变动的影响不大，特别对于短期需求尤其如此。这是由于一方面产业市场需求是派生需求，价格变动可以一定程度上转嫁到终端消费者身上；另一方面，生产企业不可能在很短的时间内改变生产方法或者转产，为了能够维持企业的正常运转，不得不承担价格变化的风险。同时，生产者需求的生产材料往往是多样性的，当其中一种或者几种在制成品总成本中占比重很小的原材料价格发生变化的时候，并不会对总成本产生很大的影响，生产者对这类价格变动也就不会过分计较。例如，在汽车整车销售情况平稳的前提下，汽车生产厂商不会因为汽车轮胎价格的涨跌而减少或增加其购入轮胎的数量，轮胎制造商也不会因为橡胶价格涨落而轻易改变购入橡胶的数量。

（五）产业市场的需求是波动需求

由于产业市场需求派生性的特点，最终消费品有可能会产生多层次的派生需求，产业购买者对于产业用品和劳务的需求比消费者的需求更容易发生变化，这就决定了产业市场对产品的需求有扩大效应。消费者需求的少量增加能导致产业购买者需求的大大增加。有时消费者需求只增减 10%，就能使下期产业购买者需求出现 200%的增减。产业市场需求的波动性给生产产业用品的企业增加了很大的经营风险，因此，生产产业用品的企业往往实行多角化经营，尽可能增加产品品种，扩大企业经营范围，以减少风险。

（六）产业市场购买行为通常由专业人员进行

由于产业用品特别是主要生产设备的技术性强、采购金额较大，对质量、规格、性能

等方面的要求很严格，通常要由拥有丰富的产品知识、市场信息与购买经验的专职人员来采购。对于一些重要的大型设备，还要组成包括采购技术专家、专业采购管理人员在内的采购委员会来领导采购工作。

（七）产业市场的购买多为直接购买

受设备的价格、体积、技术复杂度的影响，产业市场的购买者通常绕过中间商，向生产企业直接进货。特别是那些技术复杂、价格高昂的产品，或需要按特定规格制造的产品，这些产品大多数需要繁复的售前售后服务，往往不是中间商所能胜任的。

（八）产业市场经常通过互购、租赁和长期交往的方式完成交易

互购即购买者和供应者互相购买对方的产品，互相给予优惠。例如，炼油厂向原油生产国购买原油，同时又向原油生产国出口炼油制品。产业市场购买者对于那些市场波动大、价格又高的设备常常希望用租赁方式代替购买。例如，远洋运输公司向船公司租赁船舶。此外，消费者买东西一般并不指定供应商，而产业市场与供应商品的厂商达成交易后，只要供方信用可靠、服务满意，一般都愿意继续订货，成为长期业务关系户。因此，工业用品销售中的厂商信誉比一般消费品的品牌信誉更为重要。

延伸阅读 3.9
产业用品分类

二、产业市场购买行为的主要类型

（一）直接重购

这是最简单的采购类型，指的是采购部门根据以往的采购惯例进行采购的情况，供应商、购买对象、购买方式等都不变。在这种情况下，购买者只是根据以往采购货物的满意程度，从自己认可的供应商名单上做出选择。被选中的供应商应努力使产品和服务保持一定的水平，并尽量简化买卖手续，采用网络自动订货或者补货系统，以节省购买者重新订货的时间，争取稳定的供应关系。而未被选中认可的供应商则力图推出新产品和改进买方不满意的环节，以争取产业购买者考虑从他们那里购买一定数量的产品，力图使这些少量的订货能在市场上占有一席之地，然后再逐步扩大自己的市场份额。

（二）修正重购

修订重购是指购买者为了更好地完成采购任务而修订采购方案，改变产品的规格、型号、价格等条件，或者寻求更合适的供应商。在这种情况下，采购活动比较复杂，参与采购决策的人数也较多，原来的供应者为了不失去这个客户必须尽力改进工作，而新的供应者则有较多的竞争机会。

（三）全新采购

这是最复杂的采购，即企业第一次采购某种产品或劳务。全新采购的成本费用越高、风险越大，那么需要参与购买决策的人数和需要掌握的市场信息就越多。这种购买类型对于营销人员来说是很大的挑战，但同时也是很好的机遇。营销人员应当积极与购买者联系，

主动提供产品和市场信息，尽量帮助他们解决问题，争取建立供货关系。

三、影响产业市场购买决策的主要因素

（一）环境因素

环境因素即一个企业外部周围环境的因素，诸如一个国家的经济前景、市场需求、技术发展变化、市场竞争、政治等情况。例如，一个国家经济发展前景好，市场需求旺盛时，生产企业就会增加投资，加大采购量；经济前景欠佳时，企业经营风险较大，必然要减缩投资，减少采购量。

（二）组织因素

组织因素即企业本身的因素，诸如企业的目标、政策、组织结构、系统等，这些组织因素也会影响产业购买者的购买决策和购买行为。例如，有的国家或者地区对特定产品的采购来源地进行限制或者鼓励，有的购买金额超过一定限度就需要上级主管部门审批等。又如，随着管理信息系统的快速应用，有的现代化企业在原材料组织过程中，建立"JIT生产系统（Just—inTime-Production-Systems）"，即适量及时供货、"零库存"，对产业用户的采购工作影响极大。

（三）人际因素

产业市场采购的长期性、稳定性以及购买数量庞大等特点，决定了产业市场采购决策往往受到非正式组织的各种人际关系的影响，采购中心的各个成员在身份、地位、威信和感染力、说服力等方面各有特点，供应者如能够掌握这些特点并施加影响，将有助于获得订单。

（四）个人因素

产业购买者行为是组织行为，但最终还是要由若干个人做出决策并付诸实践。参与采购决策的成员，难免受个人因素的影响，而这种影响又因个人年龄、职位、受教育程度、个性和对风险态度的不同而有所不同。因此，供应者应了解客户采购决策人员的个性特点，并处理好彼此之间的关系，这将有利于营销业务的开展。

四、产业市场的购买决策过程

产业市场的购买和消费资料的购买一样，也有决策过程，产业购买者购买过程的阶段多少，也取决于产业购买者购买情况的复杂程度。产业市场购买一般是先试购（新购），然后再决定是否长期大批量在同一家供应商采购。经过试购以后，采购单位会提出品种、规格、价格、交货方式、付款条件等方面的修改意见，即修正重购。再经过一段时间，双方已没有什么异议，采购单位就会将向已确定的供应商采购看作是例行公事，即直接重购。不同的购买类型决定了购买决策过程的繁简，直接重购购买过程最少，新购最为复杂，要经过八个阶段。

（一）认识需要

产业市场的采购从认识到需要开始，需要往往由内部刺激和外部刺激引起。

常见的内部刺激有：决定推出新产品，需要生产该产品的原材料和设备；设备出现故障，需要更新或采购配件以修复设备；已购材料不尽如人意，需要寻找新的供应商或采购新的材料；采购负责人认为还有可能找到更质优价廉的供应商，需要进一步寻找。

常见的外部刺激有：采购者可能受到销售者的营销刺激，如展销会、竞争者的新产品发布会、新广告、供应商的推销介绍等，也可能使其产生购买的欲望。

（二）确定需要

确定需要即通过价值分析确定所需产品的品种、性能、特征、数量和服务。一般而言，标准化产品易于确定，而非标准化产品须由采购人员、使用者、技术人员乃至高层管理者共同协商确定。供应商应向买方详细介绍产品特征，协助买方确定需要。

（三）说明需要

确定需要以后，还要进一步对所需产品的功能、质量、规格、数量等进行详细说明，以此作为采购人员具体采购时取舍的标准。供应商也应积极参与采购企业的价值分析以展示其产品在使用价值上的优良性及成本相对低廉性的优势，获取有利的营销机会。

（四）寻找供应商

可以通过查找工商企业名录或其他商业资料、向专业公司咨询、向其他同行及有关客户了解询问等途径，寻找查询可能的供货厂商。供货厂商也应通过广告宣传等手段提高自己的知名度，争取被采购人员列入备选供货厂商名单。

（五）征求建议

征求建议即以电话、传真和信函等方式邀请合格的供应商提供详尽的产品目录资料和报价。对重大设备和工程报价，采购单位也可能采用招标的方式征寻报价。对供应商而言，如果能接到征求报价的信息，其中选率就已有三成的希望了。因此，一定要善于提出独具特色的建议书，获取采购方的信任，争取成交。

（六）选择供应商

在汇集了多家建议书之后，采购单位就要根据各供应商提供的产品质量、价格、信誉、及时交付能力、技术服务等方面进行比较，选择最有吸引力的供应商。有经验的采购经理通常选择两三家企业同时供货，这样既可以保证供应，又能促进供应商之间的竞争。

（七）正式订购

正式订购即正式签订合同。采购经理开具订货单给选定的供应商，详细列明技术说明、需要数量、交货期限、退货条件、担保内容、违约责任等。

（八）绩效评估

采购经理及时向使用者了解其对所购产品的评价，并考察各个供应商履行合同的情况，并根据考察结果，决定今后是否继续采购该供应商的产品。

在修正重复购买或直接重复购买情况下，上述购买过程的某些阶段可能被简化。例如，在直接重复购买情况下，购买者通常已掌握供应商的情况，因此就不需要寻找供应商和选择等阶段。

课堂任务

1．以 5 人左右的学习小组为单位，分别讨论"任务分析"中的相关问题。

2．结合具体问题，随机指定 3 个小组，由其派代表回答上述问题中的一个。教师也可以通过教学信息化平台，组织在线讨论。

3．其他小组可结合发言人的阐述进行提问。

4．教师点评，总结本项目内容。

课后阅读 3.2
产业市场招标
采购

任务三　营销基础知识及技能训练

营销基础知识

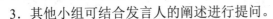

一、单项选择题

1．影响消费行为最广泛、最深远的因素是（　　）。

    A．文化因素　　　　　　　　　　B．社会因素

    C．个人因素　　　　　　　　　　D．心理因素

2．小张正在购买一套两室两厅的商品房，其购买行为应该属于（　　）。

    A．习惯型购买行为　　　　　　　B．多样化购买行为

    C．复杂型购买行为　　　　　　　D．化解不协调的购买行为

3．马斯洛认为人类最低层次的需要是（　　）。

    A．生理需要　　　　　　　　　　B．安全需要

    C．自尊需要　　　　　　　　　　D．社会需要

4．在社会交往中，人人都希望得到尊重和权威，希望得到荣誉，这种需要被称为（　　）需要。

    A．生存　　　　　　　　　　　　B．社交

    C．自尊　　　　　　　　　　　　D．自我实现

5．网络购物中，经常有电商平台在消费者收到货物后，请消费者对购买过程中的客服、物流、商品描述等方面进行评分，这属于消费者购买决策过程中的（　　）环节。

A. 购买决策   B. 购后评估

C. 比较评价   D. 收集信息

6. 某顾客通过某社交平台上自己亲戚分享的链接，获得要购买的产品信息，并最后成功购买了心仪的产品，其获取产品信息来源的途径属于（   ）。

A. 经验来源   B. 大众来源

C. 商业来源   D. 个人来源

7. 属于产业市场特征的是（   ）。

A. 购买者较少，购买次数多   B. 购买者较多，购买数量少

C. 购销双方关系不密切   D. 购买者地理分布很集中

二、多项选择题

1. 目前很多短视频网站的广告推送非常精准，不同的消费者最近的需求、喜好，都被大数据精准分析，甚至被戏称"比你自己还懂你自己"，这说明消费者市场的一般特征是（   ）。

A. 购买动机简单   B. 购买动机复杂

C. 需求的可诱导性强   D. 需求不易诱导

2. 根据消费者购物习惯，消费品可分为（   ）。

A. 便利品   B. 选购品

C. 特殊品   D. 非渴求品

3. 某大学毕业生，刚刚参加工作，收入不高，在购买商品的时候所考虑的是（   ）。

A. 款式   B. 实惠

C. 经济   D. 名牌

4. 影响消费者行为的因素有（   ）。

A. 文化因素   B. 社会因素

C. 个人因素   D. 心理因素

5. 属于主要相关群体的群体有（   ）。

A. 同事   B. 名流

C. 朋友   D. 职业协会

6. 新冠肺炎疫情在我国暴发初期，由于口罩需求量增加，导致制作口罩的原材料熔喷布的需求大增，但是当我国疫情控制取得了明显成效后，熔喷布的价格出现了大幅回落，这反映了产业市场的哪些特征（   ）。

A. 需求稳定性强   B. 需求波动性较大

C. 需求属于初始需求   D. 需求属于派生需求

7. 产业市场购买行为类型包括（   ）。

A. 全新采购   B. 修正重购

C. 直接重购   D. 习惯购买

8. 影响产业市场购买决策的因素包括（   ）。

A. 环境因素   B. 组织因素

C．人际因素　　　　　　　D．个人因素

三、判断对错

1．消费者通常对于自己购买的商品有明确的目的性，因此消费者市场需求的可诱导性不强。（　　）

2．对于选购品，为了方便消费者进行选购，企业必须备有丰富的花色品种，以满足不同消费者的爱好，同时应将销售网点设在商业网点较多的商业区。（　　）

3．消费者的购买行为由消费者的经济因素决定。（　　）

4．营销者必须研究个人可支配收入的变化情况，以及人们对消费开支的态度。（　　）

5．相关群体对消费者的影响因购买产品的不同而不同：对价值小和使用时不易被他人察觉的商品影响小，反之，影响大。（　　）

6．决定消费者是否重复购买的最重要阶段是购后感受阶段。（　　）

7．在顾客购买决策阶段，能够让顾客果断决策的一个有效方法是让顾客"把商品带走，把对商品的责任留下来"。（　　）

8．复杂型购买行为是指消费者面对不常购买的贵重物品，由于产品品牌差异大，购买风险大，消费者需要有一个学习过程，消费者会高度参与、全身心投入购买。（　　）

9．产业市场需求是从消费者市场需求派生出来的需求。（　　）

10．消费者市场的购买行为比产业市场的购买行为更易受价格因素的影响。（　　）

四、案例分析

节日营销是现在商家特别擅长进行的营销活动。"三八妇女节"本来是由1910年德国妇女运动领袖克拉拉·蔡特金（Clara Zetkin）在丹麦哥本哈根召开的国际妇女大会倡议设定3月8日为国际妇女节。但是随着流行文化在年轻人中的快速传播，"妇女"一词在很多年轻人心目中，往往和泼辣、不修边幅等形象标签挂钩。因此，在追求完美、时尚、独立的现代知性女性心目中，对"妇女节"都有潜在的抵制心理。于是，很多商家在节日宣传促销中将妇女节解读为"女生节""女神节"等名称，并推出各种节日促销，让消费者买得舒心，商家也实现了扩大销售的目标。

项目三技能训练

结合此案例，谈谈企业在营销活动中重视消费者心理因素分析的重要性。

项目四　营销战略分析

任务一　市场营销战略认知

1．理解市场营销战略的类型。
2．掌握市场营销战略的制定过程。

1．能够辨析具体企业的营销战略类型。
2．能够结合具体企业分析、制定初步的市场营销战略。

1．具备针对不同类型市场及产品制定市场战略的洞察力。
2．掌握具体问题具体分析的市场分析方法，学会辩证思维。

小米科技有限责任公司发展战略

成立于2010年4月的小米科技有限责任公司是一家专注于智能手机自主研发的移动互联网公司。成立之初，该公司就将"为发烧而生"定位为公司的产品设计理念，首创了用互联网模式开发手机操作系统、发烧友参与开发改进的模式。但是随着其他国产手机品牌的快速崛起，小米手机的国内手机市场份额逐渐被其他品牌分割。为了应对这种情况，作为一家以销售超高性价比智能手机而走红的公司，小米在继续以手机和手机操作系统作为核心产品的同时，开始逐步改变原有单一的"手机爆品"模式，转向互联网生态链的布局。

小米通过"生态链"系统链接一切可以链接的互联网智能设备，并于2016年3月发布了全新品牌"米家"，通过米家APP，小米公司结合大量中小型智能家居创业团队，打造了包括空气净化器、电饭煲、微波炉、电视、智能门锁、扫地机器人等数百种智能家居产品，小米平台智能家居产品服务家庭达到6000万户，智能场景每日执行次数达1亿次以上。通过"1+4+X"（手机+电视、笔记本、路由器、小爱音箱+生态产品）战略布局，目前小米已实现了智能品类全覆盖。

多元化发展的战略选择，使得小米科技从一家智能手机生产设计企业，成功发展为一家以智能手机为核心、以智能家居生态链为发展方向的全品类家电公司。

任务分析

小米公司的发展道路启示我们，新的时代，创新已经不是单打独斗，也不是某个局部某个领域创新，而是一个系统、一个链条的创新。

任何一家企业，不论其规模大小、实力高低，发展是他们永恒的追求。

发展战略是企业营销战略的一种类型，也是最有吸引力的一种类型。也许今天企业并没有实施发展战略，而采用的是稳定、收割，甚至是撤退，不要以为这是他的不思进取，或是畏缩不前，也许他正是在为明天的发展而积蓄力量，蓄势待发。

结合案例，本项目设置如下具体任务。

（1）小米公司从手机生产设计切入智能家居生态链，是其实施发展战略中的哪一种做法的体现？

（2）小米公司实施该发展战略最可能的原因是什么？

（3）指出小米公司的这种做法能给公司带来哪些好处，有哪些风险。

知识学习

一、市场营销战略的概念

市场营销战略是企业在分析外部环境和内部条件的基础上，为了谋求长足的发展而对其在某一较长时段内的营销活动制定的全局性行动总方案。

首先，市场营销战略是企业实现目标的一种手段，制定营销战略必须始终围绕企业成长与发展目标来进行。其次，它是一种竞争手段，是企业在市场竞争中克敌制胜的重要武器，因而市场营销战略应有针对性，应在充分研究竞争对手特点的基础上来制定。最后，营销战略的制定是一个动态过程，需要在辨识、选择市场机会的过程中不断地调整、修正。

市场营销战略作为一种重要战略，其主旨是提高企业营销资源的利用效率，使企业资源的利用效率最大化。由于营销在企业经营中的突出战略地位，使其连同产品战略组合在一起，被称为企业的基本经营战略，这对于保证企业总体战略的实施起着关键作用，尤其是对处于竞争激烈的企业，制定营销战略更显得非常迫切和必要。

二、市场营销战略的类型

（一）稳定战略

稳定战略，又称防御战略，是以保持原有的业务经营水平为主要目标的战略。企业通过详细的分析市场环境和内部条件后，如果发现业务的增长面临困难，即使投入大量资金并对企业的各项资源进行有效的配置，仍然难以为企业的业务增长找到与之相匹配的市场

机会，可以采用这种战略，维持现有的业务经营水平，或求得较少的增长。

稳定战略的风险相对较小，多数企业愿意采用此策略，对那些处于发展行业中的企业和目前经营业绩好、环境变化不大的企业尤其适用。在稳定增长的市场保持或缓慢提高企业的市场份额，对许多企业是适宜的。

稳定战略又包括两种基本类型：积极防御战略和消极防御战略。前者以积极的态度积蓄力量，对抗竞争者的攻击，后者则一味回避竞争，力图维护企业现状。

（二）发展战略

发展战略指企业在现有的市场基础上，开发新的目标市场或新的产品，以实现企业的发展壮大，具体有四种类型，如表 4.1 所示。

表 4.1　发展战略类型

市　　场	产　　品	
	现 有 产 品	新 产 品
现有市场	市场渗透战略	产品开发战略
新市场	市场开发战略	多角化战略

（三）收割战略

收割战略，也称缩减战略，是以短期利润为目标的营销战略。战略决策者考虑的不是某种产品或业务未来的长期发展，而是如何增加产品短期的投资收益率，以谋求尽可能多的现金收入。采取这一策略的原因主要在于：企业现有产品或业务组合中的某个或某几个的状况不佳，且已无发展潜力，企业通过大幅度裁减其投资，用某些短期性的营销行为来谋求短期利益，以便有利于优化企业现有的产品组合，促进企业的不断发展。

收割战略的一个基本特征是，存在某些客户可以感知的行动（如涨价、减少广告等）和某些不可见的行动（如延迟维护、减少利润等）。没有相对优势的企业极有可能仅限于采用不可见的行动。

（四）撤退战略

撤退战略即企业不景气时采取退出市场的战略。一般地，企业实施撤退战略只是短期的，其根本目的是使企业挺过风暴后转向其他的战略选择。有时，只有采取收缩和撤退的措施，才能抵御竞争对手的进攻，避开环境的威胁，迅速实行自身资源的最优配置。可以说，撤退战略是一种以退为进的战略，通常有三种情况的撤退。

（1）临时性撤退。当产品销路不佳时，企业即暂停生产，待查明原因，对产品进行改进或改变营销策略组合后，再行生产投放市场。

（2）转移性撤退。在原有的市场区域销售受阻时，将产品推向新的市场区域。例如，在城市不畅销的产品，可以考虑转移到农村市场。也可以放弃原来的经营方向，转向生产经营其他产品。

（3）彻底性撤退。企业针对处于衰退期的老产品，或刚刚上市就夭亡的新产品，果断退出市场。

三、市场营销战略的制定过程

（一）发现、分析及评价市场机会

这是指分析企业的内部条件和外部环境。

企业的内部条件：一是所处行业方面的状况，包括所处的行业是兴盛的行业还是衰退的行业，兴盛或衰退的原因是什么，企业在本行业中的地位等。二是营销能力方面的条件，包括厂房、设备、资金、技术、人员素质、组织机构和管理水平等因素及其工作状况，如企业产品的竞争能力、市场占有率、市场潜力、产品的信誉、销售增长率、获利能力、产品供应、财务状况和经营风险等。

企业的外部环境：包括微观环境和宏观环境。一是要预测环境的变化方向，二是要对环境变化给企业带来的机会和威胁进行预测，以便在营销战略中趋利避害。

所谓市场机会，就是市场上存在的尚未满足的需求，或未能很好地满足的需求。寻求市场机会一般有以下几种方法：① 通过市场细分寻求市场机会；② 通过产品/市场发展矩阵图寻找市场机会；③ 通过大范围收集意见和建议的方式寻求市场机会。对市场机会的评价，一般包括以下工作：评审市场机会能否成为一个拥有足够顾客的市场；当一个市场机会能够成为一个拥有足够顾客的现实市场时，要评审企业是否拥有相应的生产经营能力。

（二）规划营销任务

企业是做什么的？顾客是哪些人？顾客最需要的是什么？未来要经营的业务是什么？应当向哪些方向发展？制定任务书时，应注意以下几点。

（1）必须规定企业的经营范围，包括产品范围、顾客范围、市场的地理范围等应是切实可行的，亦即按照企业实际的资源能力来规定和阐述自己的经营范围，做到宽窄相宜，扬长避短。

（2）企业任务范围的规定要坚持"市场导向"，即以顾客的需要来规定和阐述自己的任务，避免用"产品"或"技术"来表述。

（3）任务书必须有激励性，能鼓舞人心、鼓励干劲，应使全体员工从任务报告中感受到本企业的任务对社会的贡献和发展的前途，从中体会到他们工作的重要性。

（三）确定营销目标

企业任务确定后，就应当转化成企业的营销目标。常用的营销目标有如下几种。

（1）利润和投资收益率。企业的主要目标是增加利润。投资收益率是一定时期内企业所实现的纯利润与其全部投资的比率，这是衡量和比较企业获利能力大小的核心指标。

（2）市场占有率，其反映企业竞争能力。市场占有率高低也关系到企业的知名度，影响着企业的形象，有绝对市场占有率和相对市场占有率之分。

绝对市场占有率：在一定时空条件下，本企业产品销售量（或销售额）在同一市场上的同类产品销售总量（总额）中所占的比重。

相对市场占有率：本企业某产品销售总额与最大竞争对手同种产品销售总额之比。

（3）销售增长率，即产品销售增加额与基期产品销售额的比率，反映产品在市场上的成长能力。

（4）产品创新、塑造企业及产品良好形象等，其反映企业创新能力和在市场上知名度、美誉度的大小，对于提高竞争能力、拓展市场、延长产品生命周期、扩大销售将会长远地发挥作用。

（四）制定市场营销组合战略

所谓市场营销组合，就是企业根据可能的机会，选择一个目标市场，并试图为目标市场提供一个有吸引力的市场营销组合。市场营销组合对企业的经营发展，尤其是市场营销实践活动有重要作用：它是制定企业市场营销战略的基础，能保证企业从整体上满足消费者的需求，是企业对付竞争者的强有力的武器。常用的波士顿咨询集团法（简称BCG法），通过建立"市场增长率—市场占有率矩阵"对企业的所有业务单位（或产品）进行评估。通过分析，可将所有业务单位（或产品）分为四类：明星类、金牛类、问题类、瘦狗类，如图4.1所示。

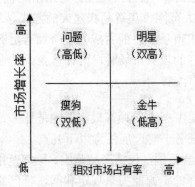

图4.1　市场增长率—市场占有率矩阵图

1．问题类业务（question marks，指高增长、低市场份额）

处在这个领域中的是一些投机性产品，带有较大的风险。这些产品可能利润率很高，但占有的市场份额很小。这往往是一个公司的新业务，为发展问题业务，公司必须建立工厂，增加设备和人员，以便跟上迅速发展的市场，并超过竞争对手，这些意味着大量的资金投入。

2．明星类业务（stars，指高增长、高市场份额）

这个领域中的产品处于快速增长的市场中并且占有支配地位的市场份额，但能否产生正现金流量，取决于新工厂、设备和产品开发对投资的需要量。明星型业务是由问题型业务继续投资发展起来的，可以视为高速成长市场中的领导者，它将成为公司未来的现金牛业务。但这并不意味着明星业务一定可以给企业带来源源不断的现金流，因为市场还在高速成长，企业必须继续投资，以保持与市场同步增长，并击退竞争对手。

3．金牛类业务（cash cows，指低增长、高市场份额）

处在这个领域中的产品产生大量的现金，但未来的增长前景是有限的。这是成熟市场中的领导者，它是企业现金的来源。由于市场已经成熟，企业不必大量投资来扩展市场规模，同时作为市场中的领导者，该业务享有规模经济和高边际利润的优势，因而给企业带来大量现金流。企业往往用现金牛业务来支付账款并支持其他三种需大量现金的业务。现金牛业务适合采用前面提到的稳定战略，目的是保持市场份额。

4．瘦狗类业务（dogs，指低增长、低市场份额）

该领域中的产品既不能产生大量的现金，也不需要投入大量现金，这些产品没有希望改进其绩效。一般情况下，这类业务常常是微利甚至是亏损的，瘦狗类业务存在的原因更多的是由于感情上的因素，虽然一直微利经营，但恋恋不舍而不忍放弃。其实，瘦狗类业务通常要占用很多资源，如资金、管理部门的时间等，多数时候是得不偿失的。瘦狗类业务适合采用前面提到的收缩战略，目的在于出售或清算业务，以便把资源转移到更有利的领域。

在对各业务单位进行分析之后，企业应着手制订业务组合计划，确定对各个业务单位的投资战略，可供选择的策略有：① 发展策略，即增加产品大类的市场占有率和销售增长率的策略，这样做需要的投资较多，只适用于问题集中、有希望转为明星类的产品及明星类的产品；② 维持策略，即保持产品大类的市场占有率的策略，适用于有大量现金收入的金牛类产品；③ 收割策略，即追求产品大类的短期现金收入的策略，其做法类似于竭泽而渔，适用于环境不佳的金牛类产品，也可以用于问题类和瘦狗类产品；④ 放弃策略，即清理、出售某些产品大类的策略，适用于那些无发展前途或妨碍企业增加盈利的问题类和瘦狗类产品。

（五）制定业务增长战略

1．密集性增长战略

密集性增长战略是企业在现有的业务领域内寻找未来发展的各种机会。企业的经营者在寻求新的发展机会时，首先应该考虑现有产品是否还能得到更多的市场份额；其次，应该考虑是否能为其现有产品开发一些新市场；最后，考虑是否能为其现有的市场发展若干有潜在利益的新产品。

为新市场开发新产品有如下三种实现途径。

（1）市场渗透，指企业在现有的市场上增加现有产品的市场占有率。要增加现有产品的市场占有率，企业必须充分利用已取得的经营优势或竞争对手的弱点，进一步扩大产品的销售量，努力增加产品的销售收入。企业可以从以下几方面努力：一是鼓励顾客多买；二是争取竞争对手的顾客；三是争取尚未购买的潜在顾客。市场渗透风险小，易监控，但需花费大量促销费用，且发展有限，是一种较保守的增长方式。

（2）市场开发，即通过增加市场开发费用和促销费用，以现有市场为基础不断向外扩张，开辟新的市场，以达到扩大业务目的的营销战略。具体方法如下：一是在原有销售地区内增加新的目标市场；二是增加新的销售渠道；三是增加新的销售地区。市场开发风险不太大，但要做大量的市场调研工作，分销、促销费用大。

（3）产品开发，向现有市场提供新产品或改进的新产品，目的是满足现有市场的不同层次需求，具体的做法有：利用现有技术增加新产品；在现有产品的基础上，增加产品的花色品种；改变产品的外观、造型，或赋予产品新的特色；推出不同档次、不同规格、不

同式样的产品。发现这些机会，企业就有可能从中找到促进销售增长的途径。然而这还远远不够，企业还应该研究一体化成长的可能性。

2．一体化增长战略

一体化增长战略指企业把自己的营销活动延伸到供、产、销不同环节而使自身得到发展的增长战略。通常在现有业务基础上，通过收购、兼并、联合、参股、控股等方式实现一体化，以扩大现有业务，主要有三种实现途径（见图4.2）。

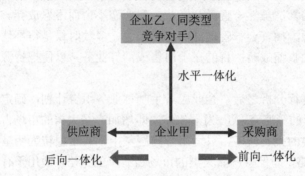

图 4.2　一体化增长战略

后向一体化，即企业通过购买、合并或兼并本企业的原材料供应企业，实行产供联合。变过去向供应企业购买原材料为自己生产原材料；有的商店，逐步发展起自己的工厂，生产出的产品在自己商店出售；有些大的零售商店由过去从批发企业进货，转为自己直接从生产企业进货。后向一体化战略的选择要点是：企业当前的供应商或供货成本很高，或不可靠，或不能满足企业对零件、部件、组装件或原材料的需求；供应商数量少而需方竞争者数量多；企业具备自己生产原材料所需要的资金和人力资源。

前向一体化，即按供、产、销的正向顺序实行一体化增长的策略。原材料供应者通过自办、联合、联营或兼并等形式，与加工制造企业相结合，实行供、产前向一体化；批发企业增设或兼并零售商店；生产企业通过自办、联合、联营或兼并等形式，与商业企业相结合，实行产、销前向一体化。

水平一体化，又称横向一体化，即通过收购或兼并竞争者的同类型企业实现业务增长。

3．多元化（多角化）增长战略

多元化（多角化）增长战略即在寻找与公司目前业务范围无关的富有吸引力的新业务。采用这种战略的原因：一是本企业所从事的行业缺乏足够的发展余地；二是在所从事的行业外，又发现更有利的营销机会。具体而言，有如下三种实现途径。

同心多元化，即利用现有物质技术力量、特长、经验等，以现有产品为中心向外扩展业务范围，有利于发挥企业原有的技术优势，不需要更多投资，因而风险小、成功率高。

水平多元化，即针对现有市场的其他需要，采用新的物质技术力量开发与现有产品无关但在消费上有关联的其他产品或服务，以扩大业务经营范围，寻求新的增长。

复合多元化，即发展与现有技术、现有产品、现有市场无联系的多样化经营活动，以寻求新的发展策略。

延伸阅读 4.1
吉利收购沃尔沃

四、市场营销战略的特点

（一）全局性

营销战略规定的是企业的营销总体活动，追求的是营销的总体效果，着眼点是营销总体的发展，体现企业全局的发展需要和根本利益，关系到企业的兴衰命运，所以带有全局性的特点。

（二）长期性

营销战略从当前企业现状和市场环境出发，着眼于未来，指导和影响未来较长时期内（一般 5 年以上）企业的生产经营活动。因此，制定营销战略时必须有远见，能预测市场的长期发展变化态势，才能在竞争中立于不败之地。

（三）纲领性

营销战略所规定的战略目标、战略重点、战略措施等都是指导企业营销活动的纲领，对企业的营销活动具有权威的指导作用。战略时期内的各项营销活动都要围绕着营销战略来展开。

（四）竞争性

制定营销战略的目的就是要在激烈竞争中壮大自己的实力，使本企业在与竞争对手争夺市场和资源的斗争中占有相对优势，从而使企业在激烈的市场竞争中生存、发展并壮大。

（五）相对稳定性

营销战略必须在一定时期内具有稳定性，才能在企业营销实践中具有指导意义，如果朝令夕改，就会使企业的营销活动混乱，给企业带来不必要的损失。

（六）应变性

营销战略一旦制定下来，并不意味着一成不变，还必须根据企业外部环境与内部条件的变化，适时加以调整。

课堂任务

1. 根据以上所学，以 5～8 人的学习小组为单位，完成"任务分析"的问题。

2. 各组进行内部讨论，形成结论。

3. 其他小组可以针对平台上的结论报告进行提问。

4. 教师点评，总结本项目内容。

课后阅读 4.1
利基市场的含义
及类型

任务二　竞争战略分析

知识目标

1. 了解影响企业竞争能力的因素。
2. 掌握市场竞争基本战略的类型及特点。
3. 掌握处于不同竞争地位企业的竞争策略。

技能目标

1. 具备判断竞争环境、分析影响企业竞争因素的能力。
2. 具备分析行业竞争环境的能力。
3. 具备根据企业竞争地位选择竞争策略的能力。

素质目标

1. 具备敏锐的观察能力。
2. 具备使用创新思维发现机会、打造竞争优势的能力。

引导案例

孙子兵法中的战略智慧

中华传统文化宝库庞大丰富,其中不乏现代商业社会可以借鉴的思想瑰宝,《孙子兵法》中,有几句话广为人知。

（1）知彼知己,百战不殆。

（2）兵贵神速,出其不意。

（3）善战者,求之于势。是故百战百胜,非善之善也;不战而屈人之兵,善之善者也。

（4）故上兵伐谋,其次伐交,其次伐兵,其下攻城。

任务分析

在市场经济中,任何企业都无法回避竞争,优胜劣汰是市场竞争的不二法则。企业要想取得成功,仅分析消费者是远远不够的,还必须要研究竞争对手,知己知彼,才可能取得竞争优势,在市场竞争中获胜。结合引导案例,本项目设置以下具体任务。

（1）上述四句话中,各蕴含了什么样的营销智慧?

（2）企业在营销实践中,如何分析自己的竞争实力和地位?

（3）可供企业选择的竞争战略有哪些?请举例说明。

一、企业竞争力的影响因素

营销战略专家迈克尔·波特（Michael Porter）于 20 世纪 80 年代初提出，行业中存在着决定竞争规模和程度的五种力量，这五种力量综合起来影响着产业的吸引力。五种力量模型将大量不同的因素汇集在一个简单的模型中，以此分析一个行业的基本竞争态势。五种力量模型确定了竞争的五种主要来源，即供应商的议价能力、购买者的议价能力、潜在进入者的威胁、替代品的威胁，以及同一行业公司间的竞争。一种可行战略的提出首先应该包括确认并评价这五种力量，不同力量的特性和重要性因行业和公司的不同而不同。

（一）供应商议价能力的加强

供应商对企业的威胁主要体现在两方面：一是要求提高供应价格，二是要求降低相应产品或服务的质量。因此，企业应努力与供应商建立良好关系，并积极开拓多种供应渠道。

（二）购买者议价能力的加强

购买者可能要求降低购买价格，要求高质量的产品和更多的优质服务。为了尽量减少购买者讨价还价造成的压力，企业应选择和建立相对稳定、忠诚的目标顾客群体。

（三）潜在进入者的威胁

新进入者在给行业带来新生产能力、新资源的同时，希望在已被现有企业瓜分完毕的市场中赢得一席之地，这就有可能与现有企业发生原材料与市场份额的竞争，最终导致行业中现有企业盈利水平降低，严重的话还有可能危及这些企业的生存。竞争性进入威胁的严重程度取决于两方面的因素，这就是进入新领域的障碍大小与预期现有企业对进入者的反应情况。

进入障碍主要包括规模经济、产品差异、资本需要、转换成本、销售渠道开拓、政府行为与政策（如国家综合平衡统一建设的石化企业）、不受规模支配的成本劣势（如商业秘密、产供销关系、学习与经验曲线效应等）、自然资源（如冶金业对矿产的拥有）、地理环境（如造船厂只能建在海滨城市）等方面，这其中有些障碍是很难借助复制或仿造的方式来突破的。

预期现有企业对进入者的反应情况，主要是指采取报复行动的可能性大小，这取决于有关厂商的财力情况、报复记录、固定资产规模、行业增长速度等。总之，新企业进入一个行业的可能性大小，取决于进入者主观估计进入所能带来的潜在利益、所需花费的代价与所要承担的风险这三者的相对大小情况。

（四）替代品的威胁

替代品是指那些与该行业产品具有相同或相似功能的产品。替代品的出现，会对整个行业的市场造成冲击。

两个处于同行业或不同行业中的企业，可能会由于所生产的产品互为替代品，从而在它们之间产生相互竞争行为，这种源自于替代品的竞争会以各种形式影响行业中现有企业的竞争战略。第一，现有企业产品售价以及获利潜力的提高，将由于存在着能被用户方便接受的替代品而受到限制；第二，由于替代品生产者的侵入，使得现有企业必须提高产品质量，或者通过降低成本来降低售价，或者使其产品具有特色，否则其销量与利润增长的目标就有可能受挫；第三，源自替代品生产者的竞争强度，受产品买主转换成本高低的影响。总之，替代品价格越低、质量越好、用户转换成本越低，其所能产生的竞争压力就强，这就限制了本行业的收益，因此，企业应在正确认识替代品的基础上，加大技术研发力度，积极开发新产品。

（五）同一行业企业间的竞争

这是企业面对的最直接、最明显的竞争对手。这种竞争力量根据自己的一整套规划，运用各种手段（价格、质量、造型、服务、担保、广告、销售网络、创新等）力图在市场上占据有利地位和争夺更多的消费者，对企业造成了极大的威胁。

一般来说，出现下述情况将意味着行业中现有企业之间竞争的加剧：行业进入障碍较低，势均力敌竞争对手较多，竞争参与者范围广泛；市场趋于成熟，产品需求增长缓慢；竞争者企图采用降价等手段促销；竞争者提供几乎相同的产品或服务，用户转换成本很低；一个战略行动如果取得成功，其收入相当可观；行业外部实力强大的企业在接收了行业中实力薄弱的企业后，发起进攻性行动，结果使得刚被接收的企业成为市场的主要竞争者；退出障碍较高，即退出竞争要比继续参与竞争代价更高。

延伸阅读 4.2
共享单车
大战再起

二、企业的基本竞争战略选择

在上述五种竞争力量的抗衡中，企业要在市场竞争中站稳脚跟，必须根据自身的市场地位和实力状况，制定基本竞争战略。市场竞争的基本战略类型有：成本领先战略、差异化战略和集中化战略。

（一）成本领先战略

成本领先战略也称低成本战略，是指企业在某行业领域中使成本低于竞争对手而取得领先地位的一种战略。企业尽可能降低成本，做到相同质量价格较低，相同价格质量较高。因此，企业在实施成本领先战略时，应注意以下几点。

（1）提高成本管理水平。要求企业在采购成本、生产成本、资金占用、人力成本和营销成本等方面都能精打细算，例行节约。

（2）具有规模经营优势。实现规模经营，能有效降低产品成本。一般来说，单位产品成本与生产经营规模的扩大呈按比例下降趋势。

（3）提高市场占有率。市场容量大，销售增长率高，成本也会随之降低。

（4）提高技术水平。对产品采用先进技术，进行技术改造，大大提高生产效率，以技术领先来降低成本，发挥低价竞争的优势。

（二）差异化战略

差异化战略也称特色经营战略，是指企业提供区别于竞争对手、在行业内具有独特性产品的一种战略。企业靠产品特色赢得竞争优势。

实施差异化战略，可通过多种途径，如设计名牌形象、独到的营销创意与策略、采用独特的技术、提供与众不同的服务等。

（三）集中化战略

集中化战略也称目标聚焦战略，是指企业将经营重点集中在某一个或几个较小的细分市场，实行专业化经营，走小而精、小而专的道路。实施集中化战略，关键在于企业拥有的产品或技术是某一特定目标市场必备的需求，企业在这一特定细分市场上有能力占领极大市场占有率，成为小市场中的小巨人，但一旦市场发生变化，对企业的威胁也很大。

三、不同市场竞争地位的企业的竞争战略

市场占有率是反映企业竞争地位最有力的指标。按市场占有率的高低，企业分为四种类型：市场领导者、市场挑战者、市场追随者和市场利基者。

（一）市场领导者战略

市场领导者是指在相关产品的市场上市场占有率最高的企业。一般来说，大多数行业都有一家企业被认为是市场领导者，它在价格变动、新产品开发、分销渠道的宽度和促销力量等方面处于主宰地位，它是市场竞争的先导者，也是其他企业挑战、模仿或者回避的对象。

市场领导者如果没有获得垄断地位，必然会面临竞争者的挑战，因此必须保持高度的警惕并采取适当的战略，否则就可能丧失领先地位，通常可供选择的总体战略有三种。

1. 扩大总需求

当一种产品的市场总需求增加时，由于领导者占有最高的市场占有率，因此，市场领导者将是最大的受益者。可以通过开发产品的新用户、开辟产品的新用途和增加顾客使用量三条途径来扩大总需求。

（1）开发新用户，即通过有效的策略将企业产品的潜在顾客有效地转化为现实顾客，常用策略有：① 市场渗透，说服现有市场中不使用该产品的潜在顾客，如化妆品制造商说服不使用化妆品的女士；② 市场开发，即开辟新的细分市场，如彩妆市场从女性市场开辟到男性市场；③ 地理扩张，即将产品销到其他的地理区域。

（2）开辟新用途，即通过开辟产品的新用途扩大市场需求量。例如，碳酸氢钠的销售在其发明后100多年间都没有什么变化，这是因为它虽然有多种用途，但是没有一种是大量需求。后来一家企业发现有消费者将该产品作为冰箱的除臭剂，于是大力宣传产品的这一功能并将其作为原料开发专用的冰箱除臭盒，从而使该产品销量大增。再比如，杜邦公司发明尼龙材料后，就不断开辟尼龙产品的新用途，从最初制作降落伞的尼龙绳，到妇女丝袜，到汽车轮胎、地毯等，其产品用途不断增加。

（3）增加使用量。最常用的做法有：促使消费者在更多的场合使用该产品；增加使用产品的频率；增加每次的使用量。例如，牙膏制造商宣传不仅要早晚刷牙，每次饭后也要

刷牙的主张，提出"每天刷三次，每次三分钟"的宣传语；再比如，电视机生产企业宣传卧室和客厅等不同房间分别摆放电视机的好处，如观看方便、避免家庭成员因频道选择发生冲突等，是生活水平提高的表现而不是奢侈或浪费，使有条件的家庭乐于购买两台以上的电视机。

2. 保护现有的市场份额

处于市场领先地位的企业，必须时刻防备竞争者的挑战，保卫市场阵地，采用防御战略。防御战略的目标是减少受攻击的可能性，使攻击转移到危害较小的地方，并削弱其攻势。虽然任何攻击都可能造成利润上的损失，但由于防御者的措施不同，反应速度快慢不同，导致其后果就大不一样，企业可供选择的防御策略有以下六种。

（1）阵地防御，即围绕企业目前的主要产品和业务建立牢固的防线，根据竞争者在产品、渠道和促销方面可能采取的进攻战略，制定自己的预防性营销战略，并在竞争者发起进攻时坚守原有的产品和业务。

（2）侧翼防御，即建立一些作为防御的辅助性基地。特别要注意保护自己较弱的侧翼，防止竞争对手乘虚而入。例如，20世纪70年代，美国的几大汽车公司就是没有注意到侧翼，遭到了日本小型汽车的进攻，从而失去了大片阵地。

（3）先发防御，即在竞争对手尚未有动作之前，主动攻击，挫败竞争对手，在竞争中掌握主动权，具体做法是：当某一竞争者的市场占有率达到对本企业可能形成威胁的某一危险程度时，就主动出击，或是对市场上所有竞争者全面攻击。如日本精工集团，把2000多种款式的手表分销到世界各地，对全球的手表制造商形成全方位的威胁。

（4）反攻防御，即面对竞争对手降价、促销或改进产品等形式的进攻时，主动反攻入侵者的主要市场阵地，可实行正面回击战略，也可以向进攻者实行"侧翼包抄"或"钳形攻势"，以切断进攻者的后路。

（5）运动防御，即将自己的势力范围扩展到新的领域中，而这些新扩展的领域可能成为未来防御和进攻的中心。市场扩展可通过两种方式实现：① 市场扩大化，即将目前的产品转到有关该产品的基本需求上，如石油公司变身为能源公司；② 市场多角化，即将业务向其他无关的市场扩展，实行多角化经营。

（6）收缩防御，即逐步放弃某些对企业不重要的、疲软的市场，把力量集中用于主要的、能获取较高收益的市场。

3. 扩大市场份额

这是一种用进攻方法达到目的的战略。有研究表明，在一些行业中，市场占有率高于40%的企业，其平均投资收益率是市场占有率不足10%的企业的3倍。因此，在市场需求总规模还能有效扩大的情况下，市场领导者应随市场情况变化调整自己的营销组合，努力在现有市场规模下扩大自己的市场份额，实现的主要途径有产品不断创新、提高产品质量、发展多品牌、大量广告、有效促销等。

企业提高市场占有率时应考虑以下三个因素。

第一，反垄断法。为了保护自由竞争，防止出现市场垄断，许多国家的法律规定某一公司的市场份额超出某一限度时，就要强行分解为若干个相互竞争的公司。许多著名的公司都曾经因此触犯反垄断法而被分解。如果占据领导者地位的公司不想被分解，就要在自己的市场份额接近临界点时加以控制。

第二，经营成本。许多产品往往有这种现象：当市场份额持续增加而未超出某一限度的时候，企业利润会随着市场份额的提高而提高；当市场份额超过某一限度仍然继续增加时，经营成本的增加速度就大于利润的增加速度，企业利润会随着市场份额的提高而降低。出现这种现象的主要原因是用于提高市场份额的费用增加，如果出现这种情况，则市场份额应保持在该限度以内。

第三，营销组合。如果企业实行了错误的营销组合战略，如过分地降低商品价格，过高地支出公关费、广告费、渠道拓展费、销售员和营业员奖励费等促销费用，承诺过多的服务项目导致服务费大量增加等，则市场份额的提高反而会造成利润下降。

（二）市场挑战者的竞争战略选择

市场挑战者指在行业中占据第二位及以后位次，有能力对市场领导者和其他竞争者采取攻击行动并希望夺取市场领导者地位的公司。市场挑战者在行业中的市场地位较市场领导者低，但也具有相当的竞争实力。因此，市场挑战者通常采取进攻手段向市场领导者或其他竞争对手发起挑战。市场挑战者要明确以下问题。

1．确定挑战对象

军事上的"目标原则"主张：每次军事行动必须指向一个明确规定的、决定性的和可以达到的目标。大多数市场挑战者的目标是增加自己的市场份额和利润，减少对手的市场份额。一般市场的挑战者有三种选择："攻击"市场领导者、"攻击"与自身实力相当的企业、"攻击"小企业。

2．选择挑战战略

选择挑战战略应遵循"密集原则"，即把优势"兵力"集中在关键的时机和地点，以达到决定性的目的。市场的挑战者有以下五种进攻策略可供选择。

第一，正面进攻。正面进攻是指向对手的强项而不是弱项发起进攻，集中优势资源攻击竞争对手的主要市场阵地，即进攻竞争对手的强项。要想挑战成功，挑战者必须有超过竞争对手的资源和实力，在提供的产品（或劳务）、广告、价格等主要方面也要大大超过竞争对手，否则必定失败。例如，以更好的产品、更低的价格、更大规模的广告攻击对手的拳头产品。决定正面进攻胜负的是"实力原则"，即享有较大资源（人力、财力和物力）的一方将取得胜利。当进攻者比对手拥有更大的实力和持久力时才能采取这种战略。

降低价格是一种有效的正面进攻战略，如果顾客相信进攻者的产品与竞争对手的产品相同但价格更低，这种进攻就会取得成功。要使降价竞争得以持久并且不损伤自己的元气，必须大量投资于降低生产成本的研究。

第二，侧翼进攻。侧翼进攻是指寻找和攻击对手的弱点。寻找对手弱点的主要方法是分析对手在各类产品和各个细分市场上的实力和绩效，把对手实力薄弱的或绩效不佳的或尚未覆盖而又有潜力的产品和市场作为攻击点和突破口。比如一些大公司容易忽略中小城市和乡村，进攻者可在那里发展业务；分析其余各类细分市场，按照收入水平、年龄、性别、购买动机、产品用途和使用率等因素辨认细分市场，并认真研究，选择对手尚未重视或尚未覆盖的细分市场作为攻占的目标。

第三，包围进攻。开展全方位、大规模的进攻，要求市场挑战者必须拥有优于竞争对手的资源，能向市场提供比竞争对手更多的质量更优、价格更低廉的产品，并能速战速决。例如，日本的索尼公司在向原由美国几大公司控制的世界电视机市场进攻时，就是采取了包围进攻策略，提供的产品品种比任何一个美国公司提供的产品品种都齐全，使当时这些老牌大公司节节败退。

第四，迂回进攻。完全避开竞争对手现有的市场阵地，在对方没有防备的地方或是不可能防备的地方发动进攻，具体做法有：产品多角化经营，即经营非关联性产品；市场多角化经营，即把现有产品打入新市场；发展新技术产品，取代技术落后的产品。

第五，游击进攻。游击进攻是指向对手的有关领域发动小规模的、断断续续的进攻，逐渐削弱对手，使自己最终夺取永久性的市场领域。游击进攻适用于小公司打击大公司，主要方法是在某一局部市场上有选择地降价、开展短促的密集促销等。游击进攻能够有效地骚扰对手、消耗对手、牵制对手、误导对手、打乱对手的战略部署而己方不冒太大的风险。采取游击进攻必须在开展少数几次主要进攻还是一连串小型进攻之间做出决策，通常认为，一连串的小型进攻能够形成累积性的冲击，效果更好。

（三）市场追随者的竞争战略选择

市场追随者指那些在产品、技术、价格、渠道和促销等大多数营销战略上模仿或跟随市场领导者的公司。在很多情况下，追随者可让市场领导者和挑战者承担新产品开发、信息收集和市场开发所需的大量经费，自己坐享其成，减少支出和风险，并避免向市场领导者挑战可能带来的重大损失。许多居第二位及以后位次的公司往往选择追随而不是挑战。当然，追随者也应当制定有利于自身发展而不会引起竞争者报复的战略。

市场追随者的主要特征是安于次要地位，不热衷于挑战，希望在"和平共处"的状态下求得尽可能多的收益。大多数情况下，企业更愿意采用市场追随者战略，追随战略有以下几种。

1. 紧密追随

在各个细分市场和营销组合方面模仿市场领导者，典型特征是"仿效"和"低调"。紧密追随者有时好像是挑战者，但是它并不侵犯市场领导者的地位。例如，在产品功能上，紧密追随者可以和市场领导者一致；但在品牌声望上，紧密追随者和市场领先者保持一定差距。

2. 距离追随

距离追随战略指在基本方面模仿领导者，但是在包装、广告和价格上又保持一定差异的公司。如果模仿者不对领导者发起挑战，领导者不会介意。在钢铁、肥料、化工等同质产品行业，距离追随战略使用得最为普遍。不同公司的产品相同，服务相近，不易实行差异化战略，价格几乎是吸引购买的唯一手段，价格敏感性高，随时可能爆发价格大战。但是利用价格战攫取短期市场份额会遭到同行的报复，多数公司避免采用，而是采取效仿市场领导者的战略，采取较为一致的产品、价格、服务和促销战略，市场份额保持着高度的稳定性。

3. 选择追随

选择追随战略是指在某些方面紧跟市场领导者，在某些方面又自行其是的公司。战略突出"追随和创新并举"，在某些方面紧跟市场领导者，在另一些方面又择优跟随，这样可以有效避免与市场领导者的直接冲突。选择追随者先要接受领导者的产品、服务和营销战略，然后有选择地改进它们，避免与领导者正面交锋，选择其他市场销售产品。这种追随者通过改进并在其他市场壮大实力后有可能成长为挑战者。

（四）市场利基者竞争战略

市场利基者又叫作市场补缺者，指那些专门为规模较小的或是大企业不感兴趣的细分市场提供产品或服务的企业。市场补缺者的作用是拾遗补缺，见缝插针，虽然在整体市场仅占很少的份额，但是他们比其他公司更充分地了解和满足某一细分市场的需求，能够通过提供高附加值而得到高利润和快速增长。据相关研究发现，小的利基市场的投资报酬率平均为27%，而大市场为11%。补缺者盈利的主要原因是能够比其他大众化营销的公司更好地了解和满足顾客需要，因而，当大众化营销者取得高销量的时候，补缺者取得了高毛利。

一般来说，市场补缺者可根据自己的擅长及优势，采取拾遗补缺的专业化营销战略，具体如下。

（1）按最终使用者专业化。专门为某类最终使用者提供服务或配套产品，如一些较小的计算机软件公司专门提供防病毒软件，成为"防病毒专家"。

（2）按垂直层面专业化。专门在营销渠道的某个环节上提供产品或服务，如专业性的设备搬运公司、清洗公司等。

（3）按顾客规模专业化。如小型装修公司，专门承接家庭用户的住房装修业务，这些是大型装修公司所不愿意为之的。

（4）按特定顾客专业化。只对某一个或几个主要客户服务。

（5）按地理区域专业化。专门为某一地区或地点服务。

（6）按产品或产品线专业化。专门生产一种产品或是一条产品线。

（7）按质量与价格专业化。只生产某一质量和价格档次的产品。

（8）按服务项目专业化。专门为市场提供一项或有限的几项服务，如搬家公司、胎教中心。

（9）按需定制专业化。例如，家庭对住房装修、家具的需要，越来越倾向于定制，为许多小企业提供了虽分散但数量极大的营销机会。

（10）按销售渠道专业化。公司只为某类销售渠道提供服务，如某饮料公司只生产大容器包装的果汁饮料，并且只在加油站出售；又比如有的服装生产企业，专门针对线上销售设计"线上专供"类型的服装版型。

课堂任务

1. 根据以上所学，以5~8人的学习小组为单位，完成"任务分析"的问题。

2. 各组进行内部讨论，形成结论。

3. 其他小组可以针对平台上的结论报告进行提问。

4. 教师点评，总结本项目内容。

课后阅读 4.2
长尾理论——网
络环境下利基理
论的应用

任务三　市场细分、目标市场选择和市场定位

知识目标

1. 理解市场细分的相关概念。
2. 掌握市场细分的主要依据和方法。
3. 掌握三种目标市场战略的优缺点。
4. 掌握市场定位的方法和策略。

能力目标

1. 能用市场细分的原理分析企业行为。
2. 能依据相关因素对企业进行市场细分。
3. 能为企业在目标市场上制定初步的目标市场战略。
4. 能在目标市场为企业及产品进行市场定位。

素质目标

1. 具备信息素质，发现信息时代的市场机会。
2. 具备批判性思维，正确看待竞争。
3. 具备岗位所需的交往合作能力。
4. 坚持文化自信，弘扬传统文化。

引导案例

案例1：网红小家电怎么这么红

迷你电饭煲、"一人食"养生壶、小型洗衣机、酸奶机、空气炸锅……近年来，一些高颜值、强功能、强社交属性的网红小家电通过线上营销逐步走俏。无论是美的、九阳、苏泊尔等传统家电企业，还是小熊电器、摩飞、自然元素、北鼎等小家电新品牌，都将目光投向互联网，搭乘网络"快车"成为家电行业的共同选择。

早餐机、榨汁机、养生壶……相对于传统的冰箱、空调、洗衣机等人们生活中必需的大家电，这些功能细化的小家电近年来受到越来越多消费群体的青睐。它们主要针对一些细分的生活场景，满足特定人群的使用需求。特别是随着疫情带火了"宅经济"，这些小家电在网络社交、直播与短视频平台上迎来颇高"出镜率"，掀起一股"网红小家电"风潮。

网红小家电为何这么火？业内专家认为，网红小家电的流行更好地满足了当代人们生活中出现的新需求、新变化。

快捷、专业——产品针对特定使用场景和受众。如多功能料理锅，其集合了煎、煮、烤、炒、蒸等功能，容量满足1~2人，十分适合无明火、厨房空间小的消费者；如熨烫机，很多商家推出了便携款、无线款，还能除螨、杀菌消毒，适合差旅场景；如"一人份"电热饭盒，插电即可加热，小巧便携，适合上班族；如迷你洗衣机，占用空间小、功能全，适合租房独居的年轻人。

产品种类更为细化。以厨房电器为例，从传统电饭煲、电热水壶扩展到三明治机、电热杯、豆浆机、破壁机、咖啡机，几乎覆盖了厨房电器的全部品类。天猫厨房电器行业运营人员朱明璇表示，这表明人们对厨房用品的需求不再局限于最简单基础的功能，而是向着专业化多元化方向发展。

近年来，因为人们生活水平的提高，消费观念发生了巨大变化，人们对商品和服务的需求也越来越多样化。根据不同的性别、不同职业、不同生活习惯，人们的需要都有所差异。在上述材料中，家电行业竞争品牌很多，竞争十分激烈，因此如果遵循传统的生产模式和营销方式，那么企业的市场地位势必会受到影响甚至被淘汰，其他行业也是如此。因此，许多企业在开展营销活动之前不再盲目地直接投入市场，而是进行了市场细分。

资料来源：人民网. 网红小家电怎么这么红[EB/OL]. （2020-09-04）[2021-06-30]. https://baijiahao.baidu.com/s?id=1676854087389013083&wfr=spider&for=pc.

案例2：美图二季度汽车广告营销飞跃，"她经济"潜力显露

2019年开年以来，受宏观经济、政策因素等影响，汽车行业整体还处于相对低迷的状态。然而以"她经济"为主，女性用户占比达八成的美图平台，却实现了第二季度互联网广告业务在汽车行业上的同比飞速增长。这一方面说明了女性在消费市场已占据主导地位，另一方面也展现出了美图平台对汽车行业客户巨大的商业潜力。

作为国内领先的影像社交平台，美图聚集了3.5亿优质月活用户，其中近八成为年轻爱美女性，这无疑为美图的商业化道路打上了极强的女性标签。在2019年3月于上海举办的"美力新声-美图女性营销论坛"上，QuestMobile发布了《新生代女性消费观》报告，报告显示，随着女性经济实力提升，高端消费能力彰显，女性在汽车、金融等非传统领域的消费潜力备受关注。而新生代女性在美图生态用户的占比高达36.2%，她们的高端消费意愿更高，在偏爱拍照的同时也更关注汽车、金融等消费领域。美图互联网广告业务在二季度与奔驰、迈锐宝、沃尔沃、林肯、大众等多个汽车品牌的合作和业绩斩获，无疑用实践证明了美图平台对汽车类客户的营销价值与商业空间。

除了线上趣味互动之外，美图还联动线上线下资源，为林肯打造了一场具有沉浸式感受的营销体验，即林肯与美图"女性颜究所"的合作项目。"女性颜究所"是美图打造的聚焦女性与美结合的主题营销IP，其以季度为单位，通过线上话题打造、线下落地展现等丰富的表现形式，帮助品牌与用户建立情感沟通，助力品牌价值传递。

2019年5月，"女性颜究所"第二季营销项目《爱的美力密码》启动，林肯希望通过此次项目合作，吸引女性消费者关注，输出"独立女性，爱情风潮自己做主"的价值主张。美图为林肯定制了秀秀话题#林肯潮范女神大赛#，在斩获大量优质UGC内容的同时，更在一周内收获超100万的曝光，让品牌在短时间内实现了广泛传播。此外，定制化的AR特

效无缝植入品牌信息，让用户在体验互动乐趣的同时拉近了与品牌的距离。

美图自开启商业化进程以来，始终致力于开发体验更优、形式更新的广告形式和营销玩法。年轻爱美的女性作为其主流用户，正日益彰显出庞大的商业价值。美图二季度在汽车行业的营销突破，不仅印证了其平台的用户价值和营销价值，更为非传统女性行业的品牌营销带来新的启发和想象空间。随着女性经济地位的提升，以及各行业发展的进一步成熟，女性细分市场将会越来越受到重视，"她经济"在各行业中的商业效能也将日益提升。

资料来源：搜狐网. 美图二季度实现汽车广告营销飞跃，"她经济"逐步显露汽车品牌商业潜力[EB/OL].（2019-07-26）[2021-06-30]. https://www.sohu.com/a/329467858_100082659.

案例3：精准品牌定位，元气森林破局而立

自2016年成立以来，元气森林便迅速成为新晋国潮品牌，火遍中国，成为炎热夏天中人们的最爱饮料之一。

据数据显示，2019年天猫"618"购物节，元气森林总计卖出226万瓶饮料，一举夺下水饮品类的第一名；"双11"购物节，元气森林于全网销售中荣获亚军。

如何在众多饮料中突围，成为消费者们的新宠？这得益于元气森林团队对市场的正确判断。元气森林并非只是传统的饮料生产商，它由注重创新突破的团队主导，骨子里流淌着互联网基因，找到精准消费群并研究消费群的核心痛点，在消费群活跃的信息渠道进行"种草"，用新渠道撬动新消费群。

元气森林能精准营销和成功定位产品，亦在于企业十分注重"用户第一"。经过多方考量，了解到如今的消费者健康意识增强，不仅追求口感，也希望能健康、低热量、不发胖，在饮食中正试图限制和避免摄入糖分。

据统计，2014年以来，中国软饮料市场的零售额复合年增长率仅为5.9%，其中碳酸饮料、果汁饮料等传统含糖饮品零售额增速低于3%，而无糖茶饮料等不含糖饮品的复合年增长率达到32.6%。这反映了随着人们对健康重视程度的提高，无糖或者减糖是大势所趋。

为达到无糖效果，为消费者的健康保驾护航，元气森林使用"糖中贵族"赤藓糖醇代糖甜味剂。赤藓糖醇是目前市场上唯一经生物发酵法天然转化和提取制备而成的糖醇产品，是国家卫计委认定的0能量糖醇产品。作为一种天然甜味剂，赤藓糖醇进入人体后不参与人体血糖代谢，直接从体内排出，不产生热量，迎合了当下消费者对健康饮品的追求。

因此，元气森林作为一家互联网+的饮料公司，专门生产无糖、低热量的产品，"主打无糖、使用代糖"，以"0糖、0脂肪、0卡路里"为卖点，直达消费者的需求，成功火爆。

资料来源：潇湘晨报. 精准品牌定位 元气森林破局而立[EB/OL].（2020-09-07）[2021-06-30]. https://baijiahao.baidu.com/s?id=1677171175968730138&wfr=spider&for=pc.

任务分析

（1）阅读案例1，请完成以下任务。

思考这些小家电为何走红？企业营销活动为何要进行市场细分？如果你是一家小家电公司营销活动负责人，你将如何进行市场细分？

（2）阅读案例2，请完成以下任务。

当下兴起"她经济"，代表女性的市场规模越来越大。尤其是现代年轻女性，她们能赚钱，因此消费能力提升，消费话语权崛起。尤其是年轻女性对个性及美的追求，因此如何抓住年轻女性这个目标市场，开展营销活动，已经成为众多企业营销的主要问题。那么，年轻女性目标市场在消费领域中呈现出哪些特点？企业应如何在年轻女性中开展营销活动？

（3）阅读案例3，请完成以下任务。

企业在选定目标市场后，想要拥有竞争力就必须要考虑如何在目标市场上展现其鲜明的产品特色或营销特色，争得消费者认可，这个过程就是进行市场定位。在竞争对手众多，其中不乏实力强大的对手的饮品市场，元气森林如何能在众多饮料中突围，成为消费者们的新宠？请分析元气森林取得成功的原因。

知识学习

在营销理论中，市场细分（market segmentation）、目标市场选择（market targeting）与市场定位（market positioning）是营销战略的三个基本要素，简称"STP战略"，与之相关的模型被称为"STP模型"，指的是"segmentation"确定市场细分因素，描述细分市场特征，"positioning"为各细分市场定位，向市场传播送达定位信息，"targeting"评价各细分市场，选择目标细分市场。

一、市场细分

（一）市场细分的概念与意义

市场细分最早由美国的市场营销学家温德尔·史密斯于20世纪50年代中期提出，是指企业通过市场调研，根据消费者的欲望、购买习惯、购买行为、需求的差异性，把某一个整体市场划分为若干消费者群体，以确定企业目标市场的过程，其中每一个消费者群就是一个细分市场，这些人对某种产品有着相同或类似的需求倾向，与其他细分市场的消费者的购买需求、欲望存在着明显区别。

市场细分概念的提出是现代市场营销观念的伟大进步，代表着企业市场营销观念的真正贯彻实施。市场细分无疑对企业是有益的，主要作用有以下几点。

1. 有利于企业发现最佳的市场机会

企业通过调研和市场细分，会得知不同消费者群体的需求以及现有市场状况。因为市场永远有空白，一旦发现的市场满足程度低，就可能存在机会。若寻找的市场既能符合企业的生产水平又能满足购买群体需求，企业便可赢得市场，大获其利。

2. 有利于增加竞争优势

市场细分后，会明晰各个竞争者在该细分市场上的优势和劣势。企业可根据目标市场制定相应的营销战略和策略，发挥自身优势，最大程度上开发企业现有资源，把握市场时机，争取到市场竞争的最佳地位，从而占有市场。

3. 有利于经济效益最大化

根据市场细分确定目标市场，企业无须盲目投入，只要集中使用目前的人力、物力、

财力，根据目标市场的需求变化，及时调整企业营销策略，优化营销组合，以最少的费用获得最大的经济效益，就能达到事半功倍的效果。

延伸阅读 4.3
足力健老人鞋：
六年时间，从 0
到 30 亿

（二）市场细分的原则

市场细分是根据购买群体客观存在的需求差异进行的，但是差异有很多，因此企业营销者在进行市场细分时可以预见这个过程会导致生产成本及营销投入的增加。市场细分不到位，企业没有竞争优势；如果分的市场规模小，就会牺牲规模效益。因此，进行有效的市场细分，应遵循以下原则。

1．明显区分原则

不同的细分市场购买者的需求应明显区别于其他的细分市场，该市场是企业的经营特色，而不是泛泛存在。例如，对运动鞋的市场细分，中老年运动鞋市场从款式、颜色、防滑耐磨程度、保暖性都跟其他细分市场有区别。

2．可衡量性原则

可衡量性原则是指子市场的规模和购买力是可以被衡量的，能够通过市场调研和预测确定市场的规模大小、开发程度及估计产品的销量。

3．可进入性原则

企业要认清本身的生产实力和财务状况，选择的目标市场与企业实际资源相匹配。只有在适合自身的市场上，才能发挥企业的优势和获得竞争力。所以企业应当整合自身的资源，选择合适的目标市场，这样才会确保企业产品顺利进入该市场并占据竞争优势。

4．可盈利性原则

企业是盈利性组织，该原则指企业所选择的目标市场，在规模和购买力上都能维持企业的利润水平，企业进入市场后能有利可图。如果细分市场的市场容量太小，生产成本耗费大，回报低，就不值得去细分。

5．长期性原则

企业选择的细分市场应该具备一定潜力，在将来有可能发展成大市场。而如果该细分市场变化过快或已经衰退，那么短期的利益后企业很可能会有潜在的经营风险。因此，选择细分市场不是任意的，必须顺应时代发展，符合企业的长期战略。

（三）市场细分的依据

市场细分没有固定的方法和绝对标准。购买者需求各异，影响因素又十分复杂，依据一定的细分变量，主要从四个方面来进行市场细分。

1．地理因素

地理因素是指根据不同地理位置或不同地理变量来细分消费者市场，如细分为国家、南方与北方、城市与乡村市场等。由于每个消费者所处的地理条件、所在地自然气候、人口密度、文化传统、经济发展水平等因素的不同，所以他们的喜好与消费习惯也有所区别，企业的营销战略、产品价格、营销策略、广告宣传也应有所不同。

目前很多企业都采用"本地化营销"策略，依据不同地理条件设计产品包装、进行广告宣传等，以适应当地风土人情。有的企业瞄准尚未开发的销售市场，设在尚不存在竞争的地区，以抢占市场时机。但是，因为地理因素是静态不变的，所以即使处于同一地理区域，购买者在需求上也会有所区别，进行市场细分时还应结合其他因素。

2．人口因素

延伸阅读4.4
瞄准国潮之巅！
安慕希城市营销
玩出高级感

企业根据消费者的年龄、性别、民族、职业、家庭情况、收入、文化程度、宗教信仰、国籍、家庭生命周期等因素来细分消费者市场。处于不同年龄阶段的女性消费者，由于生理状况、职业需要的不同，对化妆品的功能需求也不同；收入高低会直接影响消费者的购买力，奢侈品市场中的高收入人群就比较多；对于许多低值易耗品来讲，人口总量十分重要。由此可见，人口因素对消费者市场细分有着重要作用，是影响购买者行为的一个很直接的因素，在消费行为上的差异表现尤为明显。因为它不是静止的，较其他因素容易衡量，因而人口因素是消费品市场中最主要、最常用的细分标准。

3．心理因素

心理因素是根据生活方式、个性等心理变量对消费者购买行为、欲望、需要进行的划分，特别是对于非生活必需品的购买，具体内容如下。

（1）生活方式细分。生活方式是指人们在一定社会条件下形成的，满足自身生理和心理需求的特定生活习惯，如消费、工作、娱乐的习惯和倾向。人们形成和追求的生活方式不同，对商品的需要也不同。如果消费者的生活方式发生了改变，那么他就会产生新的需求和偏好。服装、饮品、房地产、家装等企业十分重视将生活方式作为市场细分标准，也会将具有某种特定生活方式的消费者作为目标市场，从而设计不同的产品和制定营销组合策略。

（2）个性细分。消费者个性在一定条件下可以作为细分市场的标准，这是消费者所特有的、区别于其他人的特征。因此，企业应该更好地赋予品牌特点，按照消费者不一样的个性特点进行营销宣传，吸引消费者眼球，迎合追求个性的顾客。

4．行为因素

行为因素就是企业根据购买者购买或使用的时机、购买者所寻求的利益、使用状况、消费者对某个产品的使用频率、购买者对品牌的忠诚程度等行为变量来细分。营销人员普遍认为，行为因素是进行市场细分的最佳依据，主要包括以下几种。

（1）购买时机细分。购买时机可以分为普通时机和特殊时机，即消费者认为某种产品或服务在该时机下是最有购买想法、最适合消费的。消费者在不同时机所需要购买和使用的产品是不同的，因此企业根据时机来细分市场能精准地了解消费者需求，如三八国际妇女节、儿童节、端午节、中秋节或者是寒暑假等。许多企业往往根据购买时机，推销适合这一时机的产品和服务，满足特殊时机消费者的需求。

延伸阅读4.5
2020年各大品牌
中秋月饼大盘点

（2）购买者寻求的利益细分。企业根据购买者求美、求便宜、求环保、求安全等心理将整体市场细分。消费者往往因为所追求的利益不同而做出不同的选择，如在家装方面，有些消费者喜欢实木家具，因为有质感、环保；有些消费者喜欢板材家具，因为物美价廉。企业可选择其中追求某一种利益的购买者群为目标市场，为满足他们的需求设计和生产出适合目标市场需要的产品，并采用合适的促销手段，通过广告宣传等将追求这种利益的购买者吸引过来。

（3）使用者情况细分。按照使用者情况，如从未使用者、曾经使用者、意图使用者、初次使用者和经常使用者等来细分。此时需要企业根据自己的实力和资源来选择目标市场。若企业资金流多、实力雄厚，市场占有率高，选择未使用的或者准备适用的购买者群为目标市场；若企业资金短缺、实力弱小，则目标应为保住现有市场占有率，可选择经常使用者作为目标市场。企业对意图使用者和经常使用者要依情况运用不同的营销组合，采取不同的营销策略。

（4）使用频率细分。按购买者对自身产品的使用量不同分为少量使用者、中量使用者、大量使用者。大量使用者往往在消费者总数中所占比重不大，但他们所消费的商品数量在同一商品消费总量中所占比重很大。因此，企业应调查和分析大量使用者的人格特征、心理状态、收入情况等对商品运用符合行为特征的宣传、定价等营销方式。

（5）忠诚程度细分。企业还可以按照购买者对品牌的忠诚程度来细分市场。所谓品牌忠诚，是指由于价格、质量等诸多因素的吸引力，使消费者对某一品牌的产品情有独钟，形成偏爱并长期购买这一品牌产品的行为。按照消费者对品牌的忠诚程度这种行为变量来细分，可以把所有的消费者细分为四类不同的购买者群。首先是单一品牌忠诚者，即他们只认可一个品牌，购买者始终只购买该企业的商品。例如，有的消费者只认可一个品牌的牛奶，无论市场上如何更新换代，都不愿去尝试其他品牌。其次是喜好多样的忠诚者。这些购买者同时对几个品牌的商品感兴趣，会交替使用这几个品牌，而不会选择其他品牌的商品。例如，有的顾客选用洗发水，可能只认可琳琅满目产品中的几个品牌并固定使用。再次是转移的忠诚者。这些购买者不会有固定偏好，经常转换自己的选择。从忠诚于某一企业或某一品牌商品转移到忠诚于另一企业或另一品牌的商品。最后是经常转变者，不忠实于任何企业或品牌的商品。这类顾客不考虑品牌，只为追求多样化或者价格低廉。

在每个市场，这四类消费者群体都存在并且所占比例不尽相同。每个消费者对品牌的忠诚程度都不一样。当目标市场为单一品牌忠诚者细分市场时，企业应不断采用新的营销策略确保留住消费者使其对品牌继续信赖。对于被忠诚企业，这是非常好的事情，因为此时其他企业的进入将十分困难。若企业想吸引其他种类的购买者，则应提高自身知名度及产品质量，优化自己的企业形象，提升消费者的好感。

延伸阅读 4.6
华为手机为何成
为中国市场用户
忠诚度与关注度
最高的手机品牌

（6）购买阶段细分。在营销活动中，我们必须明白消费者对于每一种产品所处的购买阶段是不一样的，有的消费者对产品不了解，有的对产品已经深入研究，有的对产品已经感兴趣，有的正打算购买。因此，企业对处于不同阶段的消费者应匹配适当的营销策略，从而促进销售，获取收益。

（7）消费者态度细分。消费者态度也是企业细分市场的因素，消费者对企业产品的态度有五种：热爱、肯定、不感兴趣、否定和敌对。企业对不同态度的消费者采用不同的营销策略，持热爱和肯定态度的消费者是企业应该巩固的，对于持无所谓态度的消费者企业应该通过广告策划等大力宣传产品，使消费者加深印象、改变认知。

（四）产业市场细分的方法

组织市场包括产业市场、政府市场、转卖者市场三大类。在此主要研究产业市场细分，对于消费者市场的细分有的也适用于产业市场细分，如寻求的利益、使用者情况、使用数量、品牌忠诚、购买阶段、消费者态度等。但是生产者市场与消费者市场还是有区别的，产业市场的细分变量常见的还有以下几种。

1. 最终用户的类型

这是产业市场细分常用的一种标准。虽属相同或同类的产品，最终用户类型不同，其满足的需求不同，对产品的质量或属性也会有不同的要求。例如橡胶轮胎，飞机制造商对其安全性能的要求比汽车制造商要高得多；同是汽车制造商，一般汽车与赛车相比，所用的轮胎在耐磨性能方面也有明显不同。

2. 用户规模

在产业市场，按用户规模细分可分为大客户、中客户、小客户。对于大客户，企业应由专人负责与之联系沟通，采用直接渠道分销；对于大量的中小客户，则可派推销员通过上门推销、展销、广告等手段推销。

3. 地理位置

每个国家或地区大都根据自然资源、气候等因素形成若干工业区。企业按地理位置因素细分市场，便于将营销重点锁定在用户集中的地区。

（五）市场细分的方法

（1）单一因素细分法，即在影响消费者需求的因素中，企业营销者只选用其中一个因素进行市场细分。例如，根据年龄因素，童书市场可以细分为0～2岁、3～6岁、7～10岁、11～14岁等。

（2）系列因素细分法，即运用两个或两个以上影响消费者需求的因素将市场进行细分，由粗到细，由大到小。例如，鞋服市场按照地区—性别—年龄—个人购买能力一系列因素进行细分。

（3）综合因素法，即把影响消费者需求要考虑的因素综合起来对市场进行细分。例如，根据收入因素（高、中、低）和性别因素（男、女），就可把市场细分为六个子市场，如图4.4所示。

收入高～女性市场	收入高～男性市场
收入中～女性市场	收入中～男性市场
收入低～女性市场	收入低～男性市场

图4.4 综合因素市场细分举例

二、目标市场选择

（一）目标市场的选择标准

美国学者麦卡锡认为，应该把消费者视为一个特殊群体，就是目标市场。它是在市场细分的基础上，企业选定自己的产品或服务准备进入和满足的市场。企业寻找最佳细分市

场的过程就是在选择目标市场。这样选择有利于提高营销宣传的精准度，满足不同需求的消费者，从而能够使企业扩大市场占有率，稳定市场地位。企业在选择目标市场时，可以依据以下标准。

1. 目标市场有尚未满足的需求

市场只有未被满足的需求，企业才有进入的意义，这是选择目标市场的首要条件。企业除了关注消费者的现实需求，还要挖掘潜在的需要。这样不仅能满足消费者的需求占领市场，还能使企业自身得到快速和长远的发展。

2. 目标市场有一定的规模和发展潜力

如果该市场十分狭小或者已经萎缩，则不适宜企业作为目标市场，因为在这样的市场，企业无利可图。因此，企业要考量市场的规模是否值得进入。当然这个市场规模是一个相对的概念，还要根据企业实力去选择。小企业不能盲目选择规模最大的市场，因为在这个市场当中争夺顾客群体的竞争对手众多，此时大企业有资源和实力进行竞争。小企业就适宜考量被忽视的小市场的发展潜力，尤其是对于本身实力弱的小企业，由于其在竞争中没有优势，可以避开竞争激烈的细分市场，去选择乡镇或农村市场。它们虽然现在规模不大，但是消费者需求旺盛，购买力提升，具备增长潜力。近几年，很多行业进军"下沉市场"就充分证明了这一点。

3. 竞争对手实力

如果现有细分市场内存在的竞争对手实力十分雄厚或人数众多，那么企业就不适合进入。反之，竞争对手实力下降或者数量萎缩，但是市场规模在不断扩大，那这个市场就是有吸引力的。同时，企业还要考虑该市场新的竞争者的出现以及他们的实力和数量。所以企业应当结合自身实力对竞争对手的威胁进行分析，以便及早进入市场，抢占先机。

4. 符合企业的发展目标和实力

选择目标市场要考虑企业的资源，诸如人力、财力、技术、信息渠道等方面是否适合进入该细分市场经营。只有选择那些企业有能力进入并可以充分发挥其资源优势的市场作为目标市场，企业才可能立足并盈利。

（二）目标市场战略类型

目标市场战略是企业制定营销战略的基础，企业根据选择的目标市场进行营销活动。因此，目标市场战略选择对企业的生存与发展有重要的意义。目标市场战略类型主要有如下几种。

1. 无差异目标市场营销战略

无差异目标市场营销战略是指企业将整个市场的全部细分市场作为自己的目标市场，即覆盖市场战略。这种战略下，企业认为市场是同质的，消费者需求是相同的或无差异的。企业不考虑消费者需求的差异性，针对消费者的共性，生产单一的产品，使用一种市场营销组合，来满足市场上的所有消费者。

这种战略最显著的优点是经济性：大批量产销和运输标准化产品，形成规模经济，有助于降低生产成本；无差异广告和宣传，可以降低促销费用；不需要进行市场细分，节约了市场调研、战略策略方案的制定、新产品研发等费用开支，在产品定价上还有价格优势。同时，企业集中所有资源去生产和宣传一种产品，会在消费者心目中树立专业化产品形象，稳固企业市场地位。

这种战略也有一定的缺点。第一，企业过于理想化，整个市场消费者具有同样需求的想法不切合实际。这样做会导致企业忽视细分市场，因为消费需求是多样性的，尤其当今社会个人需求在不断变化，单一产品、单一营销方式根本无法满足市场。第二，企业如果都采用这种战略，那么市场的竞争会非常激烈，企业只能通过降低价格来保证市场地位。这样又降低了市场盈利率，或导致市场竞争者间的"价格战"这种恶性结果。

如果一直忽视市场需求多样性，对企业的发展以及外部环境适应都是不利的，不适宜企业长期采用。

2. 差异性目标市场营销战略

差异性目标市场营销战略是指企业针对各个市场细分的不同特征、不同需求去生产产品，为每个选定的细分市场设计不同的营销方案，开展有针对性的营销活动，从而满足不同消费者的需求。

这种战略的最大优点是能够用丰富的产品满足多种顾客的多样化需求，提高市场繁荣度、活跃性。此外，企业同时进军多个细分市场，能扩大产品销售量，提高企业知名度，这样既能降低企业经营风险，又可以增加整体市场占有率，从而提高企业的竞争力。

这种战略也有一定的缺点。由于产品生产批量小、种类多，导致产品销售方式、广告宣传的多样，这样产品开发成本、生产制造成本、管理成本、仓储成本、营销成本就会大大增加。企业本身资源有限，同时进军几个细分市场不利于企业打造核心产品，树立品牌形象。

如今消费者不断提高自身产品需求，崇尚个性。为迎合消费者需求，市场竞争也日益激烈。差异性营销战略是很多企业想开拓市场、维护市场地位的选择，但是因为投入较多，所以只有资源丰富、研发能力强、实力雄厚的大企业才建议采用该战略。

延伸阅读 4.7
高定价的钟薛高
为什么能火

3. 集中性目标市场营销战略

集中性目标市场营销战略也称聚焦营销战略，是指企业通过市场细分选择其中一个或几个细分市场作为目标市场，制定营销策略，集中企业的现有资源及优势，运用企业的营销资源，以最大力量获得较强竞争力，得以在较小的目标市场中占有较大的市场份额。这种战略主要适用于实力有限、资源不多的中小企业。

这种战略的优点主要有：第一，因为企业只关注少数几个市场，因此产品会更专业，可以更好地满足消费者的需求。第二，企业将自己的资源优势全部集中起来，服务于目标市场，这样企业在该市场上往往具有较强的竞争力。

当然，这种战略也存在缺点：因为企业集中生产资源在个别市场，如果市场环境发生变化，企业自身的市场应变能力会很差。如流行趋势改变、强势竞争对数出现、购买力下降等，对企业的影响就会非常大，存在着很大风险。因此，企业应当在实力壮大后多开发几个目标市场，分散风险。

（三）选择目标市场战略的影响因素

1. 企业的实力

如果企业规模较大、实力雄厚、技术条件一流，则可以选择无差异目标市场营销战略

或者差异性目标市场战略；如果企业的能力有限，可采用集中性目标市场营销战略。当然，企业也可根据自身情况实行多种策略。

2．产品的同质化

有些生活必需品，产品同质化高，如面粉、食盐等，这些企业应该选择无差异性目标市场战略。但是，如汽车、鞋服等差异度比较高的产品，应选择差异性或集中性目标市场战略。

3．市场的同质化

如果市场上购买者的需求相同、喜好相似、购买行为和习惯无差异，即市场的同质性较高，企业可以采用无差异性营销策略。反之，若企业面临的市场需求各异，差别巨大，则应采取差异性或集中性目标市场战略。

4．产品的生命周期

当产品处在导入期或者成长期时，竞争对手很少，企业可以采用无差异性目标市场营销战略或者对某一有潜力的市场开展集中性目标市场营销；当产品进入成熟期时，竞争对手越来越多，企业就应该选择差异性目标市场战略，从不同角度满足消费者的需求，延长产品的生命周期。

5．竞争结构及对手的营销战略

企业既要考虑目标市场的竞争数量，又要考虑竞争者采用的策略。如果市场竞争对手多，或者竞争对手具有明显的竞争优势，则企业可采取差异性或集中性目标市场战略；反之，若市场上不存在竞争或只有少数竞争者，企业无须集中精力开发新产品，采用无差异性目标市场战略即可。如果企业具有竞争优势，或企业的实力较强，则可以采取差异性目标市场战略。而且，企业应该和竞争对手采用不同的目标市场战略，反其道而行之才能保证自身的优势。

延伸阅读 4.8
Vans×"葫芦兄弟"，定制营销随你心意

三、市场定位

（一）市场定位的概念

市场定位是"STP"战略中的最后一步，也是一个非常重要的过程。在当今市场竞争格局下，企业需要体现出自己真正的特色，使产品区别于竞争对手，并可以适应目标市场上顾客的喜好和需求，确立自身产品在顾客心中的位置，塑造品牌在消费者心目中的特定形象。因此，市场定位并不是着眼于对产品的性能进行改造升级，而是选择一个恰当的坐标位置赢取消费者"内心"。通过产品差异化营销方式，使消费者将该企业产品或服务和其他企业有明确、严格区分，从而培养并积累忠实的顾客群体。

（二）市场定位的途径

1．明确产品特色

通过市场调研，首先了解目标市场的竞争对手是如何定位的，其提供的产品或服务有何特点；其次，了解顾客对产品各属性的重视程度；最后，结合企业的自身条件，选择顾

客比较重视的产品因素，作为市场定位的特色要素。

2．树立市场形象

产品特色是企业参与竞争的优势所在。因此，企业应通过一系列的宣传活动，使其竞争优势能有效地传递给顾客，获得顾客认同。

3．巩固市场形象

随着时间的推移，加之竞争对手的干扰，企业及产品的市场形象会逐渐弱化、模糊，因此，企业还应当不断地巩固市场形象，维持和强化顾客对企业及产品的良性认知。

（三）市场定位的方法

在营销实践中，企业可以根据以下方法进行市场定位。

1．产品定位

市场可以选择一个或几个因素为企业产品定位，如产品的特色、产品的用途、产品的档次。在这当中，任何一个要素只要能形成核心竞争优势就可以作为市场定位依据。

2．使用者定位

使用者定位即依据顾客类型、购买动机、购买时间、追求利益、购买方式等进行市场定位。

延伸阅读4.9
西藏"以花为媒"，借林芝桃花节助推特色产业

课堂思考4.1

3．企业定位

企业定位是指体现在企业的营销观念、营销战略以及企业形象等，如华为的"以客户为中心"、上汽通用五菱的"人民需要什么，五菱就造什么"。

4．竞争定位

企业可以以竞争者作为参照，从成本、技术、市场占有率等方面进行评估，选出适合自身的优势项目，确定企业在目标市场中的具体位置。竞争定位涉及资源、市场、目标、战略、政策、管理、战术等多个层面，是一种比较复杂的定位方式。

（四）市场定位的策略

1．回避定位

回避定位又称避强定位，指企业在实力相差悬殊时，不和对手直接对抗以免受到更强烈的回击，而应找准市场的"空白区"，开拓市场新领域，发掘产品显著特征或开发市场上尚未有的但是已经存在潜在需求的产品。这样能够降低企业经营风险且快速占领市场，能在顾客心中树立良好形象，成功率高，所以这种定位策略会为多数企业所采用。但是因为采用回避策略，所以企业难免会放弃进入最佳市场的机会，有可能会使自身陷入一个比较差的市场地位。

2．迎头定位

迎头定位又称对峙定位，即企业根据自身实力，采用与在市场上居支配地位的、实力强劲的竞争对手进行正面竞争的定位策略。在与竞争对手重合的市场位置，在产品、价格、分销、供给等方面争夺同一目标顾客。实施迎头定位策略的企业，一旦取得胜利就能获取巨大的市场份额，成为市场真正领导者，顾客也会对品牌的好感度倍增从而使企业获得更

广泛的宣传，对企业自身员工也能起到激励作用。但如果企业因资源和能力不足不能对抗风险，导致定位失败，很可能会使企业面临困境。

3．重新定位

重新定位常用于对那些销路少、市场反应差的产品。初次定位后，由于新的竞争者进入市场，市场占有率下降，或者顾客需求偏好发生转移导致对本企业产品的需求减少，这时就需要对其产品进行重新定位。

课堂任务

1．按班级分成教学小组，完成"任务分析"中的相关问题。
2．各组同学进行讨论，就结果分析形成结论报告。
3．小组派代表展示本组结论，其他小组交叉提问。
4．在信息化教学平台上分享本组收集的资料。
5．教师结合时下新闻及相关理论知识点评，总结本单元内容。

课后阅读 4.3
世界营销 60 年：
简要回顾

任务四　营销基础知识及技能训练

营销基础知识

一、单项选择题

1．具有较高销售增长率和较高市场占有率的业务属于（　　）。
　　A．明星类　　　　　　　　　　B．金牛类
　　C．问题类　　　　　　　　　　D．瘦狗类

2．华为手机从通信设备供应商开始，逐步将业务扩展到手机、计算机等数码产品的生产，并依托手机为核心，开始涉猎智能穿戴、智能家居等产品的生产，是实施了（　　）发展战略。
　　A．同心多元化　　　　　　　　B．水平多元化
　　C．复合多元化　　　　　　　　D．产品开发

3．市场利基者采用的主要竞争战略是（　　）。
　　A．游击进攻　　　　　　　　　B．阵地防御
　　C．紧密跟随　　　　　　　　　D．专门化

4．对市场挑战者来讲，（　　）是一种最有效和最经济的战略形式。
　　A．正面进攻　　　　　　　　　B．包围进攻
　　C．侧翼进攻　　　　　　　　　D．迂回进攻

5．市场领导者可采取的战略有（　　）。
　　A．扩大市场需求总量　　　　　B．保护市场占有率
　　C．提高市场占有率　　　　　　D．扩大产量和产品品种

6. 依据目前的资源状况能否通过适当的营销组合去占领目标市场，即企业所选择的目标市场是否易于进入，这是市场细分的（　　）原则。

    A. 可衡量性   B. 可实现性

    C. 可赢利性   D. 可区分性

7. 采用无差异性营销战略的最大优点是（　　）。

    A. 市场占有率高   B. 成本的经济性

    C. 市场适应性强   D. 需求满足程度高

8. 集中性市场战略尤其适合于（　　）。

    A. 跨国公司   B. 大型企业

    C. 中型企业   D. 小型企业

9. 同质性较高的产品，宜采用（　　）。

    A. 产品专业化   B. 市场专业化

    C. 无差异营销   D. 差异性营销

10. 企业只推出单一产品，运用单一的市场营销组合，力求在一定程度上满足尽可能多的顾客的需求，这种战略是（　　）。

    A. 无差异市场营销战略   B. 密集市场营销战略

    C. 差异市场营销战略   D. 集中市场营销战略

二、多项选择题

1. 企业的增长战略类型有（　　）。

    A. 密集性增长战略   B. 一体化增长战略

    C. 多元化增长战略   D. 无差异性增长战略

2. 在 BCG 矩阵中，投资战略的主要类型有（　　）。

    A. 发展战略   B. 稳定战略

    C. 收割战略   D. 撤退战略

3. 市场领导者的主要竞争战略包括（　　）。

    A. 扩大市场总需求   B. 谋求垄断

    C. 保护现有市场份额   D. 扩大市场份额

4. 市场利基（补缺）者的主要风险包括（　　）。

    A. 目标市场消费习惯发生变化   B. 竞争者入侵

    C. 利润低   D. 应变能力差

5. 战略目标同进攻对象密切相关，对不同的对象有不同的目标和战略。一般来说，挑战者可在（　　）情况中进行选择。

    A. 攻击利基者   B. 攻击市场领导者

    C. 攻击与自己实力相当者   D. 攻击小企业

6. 评价细分市场主要包括（　　）。

    A. 销售额与增长率   B. 盈利可能性

    C. 资源供应者的实力   D. 替代品威胁

E．顾客影响力

7．目标市场范围选择包括（　　　　）。

A．产品市场集中化　　　　　　B．产品专业化

C．市场专业化　　　　　　　　D．选择性专业化

E．全方位进入

8．无差异营销战略（　　　　）。

A．具有成本的经济性　　　　　B．不进行市场细分

C．适用于绝大多数产品　　　　D．只强调需求共性

E．适用于小企业

9．企业采用差异性营销战略时（　　　　）。

A．一般只适合小企业　　　　　B．要进行市场细分

C．能有效提高产品的竞争力　　D．以不同的营销组合针对不同的细分市场

10．市场定位的主要策略有（　　　　）。

A．避强定位　　　　　　　　　B．迎头定位

C．重新定位　　　　　　　　　D．企业定位

三、判断对错

1．市场营销战略是对企业市场营销活动做出的全局性、长远性的规划。（　　　　）

2．市场占有率是反映产品盈利能力的一个指标。（　　　　）

3．只有行业内现有的竞争对手才会影响企业的竞争能力。（　　　　）

4．如果竞争对手已采用无差异目标市场营销战略，企业应以无差异目标市场营销战略与其竞争。（　　　　）

5．一对一营销、定制营销属于集中性营销战略。（　　　　）

6．市场定位只是企业对本身及产品的定位，与消费者的心理状态无关。（　　　　）

7．每一种产品都需要一种定位策略。（　　　　）

8．采用无差异目标市场营销策略无须进行市场细分。（　　　　）

9．市场定位的前提是企业营销方式的差异化。（　　　　）

10．当产品进入衰退期后，企业宜采用差异目标市场营销策略。（　　　　）

四、案例分析

从创新品牌江小白看中国新品牌崛起的机会

江小白 CMO 叶明认为，真正的定位应该立足三个方面：一是品类；二是产品；三是品牌。

一、品类：在红海市场里寻找蓝海

大——行业够不够大？白酒市场 6200 亿元市场足够大，在这个行业里即使是再做几十年，也碰不到天花板。

小——小定位，小切口，小场景。找到用户端、场景端的一点点改变，会发现另一片

不一样的天空。江小白为了在小场景下更加有价值，推出了 100 毫升（2 两）包装，分析在这一个单品战略下，有可能在这个市场上胜出。

高——高品质，高效率。江小白希望产品可以更好一点，如果可以提高 20% 的品质，愿意在这个事情上投入 200% 的成本。

新——新生代+新趋势+新形象+新通路。面对新的用户、新的需求，在新的生意上，保有创新。江小白希望塑造一种新形象，创造一种可能。

回归白酒行业，在"品类"上如何做好定位？

重庆高粱酒其实并不是一个新的品类，但江小白挖掘了其自身价值，并且加入了自己的元素。江小白洞察到，清香型重庆高粱酒分为很多种，都做得很好，但是小曲清香存在那么多年，没有真正做深、做透，这是机会。

它的优势有如下几点。第一，手工精酿。第二，纯天然，没有任何添加，完全是纯天然的发酵，这种单一的原料以及酒体的清淡，更加适合年轻的消费者。第三，迎合了年轻消费者喜欢 DIY 的特点，消费者通过调酒来满足个性化的需求。江小白背靠重庆的地缘优势，将品类定位在轻口味（小曲清香）休闲型小包装高粱酒。

二、产品：注重内在本质的差异化，为消费场景提供解决方案

很多人认为白酒就是白酒，并没有关注它的香型划分、品类划分、产地划分。实际上，中国的白酒以多粮型为主，是多种粮食在一起混合酿造的。而重庆的高粱酒是单一高粱酿造的，这是原料上的区别。从口味上来看，人们对白酒的认知几乎都是重口味的，很多人认为喝白酒就是上战场打仗，心理负担很重。而重庆的高粱酒口味很轻，这种口味得不到老消费者的青睐，但是却受到了年轻一代消费者的喜欢。

江小白思考，是否可以做到再简单一点？是否可以适应当下年轻人的需求？面对新生代的口味趋势，喝酒和历史场景无关，真正喝酒是因为情绪需求，饮酒快乐源自于我们对于情绪的需求。过去那么多年中国重庆高粱酒一直在售卖历史，用户不愿意为历史买单，只愿意为当下情绪买单。

江小白的产品主要归类于四种消费场景：小聚、小饮、小时刻、小心情。

针对以上四种消费场景，江小白都有对应的产品战略。例如，江小白经典的小瓶装产品，就是为三五个同学、朋友小聚所打造的，满足这种小型的社交需求。江小白的表达瓶，就是为了满足用户情绪表达方面的需求。中国的消费群体其实是有很大的表达欲望的，借助于表达瓶，消费者可以找到一种情绪宣泄的出口。

资料来源：营创实验室. 从创新品牌江小白看中国品牌崛起机会[EB/OL].（2019-08-13）[2022-04-13]. https://zhuanlan.zhihu.com/p/77870866。

问题：
（1）江小白是如何做市场细分的？
（2）江小白市场定位的依据和方式是什么？
（3）江小白选择的目标市场战略类型是什么？

项目四技能训练

项目五 产品策略

任务一 产品策略认知

1. 掌握产品的整体概念及作用，掌握产品的分类，正确辨别产品的几个层次。
2. 掌握相应的产品组合概念，采用相应的产品组合策略。
3. 掌握产品组合优化调整的一般知识。
4. 了解几种常用新产品的开发策略。

1. 掌握产品基础知识和辨别产品层次。
2. 学会对产品组合进行分析。
3. 运用优化调整的策略来评估企业的未来趋势。
4. 具备新产品开发阶段的推广能力。

1. 提升职业素养，增强产品策略选择方面的法律意识。
2. 注重能力培养，培养发现问题、解决问题的能力。

产品与购物体验

某市的刘女士听朋友说三星出了某款新的液晶电视，就准备把家里刚刚用了几年的同品牌电视进行更换。通过一系列的价格比对，最后在某知名的电器专卖店付款购买，专卖店承诺第二天会送货上门并进行安装测试。次日，刘女士苦等了一天后打电话催问，对方说是工人业务忙，需要再等一天。在接下来的一周时间里刘女士多次和对方交涉到货时间，直到最后一天才看到自己的电视机。经安装及试用，刘女士对产品质量很满意，但是对对方的销售服务态度却十分气愤。

从上述的案例中可以看出，产品是最基础的营销因素，但它并非仅仅指实体产品。营销学者将产品定义为所有满足消费者需求和欲望的有形及无形的组合体，这里面就包括了对于消费者的服务过程。产品营销过程离不开服务，服务是无形的，消费者购买服务的过程实质上是感知服务的过程。

结合上述案例内容，通过产品整体概念的相关资料，回答以下问题。

（1）刘女士为什么要把刚刚用了几年的电视换成同品牌的液晶电视？

（2）刘女士的购买动机是什么？

（3）如果你是刘女士，你认为她在购买时没有关注什么？

知识学习

一、产品的整体概念及层次

（一）产品的整体概念

产品是营销研究的一个重要方向，但它并非仅指实体产品。美国著名营销专家利维特（Levitt）曾指出："现代竞争的关键，不在于厂家能生产什么，而在于它们能为其产品增加些什么内容，诸如包装、服务、广告、用户咨询、融资信贷、及时送货、仓储以及人们所重视的其他价值，每个公司都应寻找有效途径为其产品提供附加价值。"

随着科学技术的快速发展和社会的不断进步，消费者需求越来越个性化，市场竞争愈加激烈，此时，产品的形式显得并不重要，关键是它必须具备满足顾客需要的特性。产品是指向市场提供的能满足人们某种需要的任何东西，包括有形物品和无形服务。

（二）产品整体的层次

以菲利普·科特勒为代表的北美学者提出整体产品概念，包括核心产品、形式产品、期望产品、延伸产品和潜在产品五个层次（见图5.1），这样分层能够更深刻而有逻辑地表达产品整体概念的含义。

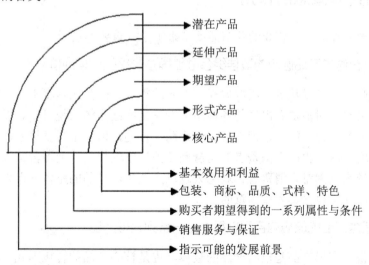

图5.1 科特勒五层产品模型

1．核心产品

核心产品是指产品提供给顾客或顾客所追求的基本效用或利益，核心产品是消费者最为重视的，也就是核心价值，是消费者真正的需求和购买目的。比如手机的核心是满足通信的需要，电冰箱的核心是满足制冷、储存食品的需要。

2．形式产品

形式产品是指产品的具体实体和外观，是核心产品的外在表现形式。一般由产品的质量、款式、特色、品牌和包装五个要素构成。比如，酒店给顾客提供的浴室、卫生间、拖鞋、毛巾、床灯产品，都是核心产品的载体。

3．期望产品

期望产品是指消费者在购买产品时通常希望和默认的属性和条件，如在购买空调时希望所买的空调操作简单、无噪声、省电等。

4．延伸产品

延伸产品是指顾客在购买产品时所得到的附加利益和附加服务的总和，是指提供超过顾客期望的服务和利益，以便把公司的产品和竞争者的产品进行区别，企业只有向消费者提供具有更多实际利益、能更好满足其需要的附加产品，才能在日益激烈的竞争中取悦顾客，赢得胜利。例如，酒店为顾客提供上网的网络接口、网线、叫醒服务，还可以自助结账，有用餐的餐厅、热情洋溢的服务人员等。

延伸阅读 5.1
笔记本行业的创新，由华为领军

5．潜在产品

潜在产品是指现有产品可能发展成未来状态的一种趋势与前景。潜在产品包括现有产品的延伸和演进部分在内的，最终可能发展成为未来实质产品的产品。例如，手机可能发展成个人上网终端，家庭式酒店的运营指出了酒店未来的发展方向。

课堂思考 5.1

二、产品整体概念的作用

产品概念的提出，为企业的营销活动带来了十分重要的启示。

（一）只有通过产品层次的最佳组合才能确立产品的市场地位

企业在产品上可以从多个层次展开，不同的行业，因其成熟度不同，竞争的焦点也不同。营销人员要把对消费者提供的各种服务看作是产品实体的统一体。以往企业认为，只有产品价格上的差异才能决定消费者的最终购买行为，但由于科学技术在今天的社会中能以更快的速度扩散，也由于消费者对切身利益关切度的提高，使得营销者的产品以价格战的形式出现越来越困难，消费者也就越来越以企业生产产品的整体效果来确认哪个企业、哪种品牌的产品是自己喜爱和满意的。

（二）把握产品的核心内容可以衍生出一系列有形产品

一般来说，有形产品是核心产品的载体，也是核心产品的转化形式。这两者的关系给我们这样的启示：把握产品的核心产品层次，产品的款式、包装、特色等完全可以突破原有的框架，由此开发出一系列新产品。以旅游为例，如果说旅游产品的核心层次是"满足旅游者身心需要的短期生活方式"，那么，旅游产品不能仅仅理解为组织旅游者去名山大川游玩，现在的旅游产品已经细分到商务旅游、购物旅游、现代工业旅游、现代农业旅游、都市旅游、外语假期旅游等。

（三）企业必须特别重视产品的无形方面

消费者对产品利益的追求包括功能性和非功能性两个方面，消费者对前者的要求是出于实际使用的需要，而对后者的要求则往往是出于社会心理动机。随着社会经济的发展和人们收入水平的提高，消费者对产品非功能性利益越来越重视，这就要求企业摆脱传统的产品观念，重视产品非功能性利益的开发，以更好地满足消费者的需求。事实上，不断拓展产品的外延部分已成为现代企业产品竞争的焦点。越来越多的企业开始重视在服务、企业人员素质、品牌价值、企业形象等方面下功夫，以此来更快、更多、更好地满足消费者的需求，从而拥有更多的消费者，占有更多市场份额，取得竞争优势。例如，星巴克的消费者对咖啡豆的选择、冲泡、烘焙等有任何问题，咖啡师傅都会耐心细致地向他讲解，使消费者在找到最适合自己口味的咖啡的同时，体会到星巴克所宣扬的咖啡文化。

（四）明确消费者所追求的核心利益十分重要

例如，同样是购买手机，不同消费群体所追求的利益是不同的。对成功的商业人士来说，质量过硬、信号稳定、造型大方是其最重要的需求；对学生来说，则可能更多地需要拍照、上网、娱乐游戏等附加价值；而上了年龄的老人可能仅仅需要最基本的通话功能和较低的价格。又如，女性购买化妆品，往往并非为了占有具体的物品，而是实现其爱美的愿望或体现自己的身份和品位，所以，企业只要在广告主题中以此为诉求点，就能获得成功。相反，如果企业抓不住这些核心利益和诉求点，顾客需求就不可能真正地被满足，企业也不可能获得成功。

三、产品分类

按照不同的标准，产品可以分为不同的类别。

产品按满足人们需要的层次，可分为生存资料（如衣、食、住、行方面的基本消费品等）、发展资料（如用于发展体力、智力的体育、文化用品等）、享受资料（如高级营养品、华丽服饰、艺术珍藏品等）。

根据其耐用性和是否有形，产品可分为：① 耐用品，指使用年限较长、价值较高且有多种用途的有形产品，如汽车、家具等；② 非耐用品，指有一种或多种消费用途的低值易耗品，如化妆品、食品等；③ 服务，服务的特点是它的生产和消费是同时进行的，是一种无形的、不可分离的、可变的和易消失的产品。

根据其购买特征，产品可分为：① 便利品，指客户想到了就要购买，基本不做购买计划的产品；② 选购品，指客户在选购过程中，对质量、价格、适用性和式样等方面进行有针对性的比较、挑选后才购买的产品；③ 特殊品，指具备其他商品所没有的特征和（或）品牌标记的产品；④ 非渴求品，指客户不了解或即便了解也没有意向购买的产品。

四、产品组合

在现实生活中，没有哪一家企业生产的产品是绝对单一的。企业为了满足目标市场的需要，扩大销售，分散风险和增加利润，往往需要经营多种产品。如果产品组合不当，就可能造成产品滞销积压，致使企业亏损。

近年来，习近平同志指出，要"优化现有供给结构来调整现有产品供给结构，提高产品和服务质量，从深层次上解决供给同需求错位问题，满足现有产品和服务需求"。

（一）产品组合

产品组合指某一企业所生产和销售的全部产品大类，包括全部产品线和产品项目，即企业生产经营全部产品的有机结合方式。

（二）产品线

产品线也称产品系列或产品大类，是指在技术和结构上密切相关，具有相同使用功能但型号规格不同的一组产品，如汽车制造厂生产的小轿车、大客车和运输卡车。

（三）产品项目

产品项目指产品线中各种不同规格、型号、款式、价格及其他属性来区别的具体产品。例如，某电视机厂生产的 72 寸液晶电视即为该厂的一个产品项目。

（四）产品组合的宽度、深度、长度和关联性

一个企业的产品组合取决于四个因素，即宽度、深度、长度和关联性。这四个因素的不同组合便构成不同的产品组合。

1. 宽度

宽度是指一个企业所拥有的产品线的数目。企业经营的产品线越多则产品组合越宽；反之，则产品组合的宽度越窄。例如，某一个品牌企业拥有厨房制品产品线、电视机产品线、空调产品线等。一般情况下，大型产品线较多，产品组合的宽度就较宽；小型企业或专业化企业产品线较少，产品组合的宽度就较窄。

2. 深度

深度是指一个企业产品线中的每一产品系列有多少个品种（如大小、口味等）。 加深产品组合的深度，可适应市场需求，满足不同顾客的需要，但也会带来加大生产经营成本的问题，企业应权衡利弊，合理决策。

3. 长度

长度是指企业产品组合中产品项目总数的多少，多则长，少则短。例如，一个产品组合中有 10 个产品品种（总长度），那么产品组合的长度是 10。

4. 关联性

关联性是指各条产品线在最终用途、生产条件、分销渠道或其他方面相关联的程度。一般来说，产品组合关联度大，有利于创立产品优势，能够充分利用原材料和现有技术装

延伸阅读 5.2
宜家的产品组合

备，创造名牌产品。假设某公司同时生产精密仪器和化妆品，这两条产品线的关联性就比较小。反之，同样是上述公司，但是两条产品线都是通过类似分销渠道销售的非耐用品，这两条产品线的关联性就比较大。

五、常用的产品组合策略

产品组合策略是指根据企业的经营目标，对产品组合的宽度、深度和关联度进行的最优决策，一般有五种选择。

（一）全线全面型策略

全线全面型策略就是尽量增加产品线的宽度，经营更多的产品以满足市场需要的策略，其目的是为消费者提供尽可能多的产品或服务。这种策略又有广义和狭义之分。广义的是指企业尽可能向整个市场提供各方面的产品或服务，尽可能扩大产品线的宽度和深度，不受产品关联度的约束。例如日本的三菱集团，其产品线号称"从导弹到方便面"。狭义的是指在某一领域、某一行业向市场提供所需的全部产品，也就是产品线之间的关联度较大，如海尔集团的产品线很多，但是都和电器有关。

（二）市场专业型策略

市场专业型策略指向某一专业市场、某类消费者，提供所需的各种产品的策略。这就是其宽度和深度都较大，可以考虑也可以不考虑产品线之间的关联程度。例如，旅游服务公司的产品组合就应考虑旅游者所需要的一切服务产品，如交通、酒店预订、饮食、景点导游、购物等。这种产品组合方式是以满足同一类用户的需要而联系起来的。

（三）多条产品线专业型策略

产品线专业型策略是指企业专注于某一类产品的生产，并将其产品推销给各类顾客的策略。这就是宽度和深度较小，而关联度较大的产品组合。例如，一个汽车制造厂，其生产的产品都是汽车，但根据不同的市场需要，设立小轿车、大客车和货运卡车 3 条产品线，以满足家庭用户、团体用户和工业用户的需要。

（四）一条产品线专业型策略

采用这种产品组合策略的企业根据自己的专长，集中经营有限的甚至是单一的产品以适应有限的或单一的细分市场上的需求，以提高市场占有率，这就是宽度最小、深度一般的产品组合。例如，某汽车厂专门生产供城市公交系统用的专用汽车。

（五）特殊产品专业型策略

这是企业根据自己的专长，生产某些在市场上有竞争力的特殊产品项目的策略。由于产品的特殊性，这种策略所能开拓的市场是有限的，但竞争的威胁也很小，如专业无人机生产商。

六、产品组合的优化调整

由于社会环境和市场需求在不断变化，企业的产品组合自然也应随之变化。习近平同志指出，要减少无效和低端供给，扩大有效和中高端供给，增强供给结构对需求变化的适应性和灵活性。因此，每个企业都应经常分析自己产品组合的状况和结构，评估其发展潜力和趋势，不断对原有的产品组合进行优化和调整，寻求和保持产品组合的最佳化。优化调整产品组合，可依据不同情况采取以下策略。

（一）扩大产品组合策略

扩大产品组合又可称为多种经营，包括拓展产品组合的宽度和加强产品组合的深度，前者指在原产品组合中增加产品线，扩大经营范围；后者指在原有产品线内增加新的产品项目。当企业预测现有产品线的销售额和盈利率在未来可能下降时，就须考虑在现有产品组合中增加新产品线，或加强其中有发展潜力的产品线。该策略存在投入成本大、见效时间慢的不足。

拓展知识 5.1

扩大产品组合策略的限制

扩大产品组合要受以下三个条件的限制。

一是受企业所拥有的资源条件的限制。一个企业所拥有的资源是有限的，而且企业有自己的薄弱环节，因此，并不是经营任何产品都是可能的或者有利的。

二是受市场需求情况的限制。企业只能扩展或加深具有良好成长机会的产品线。

三是受竞争环境的限制。如果扩大的产品线遇到强大的竞争对手，利润的不确定性将很大，那么与其扩充产品线还不如加强原有的产品线。

（二）缩减产品组合策略

市场繁荣时期，较长较宽的产品组合会为企业带来更多的盈利机会。但是在市场不景气或原料、能源供应紧张时期，缩减产品线反而能使总利润上升，因为剔除那些获利小甚至亏损的产品线或产品项目，企业可集中力量发展获利多的产品线和产品项目。但采用这种策略有可能会失去许多市场机会，如果产品目标选择不当，往往会造成较大损失。

（三）产品线延伸策略

总体来看，每一企业的产品线只占所属行业整体范围的一部分，每一产品都有特定的市场定位。例如，宝马汽车公司（BMW）所生产的汽车在整个汽车市场上属于中高档价格范围。当一个企业把自己的产品线长度延伸超过现有范围时，我们称之为产品线延伸，具体有向下延伸、向上延伸和双向延伸三种实现方式。

1. 向下延伸

向下延伸是在高档产品线中增加低档产品项目。企业采取这种策略的原因在于：企业发现其高档产品的销售增长缓慢，因此不得不将其产品大类向下延伸；企业的高档产品受到激烈的竞争，必须用侵入低档产品市场的方式来反击竞争者；企业最初进入高档产品市场的目的是建立厂牌信誉，然后再进入中、低档市场，以扩大市场占有率和销售增长率来补充企业的产品线空白；企业增加低档产品是为了填补市场上低档产品的空隙，不让竞争者有机可乘。虽然新的低档产品项目可能会蚕食掉较高档的产品项目，但某些公司的重大失误之一就是始终不愿意填补市场上低档产品的空隙。

2．向上延伸

向上延伸是在原有的产品线内增加高档产品项目。企业采取这种策略的原因在于：高档产品市场具有较大的潜在成长率和较高利润率的吸引；企业的技术设备和营销能力已具备加入高档产品市场的条件；企业要重新进行产品线定位。采用这一策略也要承担一定的风险，要改变产品在顾客心目中的地位是相当困难的，处理不慎还会影响原有产品的市场声誉。

3．双向延伸

双向延伸即原定位于中档产品市场的企业掌握了市场优势以后，向产品线的上下两个方向延伸。一方面增加高档产品，另一方面增加低档产品，扩大市场阵地。这种策略能给企业带来更多的市场机会，但也受到来自各方面的压力，对企业的综合能力是极大的考验。

延伸阅读 5.3
丰田汽车的产品
组合优化

七、新产品的概念及类型

习近平同志指出："要深入实施创新驱动发展战略，推动科技创新、产业创新、企业创新、市场创新、产品创新、业态创新、管理创新等，加快形成以创新为主要引领和支撑的经济体系和发展模式。"市场营销学中的新产品含义广泛，对企业而言，只要是产品整体概念中任何一部分的创新、变革或变动，都可以理解为一种新产品。市场营销中的新产品不同于一般意义上的新产品，它是一个相对的概念，是相对于企业而言的新产品，而不一定是整个市场上最新发明或出现的产品。换句话说，凡是企业向市场提供的过去没有生产过的产品都称为新产品。这里所指的新产品，显然不是指新旧的新，而是创新的新，基于这一原则，新产品可分为以下五类。

（一）全新产品

全新产品指采用新的科学原理、新材料、新技术制成前所未有的新产品。一项科技成果从科学发明到研发出产品，需要花费巨大的人力、财力、物力和较长的时间，这种新产品是不常见的，它的普及和使用将极大地改善人们的生活，如计算机的出现，电话的出现等，这就要求消费者必须进行相关知识的学习，彻底改变原有的消费模式。所以，全新产品的推出十分困难，绝大多数企业很难开发全新产品。

（二）换代型新产品

换代型新产品指采用新材料、新技术、新元件，在原有产品的基础上进行较大的革新。与原有产品相比，换代产品往往在外观、性能或者功能等方面有较大的改进，从而为消费

者带来了新的体验。新技术革命促使产品更新换代速度加快，如电视机经历了从黑白电视机到彩电、平面直角彩电、等离子彩电、液晶彩电等多次换代，普通按键操作的手机革新为触屏式的智能机。

（三）改进型新产品

改进型新产品也称为派生产品，指对现有产品在结构、材料、款式、花色等方面做出改进的产品。这类新产品与原产品的差别不大，是在原有产品的基础上派生出来的变型产品，如 GPS 导航手机等。改进型新产品与换代型新产品是市场上大量出现的新产品的主要来源，都是企业开发新产品的重点，但改进新产品的研发更为容易，也比较容易被消费者接受，因而行业内竞争也比较激烈。

（四）仿制新产品

仿制新产品指市场上已有，本企业加以模仿或稍加改变而生产的产品，并将其作为本企业的新产品。从市场竞争和企业经营上看，仿制在新产品发展中是不可避免的，但仿制必须注意专利权问题，避免侵权违法行为。

（五）降低成本型新产品

降低成本型新产品是以较低的成本提供同样性能的新产品，主要是指企业利用新科技来改进生产工艺或提高生产效率，削减原产品的成本，但需保持原有功能不变的新产品。

八、新产品的开发方式

采用什么样的方式开发新产品，也是企业进行新产品开发时需要解决的问题，一般有以下四种方式可供企业选择。

（一）独立研制

独立研制指企业依靠自己的科研、技术力量开发新产品。这种方式可以密切结合企业的特点，容易形成本企业的核心技术和系列产品，使企业在某一方面具有领先地位，提升核心竞争力，但企业自行独立研制新产品，要求具备较强的科研能力、雄厚的技术力量，除此之外，所花费的费用也是巨大的。目前，国内外许多大公司都有自己的研究院、研发中心和实验室，进行新产品的独立研制，如苹果公司、格力集团、小米集团等。

（二）技术引进

技术引进指利用已成熟的技术，购买或借鉴别人的技术专利、技术诀窍或成功经验开发新产品。采用这种方式不仅可以缩短开发新产品的时间，节约研发费用，而且可以促进本企业技术水平的提高。采用这种方式时应注意密切结合国情、厂情，引进适用的先进技术，还要注意学习、消化、吸收，形成自己的特点。

（三）独立研制与技术引进相结合

这是在对引进技术充分消化和吸收的基础上，在新产品开发上采取"两条腿"走路，既重视独立研制，又重视技术引进，二者有机结合，相互补充，运用得当，会产生更好的效果，为国内外企业所普遍使用。

（四）技术协作

习近平指出："要积极开展重大科技项目研发合作，支持企业同高等院校、科研院所跨区域共建一批产学研创新实体，共同打造创新发展战略高地。"企业与企业、科研单位、大专院校之间开展科技合作开发新产品，有利于充分利用社会科研力量和企业资源，优势互补，把科研成果迅速转化为生产力，值得大力提倡。

九、新产品开发的优势

（一）消费需求的变化需要不断开发新产品

随着生产的发展和人们生活水平的提高，消费需求发生了很大的变化。这一方面给企业带来了威胁，使之不得不淘汰难以适应消费需求的老产品；另一方面，任何产品都有生命周期，并且随着科技的发展，产品生命周期日益缩短。企业如果仅仅依靠原有产品的生产，其寿命也会随着产品进入衰退期，最终退出市场。

（二）开发新产品是提高企业竞争力的重要手段

在市场竞争日趋激烈的今天，企业要想在市场上保持优势，必须不断创新，开发新产品。企业源源不断地推出领先产品，不仅可以提高市场份额，还可以获得超越竞争者的优势，迫使竞争者逐渐在市场中出现产品过时而淡出市场。

（三）科技发展推动企业新产品的研发

习近平同志指出："要把满足人民对美好生活的向往作为科技创新的落脚点，把惠民、富民、改善民生作为科技创新的重要方向。"科学技术一旦与生产密切结合起来，加快了产品更新换代的速度，伴随而来的是新兴产业的出现、传统产业的被改造和落后产业的被淘汰，从而使企业面临新的机会和挑战，如纳米能源，光导纤维。

十、新产品的开发程序

新产品的开发是一项极其复杂的工作，要按照一定的科学程序来进行，对独立研制方式来说，从产生创意到研发成功并投放市场要经历一个相当漫长的过程。新产品开发的全过程包括产品构思、构思筛选、新产品的概念形成与测试、拟定营销策略、商业分析、产品开发、市场试销和正式批量上市八个阶段。

（一）产品构思

产品构思指新产品的开发是一种创新活动，开发新产品的创意与设想，是新产品开发的关键。在这一阶段，企业要根据市场前期调查掌握市场需求情况及企业本身条件，充分考虑用户的使用需求和竞争对手的走向，有针对性地提出开发新产品的创意和设想。虽然

并不是所有的创意与设想都能变成产品，但是，寻求尽可能多的创意与设想，却能为成功开发新产品提供较多的机会。新产品的构思来源主要有以下几个途径。

1．本企业的员工

本企业的员工包括设计开发人员、销售人员、生产人员及其他部门的职工。内部渠道来的构思比较符合企业实际情况，可行性较强。特别强调的是，要重视销售人员和技术服务人员提出的建议，他们经常接触顾客，更清楚顾客对于老产品的改进意见和需求变化。

2．顾客

顾客是新产品开发的源泉和动力，也是征集新产品开发构思的主要来源。市场专家调查，新产品有 60%～80%来自用户的建议。例如，通用电气公司负责电视产品的部门就是通过与顾客的会谈方式来得到新的家用电器产品创意的。

3．竞争者

企业在开发新产品时，应密切注视竞争者动向。据统计，企业有 27%的产品开发构思是在对竞争对手的产品加以分析后萌发的。例如，美国的七喜公司就是针对"可口可乐"和"百事可乐"等强大对手，反其道而行之，开发出非可乐的"七喜"汽水，从而成为美国饮料业的三巨头之一。

4．经销商

经销商处于市场前沿，最了解市场需求及其变化和顾客的反应，能够快速传递顾客问题及新产品可能的信息，征询他们的意见，对开发新产品的构思形成具有指导意义。

（二）构思筛选

创意形成阶段创造了大量的新产品开发的构思，并非所有的产品构思都能发展成为新产品。构思筛选就是要从众多的构思方案中，通过评审，挑选出几个确有价值和切实可行的构思，放弃没有价值的构思。在构思筛选工作中应避免犯两种错误：一是把有价值的构思草率舍弃；二是把坏的构思误以为好。这个阶段很重要，由于企业在后面的产品开发阶段成本将会快速涨高，因此，企业必须采用能转变成盈利性产品的构思。

（三）新产品的概念形成与测试

1．概念形成

经过筛选后的构思仅仅是设计人员或者管理者头脑中的概念，离实际产品还有相当一段距离，还需要形成能够为顾客接受的、具体的产品概念。一个构思可以产生许多个产品概念。例如，生产营养液是一种构思，由此可以形成多个产品概念，诸如适于老年人饮用的补钙强身的保健品、有助儿童增强记忆帮助学习的营养品、易于病人吸收加快康复的滋补品等，对于每一个产品概念都需要就价格和属性上的竞争能力进行定位。

2．概念测试

产品概念形成后，还要进行产品概念的测试，即企业将各种产品概念用文字或图示描述出来，拿到某一消费者群中进行评价，以观察并了解潜在顾客的不同反应，从中选择最佳的产品概念。

（四）拟定营销策略

拟定营销策略主要包括三个部分。第一部分描述目标市场，包括市场的规模、结构、行为，新产品的价值主张和定位以及开始几年内的销售额、利润目标和市场占有率等。价值主张是指对顾客真实需求的深入描述和对企业产品优势、价值、利益的充分彰显。第二部分概述新产品第一年的价格策略、分销策略和营销预算。第三部分描述预计今后的长期销售额、利润目标以及不同时期的营销组合策略等。

（五）商业分析

商业分析实际上就是经济效益分析，具体对新产品未来的销售量、成本和利润以及投资回报率进行详细估算、综合分析，预计该产品是否能达到企业的经营目标，包括预测销售额和推算成本与利润两个具体步骤。常用的分析方法有盈亏平衡分析、投资回收期分析、资金利润率分析等。

（六）产品开发

产品概念通过了商业测试，就可以进入产品的开发阶段。产品开发是指将产品概念转化为实际产品，将产品创意转化为可行的市场供给品的过程。这就需要产品研究和开发部门开发并测试一个或多个产品概念实体形式，主要包括设计、试制和检测鉴定等环节。

（七）市场试销

产品研制出来后，为检验产品是否真正能受到消费者的欢迎，可将少量产品投放到有代表性的小范围市场上进行试销。通过试销，可以实地检测新产品投放市场以后这种产品的市场效应，看消费者是否愿意购买，然后再决定是否大批量生产。根据不同地区进行不同销售因素组合的比较，根据市场变化趋势，选择最佳的组合模式或销售策略。

企业在这一阶段，主要目的在于了解消费者对产品的意见、建议和接受程度，以发现产品的缺陷及在价格、广告、包装等方面存在的问题，以便加以改进和完善，为正式投放市场打好基础。不过，并非所有新产品都必须经过试销，是否试销主要取决于企业对新产品成功率的把握程度。

（八）正式批量上市

试销成功后，即可将新产品正式投放市场。由于新产品开发的巨大投入和风险，为确保新产品顺利进入市场，企业应在以下方面慎重决策。

1. 时机决策

新产品投入市场要选择适当的时机，季节性产品要在旺季投入，替代性新产品要在老产品销售完后投入。

2. 地点决策

企业根据市场潜力、公司在当地的信誉、供货成本以及地区的了解程度、影响力和竞争状况等指标，选取最具吸引力的地方占领市场。能够把新产品在全国市场上投放的企业是不多见的，因此，企业特别是中小企业需要制订一个市场投放计划。

　　在制订市场投放计划时，应当找出最有吸引力的市场先投放。选择市场时需要考察市场潜力、企业在该地区的声誉、投放成本、该地区调查资料的质量、对其他地区的影响力和竞争渗透能力。

　　3．目标市场决策

　　选取最有希望的购买群体以迅速获取高销售量，吸引其他顾客。最理想的目标市场通常具备以下特征：最早采用新产品的市场；大量购买新产品的市场；该市场的购买者具有一定的传播影响力；该目标市场的购买者对价格比较敏感。

　　4．营销组合决策

　　企业将新产品纳入其他正常商品轨道，分摊营销预算到各个营销组合的因素之中，根据主次轻重有计划地安排各种营销活动。

课堂任务

　　1．按教学班级分组，每组 6～8 人。

　　2．教师结合前期导入的案例问题，要求学生分析一下刘女士对于产品整体概念的认知角度，随机指定 5 个小组，由其派代表回答上述问题中其中的一个。教师也可以通过教学信息化平台，组织在线讨论，其他同学可结合发言人的阐述进行相对应的提问。

　　3．各组选派代表说明本组的讨论结论。

　　4．教师点评，总结本项目内容。

课后阅读 5.1
评价产品优劣
的标志

任务二　产品品牌策略

知识目标

　　1．理解品牌的基本概念及作用。

　　2．认识品牌定位及其策略。

　　3．掌握品牌策略的基本内涵，对品牌化策略、品牌归属策略、品牌统分策略、品牌再定位策略等有明确的认知。

　　4．了解品牌设计的原则。

能力目标

　　1．区分品牌和商标。

　　2．具备品牌定位、品牌策略的初步能力。

　　3．品牌策略在实际中的使用。

　　4．熟悉品牌设计的注意事项。

素质目标

1. 对不同商品所采用的品牌策略具备一定的洞察力，培养发现问题、解决问题的能力。
2. 提高学生对于商标选择的法律意识。

引导案例

人本帆布鞋品牌策略

提到帆布鞋，可能许多人首先想到的都是各种国外知名品牌，如匡威（Converse）、范斯（Vans）、彪马（PUM）等。但近年来随着中国在全球影响力的提升和国货的崛起，国产帆布鞋也受到越来越多人的青睐。诞生于1986年的人本帆布鞋，以追求舒适为核心诉求，参与起草制定《帆布鞋》标准。

人本帆布鞋创立至今已有34年，每年销售超2000万双，全国拥有门店近1000家。人本帆布鞋坚持以"敬业、诚信、创新、共赢"为企业精神，以"行正道、尽责任、利他人"为核心文化，走出了一条与众不同的发展之路。

为寻求品牌新突破，2020年5月20日，人本在上海召开了"2020年人本帆布鞋品牌升级发布会"，开启人本帆布鞋全新的品牌发展之路。

人本帆布鞋重新定义品牌形象和产品，全新的品牌符号、品牌超级鞋型和品牌花边，搭建起人本品牌符号认知和制高点，将品牌符号与话语体系保护起来，成为人本全新的品牌资产。新标志采用了中国红的配色，它有着东方式的神秘，代表着吉祥、喜庆。运用中华民族喜爱的颜色象征不忘初心的品质和不断创新的精神。简单来说，就是用超级符号打造超级时尚品牌，用全新品牌符号打造帆布鞋品类代表。

发布会上，有关负责人对人本帆布鞋超级符号设计进行了创意说明，并与大家分享了他们如何用符号与修辞的技术，创造人本帆布鞋的超级符号及品牌谚语。"模仿和时尚品牌之间就是一个超级符号的距离！"

为打造精致的使用体验，人本全面更新了产品包装。对此，发布会上讲述了人本1986产品开发背后的故事，提及他们如何进行产品开发、创造产品价值、设计消费体验，帮助人本实现拳头产品的全自动销售。

最后，人本概括阐述了品牌战略方向与帆布鞋品类方向，以及2020年疫情后的代理商激励政策，释放人本对于帆布鞋的专注与专业。这也从侧面表明，人本帆布鞋为打造中国帆布鞋领军品牌，已经具备了厚积薄发的实力。

资料来源：搜狐. 回顾人本帆布鞋品牌升级发布会，我们发现了一项"黑科技"[EB/OL].（2020-06-12）[2021-03-07]. https://www.sohu.com/a/401478134_100164799.

任务分析

从人本帆布鞋的案例中可以看出，品牌升级是一种品牌文化适应当前消费者需求而做出的转变，对于产品以新的形式扩大销售是十分必要的，尤其是面对市场需求变化或其他因素影响时。在激烈的市场竞争中，面对复杂多变的市场环境，再加上突如其来的其他因素，企业应如何设计并制定合理的品牌策略，如何对现有品牌定位进行管理、变革和升级呢？

结合人本帆布鞋的案例内容，通过网络查找有关人本帆布鞋品牌策略的相关资料，回答以下问题。

（1）诞生于 1986 年的人本帆布鞋为什么要进行品牌升级？

（2）促使人本帆布鞋不断进行品牌升级的因素有哪些？

（3）人本帆布鞋运用了什么样的品牌策略？

（4）你认为人本帆布鞋在品牌升级后会呈现一种什么样的发展趋势？为什么？

知识学习

一、品牌的概念、构成及作用

品牌是构成产品整体的一个重要组成部分，在现代市场营销中的作用越来越大，品牌既提供了顾客识别产品的手段与方法，又是企业赢得竞争的重要营销工具。品牌策略成为企业市场营销策略的重要内容，实施名牌战略也成为众多企业的战略选择。

（一）品牌概念

品牌（brand）就是产品的牌子，它是卖者给自己的产品规定的商业名称，美国市场营销协会定义委员会（AMA）对品牌的定义是：品牌是一个名称、术语、标记或设计，或是以上要素的组合，其目的在于借此来辨认企业的产品及服务，以便与其他竞争对手的产品和服务相区别。品牌是一个综合概念，它包含品牌名称、品牌标记、商标等概念在内。通常所说的品牌策略，就是关于上述各项的策略。

（二）品牌名称和品牌标记

品牌名称是品牌中能够发音，可以读出声音的部分，如格力、小米等，这些都是我国著名的品牌名称；品牌标记是品牌中可以被识别但是不能读出声音的部分，常常为某种符号、图案或其他专门的设计，如上述品牌中格力的图标、小米 M 的图案等。

（三）商标

商标是一个专门的法律术语，品牌或品牌的一部分经向有关部门依法注册并取得专用权后，称为商标。商标一经核准，商标持有人便享有专用权，这是一项重要的工业产权和知识产权，他人未经许可不准使用，如果私自使用他人商标，便构成商标侵权。在市场经济条件下，商标依照其知名度高低和获利大小，具有不同的价值，是企业的一项重要的无形资产，其产权和使用权可以依法转让和买卖。

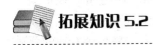

"R"标与"TM"标的不同

R 是注册商标标记，TM 一般是指正在申请中的商标标记，这些标记可以打到产品上去，也可以不使用。如果产品商标上没有任何标记，有可能是没有注册商标，也有可能是注册了但没有打标记。商标上的 TM 有其特殊含义，TM 标志并非对商标起保护作用，它与 R 不同，TM 为 TradeMark 的缩写，既包含注册商标 R，亦包含直接使用未经商标局核准注册的未注册商标。R 用在商标上是指注册商标，用圆圈 R，圆圈里的 R 是英文 register 注册的首字母，意思是该商标已在国家商标局进行注册申请并已经商标局审查通过，成为注册商标。R 商标具有排他性、独占性、唯一性等特点，归注册商标所有人所独占，受法律保护，任何企业或个人未经注册商标所有权人许可或授权，均不可自行使用，否则将承担侵权责任。

TM 泛指商标，包含注册与非注册商标，而 R 则是注册商标，具有法律保护，有知识产权，它们的区别如下。

第一，使用时间不同。

使用的商标在未成为注册商标的时候，就可以标注"TM"进行标记。当商标成为注册商标后，就可以在其右上角或右下角标注"R"或"注"的注册标记，或者直接标明是"注册商标"，TM 使用时间早于 R。

第二，价值不同。

TM 是一种通用商标使用，没有进行商标保护；而注册商标 R 则是在长时间使用过程中沉积下来的富含产品知识品牌内在价值的内容，具有很深的影响力和传播力。

第三，法律意义不同。

这两种都是表示文字或图形标识的商业标识，用于商业活动中。不同的是，TM 商标不具备法律保护，申请注册商标时，享有使用在先的权利；R 商标具有商标保护的法律意义，商标使用者拥有专用权。

资料来源：百度百科. 注册商标[EB/OL].（2020-10-23）[2021-03-07]. https://jingyan.baidu.com/article/fdbd42771c20b3f99e3f4890.html.

（四）品牌的作用

1. 对消费者的作用

品牌有利于消费者识别产品，便于有效地挑选和购买；有利于维护消费者的权益；有利于消费者寻找生产和经销企业，便于联系重复购买，便于修理及更换零件等服务；有利于消费者避免购买风险，降低购买成本。好的品牌对消费者具有很强的吸引力，有利于形成消费者的品牌偏好，满足消费者的精神需求。

2. 对生产经营企业的作用

第一，品牌有助于市场细分，进而进行市场定位。企业可以在不同的细分市场推出不同品牌以适应消费者的个性差异，更好地满足消费者。第二，品牌有助于稳定产品的价格，

减少价格弹性，提高对动态市场的适应能力。第三，品牌有助于产品的销售和占领市场。品牌形成一定的知名度和美誉度，就会促进消费者的品牌忠诚，企业通过品牌忠诚在竞争中得到了某些保护。第四，品牌有助于促销活动的开展。第五，借助品牌能为企业的营销活动提供方便，便于制造商管理订货和处理销货业务，也便于经销商识别供应商及销售产品。第六，品牌有助于新产品的开发，节约新产品市场投入成本。

二、品牌定位

品牌定位是市场定位的核心和集中表现，是指企业在市场定位和产品定位的基础上，对特定的品牌在文化取向及个性差异上的商业性决策，它是建立一个与目标市场有关的品牌形象的过程和结果。换言之，品牌定位指为某个特定品牌确定一个适当的市场位置，使商品在消费者的心中占领一个特殊的位置，当某种需要突然产生时，比如购买安全的汽车首先会联想到沃尔沃。

品牌定位的目的就是将产品转化为品牌，以利于潜在顾客的正确认识。成功的品牌都有一个特征，就是以一种始终如一的形式将品牌的功能与消费者的心理需要连接起来，通过这种方式将品牌定位信息准确传达给消费者。因此，企业最初可能有多种品牌定位，但最终是要建立对目标人群最有吸引力的竞争优势，并通过一定的手段将这种竞争优势传达给消费者，转化为消费者的心理认识。

三、品牌策略

为了使品牌在市场营销中更好地发挥作用，必须进行正确的品牌决策，采取适当的品牌策略，如图 5.2 所示的策略。

（一）品牌化策略

品牌化策略即决定该产品是否使用品牌。在激烈的市场竞争中，品牌对消费者、对企业以及对整个社会都有重要的作用。企业决定是否给产品起名字，设计标志并向政府有关部门注册登记的活动称为企业的品牌化策略。企业可以给产品选择有品牌策略或者无品牌策略，有些垄断产品是不需要品牌的，如自来水和电。在发达的市场经济条件下，品牌化是一种趋势。在西方国家，品牌无处不在，甚至连水果、鸡蛋都有品牌。

虽然使用品牌是要付出代价的，包括设计费、制作费、注册费、广告费等，并且还要承担品牌在市场上失败的风险，但是，使用品牌也能给企业带来诸多好处。

（1）通过品牌树立企业的形象，促进企业产品信息的快速传播，以吸引众多的品牌忠诚者，使企业在竞争中处于有利地位。

（2）声誉良好的品牌能给企业带来较好的收益，品牌产品的销售价格往往较一般同类产品高，且名牌本身就具有价值。据全球最大的综合性品牌咨询公司 Interbrand 2019 年对世界著名商标的评估，亚马逊（Amanzon）为全球价值最高的品牌，其品牌价值为 1879 亿美元。

（3）品牌名称和商标可以使企业产品得到法律保护，防止产品被模仿和抄袭，以保持企业产品的差异性。

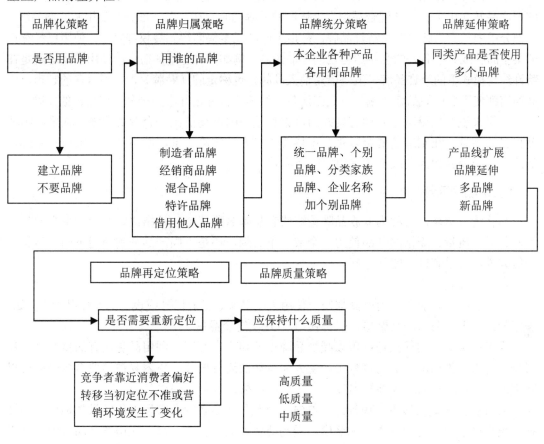

图 5.2 品牌策略示意图

（4）使用品牌有助于营销者进行市场细分，不同的品牌对应不同的细分市场。

（5）使用品牌有利于树立企业和产品形象，有利于企业在今后推出新产品时获得经销商和消费者的信任和认可。

反之，有一些企业使用品牌对促进产品销售作用甚微，甚至得不偿失，这时就不一定非要使用品牌。不使用品牌的商品有以下情况。

（1）产品本身不具备因制造商不同而形成的质量特点的产品，如电力、煤炭、矿石等。

（2）习惯上不必认定品牌才购买的产品，如大米、食盐等。

（3）生产工艺简单，没有一定技术标准，选择性不大的产品，如钉子、针线等。

（4）临时性或者一次性生产的产品，如日食观测卡、一次性的纪念品等。

（5）原材料或初级加工产品，如木材、砂石等。

（6）新创企业尚未定型产品。

（二）品牌归属策略

企业一旦决定对产品使用品牌，通常会面临五种选择。一是制造商品牌，也称生产品牌或全国品牌，这是制造商使用自己的品牌，如海尔、格兰仕微波炉等。二是经销商品牌，也称中间商品牌或自有品牌，即中间商向制造商大量购进产品或加工订货，用中间商的品牌把产品转卖出去。三是混合品牌，上述两种品牌同时存在，即一部分产品用制造商品牌，一部分用中间商品牌。四是特许品牌，是指生产商或零售商得到授权许可后，使用已经存在的某个品牌或某个名人的名字给自己的产品命名。例如，肯德基加盟店所使用的品牌就是在特许经营模式下的特许品牌。五是借用他人品牌，也称定牌（贴牌），许多著名的超市、服装商店都使用自己的品牌。例如，美国沃尔玛经销的百分之九十的产品都用自己的品牌。

一般来说，如果制造商拥有良好的信誉和较高的市场份额，企业实力强，宜采用制造商自己的品牌；在制造商资金紧张、市场营销能力差的情况下，则不宜采用制造商品牌，而应以中间商品牌为主或全部采用中间商品牌。

（三）品牌统分策略

品牌统分策略，又称为家族品牌策略或者品牌名称策略，是指决定企业所生产的各种不同种类、质量、规格的产品使用一个或几个品牌，还是不同产品分别使用不同的品牌。一般来说，可以有以下四种选择。

1. 统一品牌

统一品牌即企业所有的产品都统一使用一个名称、名词标号或设计的家族品牌。例如，美国的通用电气公司产品繁多，但都使用"GE"这个品牌。

采用这种策略的优点是：可以减少品牌设计和广告费用；利用品牌已有的良好声誉和影响，可以在推出新产品的过程中产生爱屋及乌的连带效应，更容易被消费者接受；可以壮大声势，显示实力，提高知名度，塑造企业形象，有利于创立名牌。

采用这种策略应具备一些条件：首先，企业和产品必须在市场上保持领先地位，品牌在市场上已获得一定的信誉和知名度，受到消费者的喜爱；其次，采用统一品牌的各种产品要具有相同的质量水平，否则，任何一种产品的失败，都会使整个家族品牌蒙受损失。例如，"茅台"品牌如果转变为矿泉水或者是其他碳酸饮料，那么茅台酒的高贵身价、唯吾独尊的品牌形象必将一去不复返。

2. 个别品牌

个别品牌即企业对不同的产品分别使用不同的品牌。这种品牌策略适合产品差别较大、产品系列内品种较多的企业所采用。例如，美国可口可乐公司生产的饮料分别使用可口可乐、雪碧、芬达等品牌。

使用个别品牌的优点是，有利于分散产品营销的市场风险，把个别产品的成败同企业形象分开，不至于因个别产品的失败而导致整个企业形象的声誉受损；有利于发展不同档次的产品，满足不同消费者的需要。

使用个别品牌的不足是，要为每个品牌分别做广告宣传，费用开支加大，且较难树立企业整体形象，也很难都成为名牌。

3. 分类家族品牌

分类家庭品牌即对不同类型的产品使用不同的家族品牌，即一个产品使用一个牌子。如果企业生产用途截然不同的产品，最好采取这种品牌策略。例如，该公司把食品和化肥、洗衣粉和中药使用不同的品牌，以免互相混淆。有时企业虽然生产经营同一类产品，但是存在明显的质量差异，往往也需要使用不同的品牌。

使用分类家族品牌的优点是，新产品的上市推广可以借助于已有品牌的口碑，节省推广费用，降低导入成本，失败风险小。

使用分类家族品牌的不足是，众多产品的成长休戚相关，一种产品受挫，往往影响其他产品的推广；相对统一品牌策略而言，如果在市场利润低、企业营销成本又高的情况下，会造成传播推广费用分散，无法起到整合的效果。

4．企业名称加个别品牌并用

企业名称加个别品牌并用即不同类别的产品采用不同的品牌，同时在每一品牌之前均冠以公司名称，以公司名称表明产品出处，以品牌表明产品的特点，汽车、手机等制造商常用这种策略。例如，苹果手机的 iPhone12、iPhone12 plus；通用汽车公司对它所生产的各类汽车前面都加上"GM"字母，作为通用产品统一品牌，后面再分别加上凯迪拉克（Cakillac）、别克（Buick）、雪佛兰（Chevrolet）等不同品牌。

这种策略的优点是，既可利用公司声誉推出新产品，节省广告宣传费用，又可使各个品牌保持自己的相对独立性。

（四）品牌延伸策略

1．产品线扩展

产品线扩展指企业在现有产品类别中增加一个新的产品品种或品目，并以同样的品牌名称推出。该新产品的品种往往具有新的特性（如新的口味、新的包装、新的颜色、新的成分等）。例如，可口可乐公司推出的含咖啡因子的可乐或者无糖可乐，都以可口可乐这个名称推出市场。产品线扩展的方式多种多样，既可以创新，又可以仿制，还可以更换包装。

采用产品线扩展策略的前提条件是：该企业具有较大的规模和较强的营销能力；该产品线的品牌属于强势品牌，进入市场较早，并在市场上享有比较好的品牌声誉；产品线的扩展所带来的销售增加足以弥补由于内部竞争而导致的原有产品品种销售的下降。

2．品牌延伸

品牌延伸指企业在现有品牌产品基础上推出新的产品。例如，日本本田公司利用"本田"之名推出了许多不同类型的产品，如汽车、摩托车、铲雪车、割草车、雪车、轮机等。

品牌延伸策略要考虑以下几方面的因素：品牌核心价值与个性、新老产品的关联度、行业与产品特点、产品的市场容量、企业所处的市场环境、企业发展新产品的目的、市场竞争格局、企业财力与品牌推广能力等。而上述众多因素中，品牌核心价值与个性又是最重要的。一个成功的好的品牌产品可以使新产品迅速被市场所识别和接受，可以节约促销新产品的费用。

实施品牌延伸策略的优势在于：新产品能够借助老产品的知名度迅速得到消费者的信任，使企业更容易进入一个新的产品领域；品牌延伸能够提升核心品牌的形象，能够提高整体品牌组合的投资效益，有可能进一步扩大原品牌的影响力。

反之，实施品牌延伸策略也存在一定的风险，主要表现为三个方面。一是新产品的上市可能由于质量不好削弱原品牌的形象，使原品牌丧失原有优势，造成品牌资产贬值。二是品牌定位模糊，淡化品牌特征，出现"品牌稀释"现象。例如，巨人集团以开发游戏产品创出自己的品牌之后就开始了品牌延伸，向保健品、房地产等领域渗透，先是斥巨资开发了"巨人脑黄金""脑白金"等保健品获得成功，但这样并没有让史玉柱的延伸策略停下脚步，他还用自己的现有资金开发巨人大厦，结果大厦没建成，资金链断裂，造成了危机的爆发。三是品牌形象错位，造成消费者心理冲突。例如，某知名药企本以医药生产起家，产品竟然延伸到了啤酒行业，这样就造成了消费者在购买后不清楚自己喝的是药还是酒，喝酒带着"心理药味"的思想包袱自然不是一种好的享受。

3. 多品牌

多品牌即企业在同一产品类型中采取多个品牌。例如，瑞士 SMH 集团在手表的品牌上就有宝珀（BLANCPAIN）和斯沃琪（Swatch），还有 OMEGA、RADO、LOGINES、TISSOT、CK 等超过 20 个知名腕表品牌。多品牌战略可以为不同消费者提供不同的性质或诉求，争取更多的顾客。但与此同时，它又导致企业资源过于分散，难以形成规模效益。多品牌之间也会自相竞争。

多品牌战略的优势有：能够避免同一品牌下的株连效应，即一类产品出问题对其他品类产品影响较小，市场风险相对较小；有利于激发企业内部的良性竞争，提高产品质量和销售业绩，防止竞争对手瓜分市场份额；有利于做大细分市场规模，多种不同的品牌代表了不同的产品特色，可吸引多种不同需求的顾客，能够在以众击寡的优势下，提高市场占有率。

多品牌战略的劣势有：实施多品牌战略需要企业投入更多的精力和成本，包括多品牌策略增加了品牌设计、印刷的费用，企业需要花费更多的广告费用，投入更多的营销努力对多个不同的品牌进行推广和维护；分散企业有限的资源，每个品牌都需要投入同样的运作资金，而且不利于企业建立统一形象；企业需要有更强大的管理能力应付多品牌带来的额外工作量，还要配备更多的员工经营不同品牌；一般中小企业难以采用多品牌战略。

4. 新品牌

新品牌即企业为某一品牌新增产品类型而建立的一个全新品牌。例如，三九集团要生产牛奶，推出"999 牛奶"显然是有损企业形象，并且不为市场所接受。这时它就需要为它的新产品建立一个新的品牌名称，比如保健牛奶等，如原来生产保健品的养生堂开发饮用水时，使用了更好的品牌"农夫山泉"。另外，企业采取新品牌的真正原因可能是现有品牌的市场信誉已经衰减，急需推出新的品牌。

（五）品牌再定位策略

当一个品牌迟迟不能打开市场，或随着时间推移出现品牌的老化现象时，即因某些市场因素的变化而对品牌进行重新定位。因此，需要进行品牌再定位的情况包括以下几种。

1. 竞争者接近

竞争者品牌定位靠近本企业的品牌并夺去部分市场，使本企业的市场份额减少。例如，"七喜"饮料进入饮料市场后，进行了一次出色的营销活动，标榜自己是生产非可乐的饮料制造商，这个活动过后给可口可乐造成了非常大的市场冲击，从而也失去了非可乐饮料市场的领先地位。

2. 消费者偏好转移

由于消费者的偏好发生转移，形成某种新偏好的消费群，而本企业的品牌不能满足顾

延伸阅读 5.4
品牌再定位，焕
发新活力

客的偏好时，企业有必要对品牌再次定位，调整品牌策略，塑造新形象。

3．当初定位不准或营销环境发生了变化

例如，美国"万宝路"牌香烟原定位是女用品牌，因销路不畅，于 1954 年重新定位为男子汉香烟，以西部牛仔形象做广告，从而获得成功，成为世界第一香烟品牌。

四、品牌的设计原则

品牌设计是一项具有较高艺术和专业技能的工作，它要求设计人员不仅要有一定的文学修养，掌握营销学、美学、社会学、商品学等专业知识，熟悉产品的特性和品质，而且还要具有丰富的地理、历史、民族文化和风俗习惯等知识。品牌设计一般要遵循以下原则。

（1）个性鲜明，富于特色。例如，著名品牌"红牛"功能饮料、"康师傅"方便面、"七匹狼"男装等，都恰当而巧妙地反映出了产品的特点，让人一看品牌便知其为何物。

（2）简明醒目，便于记忆。有艺术感染力，文字易读、易认、易记。例如，24 客便利店，"24"代表了 24 小时全天候营业的便利店特性和服务理念，"客"是顾客，客人的意思，这个品牌名称简洁、通俗、易懂。

（3）创意新颖、美观大方、底蕴深厚，民族情节感强。品牌本身就是一件艺术作品，应构思巧妙，耐人寻味，有丰富的文化内涵，给人以美的享受和好感，如"同仁堂""六必居"都有深刻的内涵。

（4）品牌设计要符合传统文化，符合消费者心理，为人们喜闻乐见。品牌名称和标志要特别注意各地区、各民族的风俗习惯、心理特征，要与国际市场的文化背景相适应，切勿触犯禁忌，尤其是出口商品品牌要注意避免使用当地忌讳的图案、符号、色彩，以及令顾客产生异议的文字内容。

（5）容易发音，利于通用，设计力求简短。例如，可口可乐（Coca-cola）、百事可乐（Pepsi-cola）均既易发音又易记忆，成为世界上最畅销的饮料标记。我国的"乐百氏""娃哈哈"等品牌名称也因其朗朗上口，深受儿童的喜爱，一举占领我国儿童营养液市场，成为知名品牌。

（6）品牌设计要符合法律法规。品牌只有符合《商标法》等法律规定，才能向有关部门申请注册，取得商标专用权。同时，也要符合道德规范，符合精神文明建设的要求。

课堂任务

课后阅读 5.2
如何制定品牌策
略才能给企业带
来利润

1．按教学班级分组，每组 6～8 人。

2．教师结合开篇中人本帆布鞋的品牌策略这一案例中的问题，随机指定 5 个小组，由其派代表回答上述问题中的其中一个。教师也可以通过教学信息化平台，组织在线讨论，其他同学可结合发言人的阐述进行相对应的提问。

3．各组选派代表说明本组的讨论结果。

4．教师点评，总结本项目内容。

任务三　产品包装策略

知识目标

1. 理解包装的基本概念、构成及作用。
2. 掌握包装策略的主要内容。

能力目标

1. 能够通过辨别不同包装，分析产品包装采用的策略。
2. 能够针对不同类型产品，运用不同包装策略。

素质目标

1. 培养学生的营销职业素质，提升学生独立分析的能力。
2. 强化竞争意识，理解产品包装的重要作用。
3. 注重培养学生的创新精神。

引导案例

水浒英雄卡带动干脆面风靡校园

统一企业生产的小浣熊牌干脆面曾在 20 世纪 90 年代风靡中国各大校园，无数学子为它疯狂，不仅是因为它好吃，更是为了面中附赠的水浒英雄卡，想当年小浣熊干脆面里的水浒英雄卡，共 108 款，张张不同，张张新颖，让很多孩子都爱不释手，都渴望拥有整套水浒卡，于是，学生们就经常购买附有这种卡片的干脆面。一时间，鸡汁味、咖喱味、麻辣味、牛排味、海鲜味等味道各异的小浣熊干脆面，随着各种五彩缤纷的水浒卡走进了千家万户。

任务分析

如今，激烈的市场竞争，在某种意义上已经表现为商品的包装竞争。现代市场竞争中的包装，应着重追求多元个性风格化的特定价值，以适应消费者日益多样化、个性化的需求。包装应成为一种促进消费者购买欲望的动力，把握好商品包装的艺术和策略，对提高商品的销售量、增加企业的利润都有着不可忽视的作用。

消费者市场对市场营销决策影响深远，作为普通消费者的我们，既是营销活动的目标受众，同时又是营销活动的直接参与者，如果站在企业的立场上，我们该如何认识消费者对于产品自身重点的转移，并更好地为消费者在产品重点选择的基础上提供服务呢？

结合统一企业生产的小浣熊干脆面的案例，设置如下具体任务。

（1）包装的基本策略有哪些？

（2）小浣熊干脆面采取的是哪种包装策略？

（3）采取这种策略有什么好处？

相关知识

一、包装的概念

包装是产品整体的又一重要组成部分，具有两层含义：一是指盛装产品的容器或其他包扎物，如易拉罐、香烟盒等；二是指盛放或捆扎产品的一系列操作过程，如包装工作。有时兼指两者，通称包装。

二、包装的构成

产品包装一般分为三个层次，即内包装、中包装和外包装。内包装即使用包装，又称为首要包装，是直接接触产品的包装物，如酒瓶、烟盒等；中包装为销售包装，又称为次要包装，如牙膏管外的纸盒、每条香烟的纸盒等；外包装是运输包装，是便于储运、识别产品的外部包装，一般以纸板箱、编织袋为主。

三层包装各有不同功能。此外，包装上的装潢、标签、标志、生产日期和有效期及其他信息也属于包装的范畴。在现代营销中，包装具有重要的作用，受到高度重视。

三、包装的作用

（一）保护产品

这是包装最原始和最基本的功能，防止或减少产品在储运、销售过程中出现散落、毁坏、变质等损失，以保证产品的安全完好，如食品的真空包装、充气包装、无菌包装，日用小商品的泡罩包装、贴体包装，电子仪器产品的防震包装、防尘包装等。

（二）便于储运

产品的物质形态多样，性质各异，有些商品易腐，有些商品易燃、易爆、易挥发等，必须有严密良好的包装才能储运。因此，必须对产品进行合理的包装，以方便运输、携带、储藏和使用。

（三）促进销售

精美的包装装潢设计可以美化产品，给产品增色不少，吸引顾客注意力，能起到很好的广告和促销作用。因此，包装被称作"无声的推销员"。

（四）增加利润

优良的包装可以提高产品身价，顾客愿意支付较高价格购买，从而可以使企业增加利润。例如，内地产的檀香扇在香港市场原来价格为 65 港元，后改为锦盒包装，成本增加 5 港元，价格提高到 165 港元后，反而销量大增，获利倍增。

延伸阅读 5.5
杜邦定律

四、包装的设计原则

包装设计是对产品包装的材质、结构、图案、色彩、文字说明及整体效果等做出的设计。包装设计要从实现包装的功能出发，综合运用技术、艺术和营销等专业知识进行创造，现已成为一门专门的科学。包装设计应符合以下基本要求。

（一）针对顾客设计，符合消费心理

不同消费者的审美观点和心理偏好是不相同的，包装设计一定要针对产品的目标顾客，投其所好，适其所求。不同国家、地区、民族，不同风俗习惯、宗教信仰，不同性别、年龄、性格的消费者对色彩、图案的理解是不同的，有的甚至截然相反，在包装设计时必须予以关注。这是包装设计最重要的原则。

（二）包装应与商品价值或质量水平相配合

高档贵重的商品要用精美高档包装，一般商品或低档商品则用普通或简易包装。不能搞金玉其外、败絮其中、欺骗性的包装。

（三）保护产品，经济实用

产品包装要能保证产品质量，保持产品数量。要根据产品的不同性质和特点选用包装材料和包装技术，选用的包装材料要资源丰富，绿色环保，价格便宜，能重复使用。包装尽可能合理和简化，降低成本，适于陈列，方便运输。包装技术和包装方法应科学实用，适合产品的物理、化学、生物性能，安全卫生。

（四）包装的造型与结构设计应便于销售、使用、保管和携带

包装应有不同的大小、规格和分量，以适应不同消费者的需要。封口严密的包装要求容易开启，为便于识别商品，可设计透明包装和开窗包装，易于使用的包装有易开包装、喷雾包装、一次性包装等，携带式包装的造型备有提手，为消费者提供方便等。

（五）美观大方，新颖别致

从艺术角度看，包装构思要新颖，造型要美观，色彩要和谐，寓意要深刻，形式要创新，格调要高雅，给人以赏心悦目、耳目一新的艺术感受，要避免简单雷同、一味模仿。

（六）适合所在地的文化环境

因每个地区的宗教信仰、风俗习惯、文化背景、地理环境不同，所以在产品包装上应

避免出现一些禁忌。出口产品要充分考虑不同国家的禁忌，如禁忌的一些数字、图案、颜色，以免影响国际国内市场营销的效果。

 拓展知识5.3

过分包装会增加成本

受产品包装"精美化"的影响，不少农药的包装也越来越考究。一种名为"扑虱灵"的粉剂农药，小包装如同袋装榨菜，中包装与市场上的橘子粉相似。而作为特殊产品的农药，应力求注重内在质量，包装则应尽量讲求实用性，包装过分精美势必加大农药成本，增加农民负担；另外，农药包装若与食品等其他产品包装相仿，也容易发生误卖、误食、误用的意外事故。

五、包装策略

商品经济的发展以及人们消费习惯的变化，要求企业对于产品包装除了图案设计美观新颖外，对产品包装的形式、结构、方法、手段等要采取各种对策。常见的包装策略有以下几种。

（一）类似包装

类似包装也称统一包装策略或产品线包装策略，指企业将其生产经营的各种产品，在包装上采用相同的图案、近似的色彩和共同的特征，以便使消费者从包装就能产生联想，使消费者一看就知道是某家企业的产品。这样可以加深企业形象，壮大企业声势，还可以节省包装设计费用，尤其有利于新产品上市。这种包装策略适用于质量水平相近的产品，不适合质量等级差异太大的产品，否则，会对高档优质产品产生不利影响。

（二）等级包装

等级包装指企业所生产经营的产品，按质量分为若干个等级。对高档优质产品采用优质包装；一般产品采用普通包装，使产品的价值与包装相称，做到表里一致，等级分明，便于不同购买力层次的消费者挑选。但是同类产品采用不同包装，会增加包装设计费用，如糖果可采用盒装、袋装、散装等多种形式。

延伸阅读 5.6
消费者为什么给
"大白兔"涨价
好脸色

（三）组合包装

组合包装也叫配套包装、多种包装，指把使用时相互关联的多种产品放在同一包装物中一起销售。采用这种策略，既方便顾客购买、携带、保管和使用，又可扩大销路，还有利于推广新产品。例如，把急救箱里放入胶布、酒精、云南白药、碘酒、纱布等；成套的化妆品盒里的精华液、乳液、面霜、眼霜等。这些产品都适合组合包装，但同时也要防止引起顾客反感的硬性搭配。

（四）再使用包装

再使用包装也称为双重用途包装，指原包装产品用完后，原包装物可作它用，如空瓶、空盒、空罐可做水杯、酒杯、容器等。这样既可以废物利用，又可以起到广告的作用，关键在于设计要巧妙。

（五）附赠品包装

附赠品包装指在包装物内附有赠品，以促使顾客重复购买，这是目前国内外市场上比较流行的包装策略，如在包装内附送小玩具、图片、小饰品、奖券等。这种包装策略对某些妇女、少年儿童的促销作用尤为明显，可引起消费者重复性购买。

（六）创新包装

创新包装指企业随着产品的更新和市场的变化，相应地改变包装设计。当企业的某种产品在市场上销路不畅，或一种包装已使用较长时间，由于包装陈旧而影响了销售时，采用该策略可以给顾客新鲜感，有可能创造优良的销售业绩。当然，通过改变包装来扩大销路的作用不会是无限的，全靠"包装万能"也是不会持久的。如果说稳定地提高产品质量和不断开发新产品是扩大市场的基石，那么创新包装就是锦上添花。

课堂任务

1．按教学班级分组，每组 6~8 人。

2．教师结合具体包装策略引导案例中的任务分析，组织课堂讨论，也可以通过教学平台发布在线讨论任务。

3．随机指定三个小组，由其派代表说明本组的讨论结果，其他同学可结合发言人的阐述进行提问。

4．教师点评，总结本项目内容。

课后阅读 5.3
产品包装的作用

任务四　产品生命周期策略

知识目标

1．了解产品市场生命周期的概念。

2．理解并掌握产品生命周期各阶段的策略及营销重点。

能力目标

1．能够判断具体产品的生命周期阶段。

2．具备结合产品生命周期各阶段提出营销对策的能力。

1. 培养学生的营销职业素质，加深职业情感。
2. 通过学习学生对产品生命周期的内容得到更好的认知。
3. 注重培养学生的创新精神。

引导案例

同种产品，不同遭遇

美国产品在第二次世界大战后纷纷涌入欧洲市场，不久便有许多产品又匆匆退出欧洲市场，其中一个重要原因就是没有根据产品在不同市场所处生命周期阶段的差异，来采用适当的市场营销组合方案。美国拍立得公司在成功地经营立即取相的照相机 20 年后，于1965 年向处于成熟期的本国市场推出廉价的大众化的 20 型"摇摆者"相机。由于该公司的良好声誉和立即取相的概念在美国市场深入人心，因此很快获得成功。1966 年，该公司按在美国的营销方案将"摇摆者"相机投放到法国市场，遭到了惨败，原因在于，法国消费者对这种产品是陌生的，只有 5% 的人知道立即取相的概念。经过市场调查后，拍立得公司重新制定营销方案，首先使法国人认识立即取相的概念，加强宣传产品的功能用途和使用方法，终于使这一产品在法国市场获得成功。

为什么同样的产品、同样的策略在不同的市场取得的结果有如此的不同？

任务分析

要回答以上问题，需要对企业产品生命周期有一个明确的认识，同时要认识到不同生命周期阶段的产品的营销策略有明显的不同，企业必须谨慎选择不同的策略以适应不同的市场需求。

结合案例资料，辨析产品生命周期的相关概念，并完成一篇心得体会短文。

相关知识

一、产品生命周期的概念

产品有两种寿命——使用寿命和市场寿命。产品生命周期指产品的市场寿命，而非使用寿命。产品生命周期（product life cycle）观念，简称 PLC，它反映了产品在市场上销售能力的变化规律，产品生命周期理论是制定产品策略和营销策略的重要依据，是一种产品在市场上出现、发展到最后被淘汰的过程，是产品的一种更新换代的经济现象。例如，20世纪 90 年代能够拥有一部大哥大就是身份的象征，而随着时间的推移，它逐渐被翻盖手机、智能手机所取代，很早就退出了市场。产品使用寿命是一件产品可以用的时间，即产品从生产出来开始到报废所经历的时间。例如，汽车的使用寿命是 10～12 年，电冰箱是 13～

16 年，洗衣机是 11～14 年等，所以二者是有区别的。

典型的产品生命周期可以划分为引入期、成长期、成熟期、衰退期四个阶段，一般可以使用产品生命周期曲线来表示产品销售量随时间的推移而变化的规律，如图 5.3 所示。

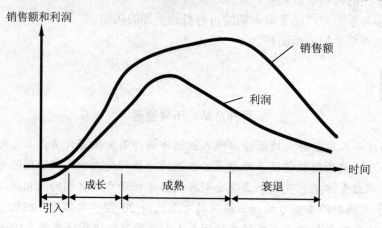

图 5.3　典型的产品生命周期曲线

二、产品生命周期各阶段的特点

产品生命周期曲线呈倒 U 形，产品处在生命周期的不同阶段在销量及其增长、成本、利润以及竞争情况等方面具有不同的特征。

（一）引入期的特点

引入期又叫介绍期或投入期，一般指刚投入市场的新产品。由于新产品刚投入市场，可能只有少数追求新奇的消费者会购买。这一阶段的主要特征表现如下。

（1）制造成本高。由于是新产品的试销阶段，因此产品生产批量小，产品销售额增长缓慢，产品的成本较高。

（2）产品利润低。由于在开发新产品时要冒相当大的风险，此阶段利润较低，市场上基本没有竞争者。尽管可以提高销售价格，但由于购买者有限，利润还是很低甚至往往为负值。

（3）广告促销的费用较高。由于产品刚刚投放市场，产品还需要时间完善，质量的稳定性也稍有欠缺，消费者对于新产品的认知和接受都十分有限，因此，要打开市场销路就要加大促销宣传力度。

（二）成长期的特点

成长期指新产品试销取得成功，顾客对该产品已接受并熟悉，企业转入成批生产和扩大市场销售的阶段。这一阶段的主要特征表现如下。

（1）生产成本大幅降低。由于产品技术工艺基本定型，开始投入大批量生产。

（2）产品利润快速增长。由于大量的顾客开始购买，市场逐步扩大，购买量上升及产品成本下降，利润的空间也迅速升高。

（3）销售量迅速增长。由于追求新奇的前期消费者使用产品后感觉良好，出现了复购，产品在市场上的知名度迅速提高，产品被更多消费者所接受，有大量的新顾客开始购买。

（4）市场竞争日趋激烈。由于更多竞争者看到有利可图，纷纷进入市场参与竞争使同类产品供给量增加。

（三）成熟期的特点

成熟期又称饱和期，一般是指产品大批量生产的时期，经过一段时期的快速成长后，销售量的增长逐渐缓慢下来。这一阶段的主要特征表现如下。

（1）购买者数量较多。因为大多数消费者已经用过此产品，潜在的消费者已经很少。

（2）销售量和利润增长缓慢。市场需求趋于饱和，销售增长率在达到最高峰后缓慢下降，利润已经达到最高点，并开始下降。

（3）市场竞争激烈。很多同类产品进入市场，竞争逐渐加剧。竞争者利用各种促销手段，力图打开产品销路，维持较高销量。

（四）衰退期的特点

衰退期又称滞销期，是指产品不能适应市场需求，产品已经逐渐老化，进入更新换代的时期。这一阶段的主要特征表现如下。

（1）产品销量和利润呈锐减趋势。新产品或新的代用品的出现，使顾客的消费习惯发生改变。因此，产品销售量急剧下降，利润大幅度下降，新产品进入市场逐渐取代老产品。

（2）产品价格显著下降。在新产品拥有广大消费者的情形下，大量竞争者退出市场，仅剩的少数企业继续经营或处理存货，只能将价格压到最低的水平，价格竞相跌落，利润几乎为零。

三、产品生命周期各阶段的营销策略

针对产品生命周期四个阶段的不同特点，企业应有的放矢地制定市场营销策略，以取得最佳经济效益，如图 5.4 所示。

图 5.4　价格与促销组合

（一）引入期的营销策略

引入期的营销策略应突出一个"准"字。产品刚刚进入市场，还不被市场认可，不被消费者认识和接受，因此，产品的销量较低，企业甚至出现亏损。此时，企业需要采取各种方式，加强广告宣传促销工作，准确把握消费者的心理，努力扩大产品知名度，解决生产中存在的技术问题，提高产品质量，降低生产成本。如果以价格和促销活动作为主要考虑的策略，则投入期的营销策略可有以下四种组合方式。

1. 快速撇脂策略

快速撇脂策略即以高价格、高促销的方式推出新产品的策略。高价格的目的在于尽可能多地获取销售利润，而采用高促销的目的在于快速打开销路，迅速占领市场。这种策略适用的条件是：市场上有较大的需求潜力，且大部分潜在市场上的消费者还不了解该新产品；该产品的消费者愿意出高价来购买该产品；企业面临着潜在竞争者的威胁，希望能迅速使消费者建立起对自己产品的品牌偏好；由于高价格会吸引众多潜在竞争者，所以企业要能扩大生产批量以准备降价。

2. 缓慢撇脂策略

缓慢撇脂策略即以高价格、低促销方式推出新产品。这种策略旨在使企业赚取更多的销售利润，采用低投入的促销方式可以降低营销费用，降低风险。但是，这种策略适用的条件是市场容量较小、竞争的潜在威胁不大，这样就不必用高促销来抢占市场，同时，市场上的消费者已经了解该产品且愿意付高价购买。例如，戴森吹风机一上市就不按套路出牌，利用英国女王也是戴森的粉丝，只针对中产阶级消费者进行宣传，但高昂的价格令绝大多数消费者望而却步。

3. 快速渗透策略

快速渗透策略指以低价格、高促销方式推出新产品。采用低价格能以最快的速度取得尽可能大的市场占有率。这种策略适用的条件是：该产品的市场容量相当大，潜在消费者对此产品不了解且对价格反应十分敏感，潜在竞争比较激烈，必须抢在激烈竞争前使产品批量上市。现实中，绝大多数企业都采用这一策略。

4. 缓慢渗透策略

缓慢渗透策略即以低价格、低促销方式推出新产品。采用低价格可以快速渗透市场，采用低促销的活动可以降低营销费用，提高利润。这种策略的适用条件是：市场容量大，产品知名度高，消费者对价格十分敏感且顾客相当了解该产品，促销的弹性低，而价格的弹性高，有相当多的潜在竞争者准备加入行业竞争。此策略适合在经济发展水平不高的地区使用。

延伸阅读 5.7
小米手机的
渗透策略

（二）成长期的营销策略

产品进入成长期，产品的技术和工艺已基本定型并投入大规模生产，消费需求迅速增长，需求多样化的特点出现，销量随之大涨，利润增大。成长期应该突出一个"优"字，确保质量，争创名牌。在此成长阶段，具体的营销策略有以下几种。

（1）在生产方面，随着销路打开、销量大增，要积极组织人力、财力、物力，迅速扩大生产批量；同时，改进和提高产品质量，优化款式、功能，吸引更多顾客。

（2）在广告宣传方面，加强名牌宣传，树立产品和企业形象，提高本企业产品在社会上的声誉，争创名牌。

（3）在分销渠道方面，寻求新的细分市场，针对不同目标市场上消费者的需求，在完善产品的同时，创造新的分销渠道用以开拓更广泛的市场。

（4）在价格上，选择适当时机，可以采取降价策略，既能吸引对价格敏感的消费者，又能防止同行业竞争者的介入。

（三）成熟期的营销策略

产品进入成熟期后，就进入了产品生命周期的黄金阶段。在此阶段，产品的销售量达到顶峰，给企业带来巨额利润，所以企业的营销策略都是着重延长产品的成熟期，也就是突出一个"改"字，尽量延长这一阶段。

1. 产品改进

可以通过对产品特性、质量、功能等方面做某些改进而吸引新的消费者，使停滞不前的销售量得以提高，具体做法是：质量改进策略，提高产品的使用性能，以高质量产品保持老用户，吸引新用户；特性改进策略，给产品增加新的特性，增加产品的功能和特性，如重量、材料、大小、附加特性等，以扩大产品的适用性、安全性和方便性等；式样改进策略，这主要是基于人们的审美观念而进行款式、外观、花色的改变，使产品获得独特的个性，迎合顾客爱好，引领市场潮流，获得一个独特的市场；服务改进策略，对销量趋于饱和的产品附加优质服务工作，增加服务内容，会带来更多的产品市场。

2. 量上的改进

增加产品使用数量，具体做法如下：一是增加产品的使用次数，使顾客更频繁地使用该产品；二是增加产品的使用场合，努力为产品创造一个新的使用环境；三是增加每次的使用量，使用户在每次使用时增加该产品的使用量。

3. 市场改进

为产品开拓更广泛的市场，使产品销售量得以扩大，即开发新市场，寻找新用户，具体做法如下：一是开发产品的新用途，寻找新的细分市场，把产品引入尚未使用过这种产品的市场，提高市场占有率；二是刺激现有顾客，使其增加使用频率；三是重新为产品定位，用营销手段把竞争对手的顾客转变为自己的顾客。

4. 市场营销组合改进

通过改变定价、促销与分销等市场营销组合因素来刺激销售量的回升，以延长产品的成熟期。例如，采取降价、开辟多种销售渠道、增强广告频率、有奖销售等手段来刺激消费者购买。最常用的手段是降价，降价是吸引顾客、提升竞争力的有效手段，但绝不是最好的手段，企业应避免竞相降价而引发恶性的价格战，这会导致竞争企业两败俱伤，最终也对消费者无益。

 拓展知识5.4

成熟期的三个阶段

成熟期是产品生命周期最长的一个阶段，可细分为三个小阶段。

第一阶段是成长中的成熟，此时由于分销饱和而造成销售成长率开始下降。虽然一些落后的购买者还会进入市场，但已没有新的分销渠道可开辟了。

第二阶段是稳定中的成熟，由于市场已经饱和，销售量增长与人口增长呈同一水平。大多数潜在的消费者都已试用过该产品，而未来的销售则依赖于人口增长和更新需求。

第三阶段是衰退中的成熟，此时销售的绝对水平开始下降，顾客也开始转向其他产品和替代品。

（四）衰退期的营销策略

产品进入衰退期后，产品需求量、销售量明显下降，在市场上失去了吸引力，被新产品所替代。对进入衰退期的老产品，企业的营销策略应突出一个"转"字，具体营销策略有以下几种。

（1）增加投资，使自己处于行业内的支配地位或得到一个有利的竞争地位，但这种策略风险较高，企业不宜轻易采用。

（2）有选择地降低投资，把资源集中使用在最有利的细分市场，放弃无利润的细分市场。

（3）在行业走势不明朗之前，保持原有的投资水平，把销售保持在一个低水平，伺机行动。

（4）从现有的投资中获取利润，快速回收资金。

（5）对于衰退迅速的产品，当机立断，放弃经营。

课堂思考 5.2

课堂任务

1．按教学班级分组，每组 6～8 人。

2．教师结合品牌引导案例中的任务分析，组织课堂讨论，或者提供教学平台组织在线讨论。

3．教师随机选定 3 个小组，各组选派代表说明本组的结论，其他同学可结合发言人的阐述进行相对应的提问。

4．教师点评，总结本项目内容。

课后阅读 5.4
产品生命周期的
改型变异

任务五　营销基础知识及技能训练

基础知识训练

一、单项选择题

1．企业在考虑营销组合策略时，首先需要确定生产经营什么产品来满足（　　）的需要。
　　A．消费者　　　　　　　　　B．顾客
　　C．社会　　　　　　　　　　D．目标市场

2．产品组合的宽度是指产品组合中所拥有（　　）的数目。
　　A．产品项目　　　　　　　　B．产品线
　　C．产品种类　　　　　　　　D．产品品牌

3．产品组合的长度是指产品组合中所拥有（　　）的总数。
　　A．产品项目　　　　　　　　B．产品品种
　　C．产品规格　　　　　　　　D．产品品牌

4. （　　）是一个名称、术语、标记、符号、图案，或者是这些因素的组合，用来识别产品的制造商或销售商。

    A．产品　　　　　　　　　　B．品牌

    C．网页　　　　　　　　　　D．域名

5. 形式产品是指（　　）借以实现的形式或目标市场对某一需求的特定满足形式。

    A．期望产品　　　　　　　　B．核心产品

    C．延伸产品　　　　　　　　D．潜在产品

6. 成长期营销人员的促销策略主要目标是在消费者心目中建立（　　）争取新的顾客。

    A．产品外观　　　　　　　　B．产品质量

    C．产品信誉　　　　　　　　D．品牌偏好

7. 大多数企业开发新产品是改进现有产品而非创造（　　）。

    A．换代产品　　　　　　　　B．全新产品

    C．仿制产品　　　　　　　　D．最新产品

8. 产品销量达到顶峰并开始下降，利润稳中有降，是产品生命周期的（　　）阶段的特征。

    A．引入期　　　　　　　　　B．成长期

    C．成熟期　　　　　　　　　D．衰退期

9. 某企业一款产品在市场中面临无人问津的境地，以下策略中不适合该企业所运用的是（　　）。

    A．缩小企业生产规模，只维持适当的生产

    B．降低生产成本，提高生产质量

    C．技术开发新产品，淘汰老产品

    D．改进产品及服务质量，创立品牌地位

10. 各条产品线在最终使用、生产条件、分销渠道或其他方面的相关程度是产品组合的（　　）。

    A．关联性　　　　　　　　　B．深度

    C．广度　　　　　　　　　　D．长度

11. 华晨宝马生产了 X3 系列 SUV，紧接着又推出了 X1 系列 SUV，这是（　　）策略。

    A．向上延伸　　　　　　　　B．向下延伸

    C．双向延伸　　　　　　　　D．品牌延伸

12. 某企业以高价格、高促销将新产品投放市场，其目的是让消费者尽快了解产品，迅速打开销路，这种策略是（　　）。

    A．快速撇脂　　　　　　　　B．缓慢撇脂

    C．快速渗透　　　　　　　　D．缓慢渗透

13. 包装一般包括首要包装、次要包装和（　　）三种。

    A．组合包装　　　　　　　　B．运输包装

    C．间接包装　　　　　　　　D．直接包装

14. 消费者通常亲切的称之为"蓝天白云"的是宝马汽车的（　　）。

　　A. 品牌名称　　　　　　　　B. 品牌标志

　　C. 品牌象征　　　　　　　　D. 品牌图案

15. （　　）是指消费者未曾听说，即便听说也不想购买的产品。

　　A. 便利品　　　　　　　　　B. 非渴求品

　　C. 选购品　　　　　　　　　D. 特殊品

16. 在普通牙膏中加入不同物质制成的各种功能的牙膏，这种新产品属于（　　）。

　　A. 全新产品　　　　　　　　B. 革新产品

　　C. 新品牌产品　　　　　　　D. 改进产品

二、多项选择题

1. 产品组合包括的变数是（　　）。

　　A. 宽度　　　　　　　B. 深度　　　　　　　C. 关联性

　　D. 长度　　　　　　　E. 高度

2. 一般来说，（　　）的产品成熟期较长，衰退过程较缓慢。

　　A. 高科技　　　　　　　　　B. 科技发展快，消费者偏好经常变化

　　C. 技术相对稳定　　　　　　D. 消费者偏好相对稳定

　　E. 新潮产品

3. 衰退期可采取的市场策略有（　　）。

　　A. 维持策略　　　　　　B. 收缩策略　　　　　　C. 放弃策略

　　D. 集中策略　　　　　　E. 转移策略

4. 再使用包装策略的突出作用是（　　）。

　　A. 增加包装的用途　　　B. 刺激购买欲望　　　　C. 增加产品的销售

　　D. 起到营业推广的效果　E. 延伸宣传

5. 新产品开发需要优选最佳产品概念，选择的依据是（　　）以及对企业设备、资源的充分利用等。

　　A. 技术能力　　　　　　B. 未来的市场潜在容量　C. 投资收益率

　　D. 生产能力　　　　　　E. 销售成长率

6. 企业采用统一品牌策略，（　　）。

　　A. 能够降低新产品的宣传费用　B. 有助于塑造企业形象

　　C. 易于区分产品质量档次　　　D. 促销费用较低

　　E. 适合于企业所有产品质量水平大体相当的情况

7. 快速渗透策略，即企业以（　　）推出新产品。

　　A. 高价格　　　　　　　B. 高促销　　　　　　　C. 低价格

　　D. 低促销　　　　　　　E. 高品质

8. 企业针对成熟期的产品所采取的营销策略，具体包括的途径是（　　）。

　　A. 开发新市场　　　　　B. 开发新产品　　　　　C. 巩固老用户

　　D. 改进老产品　　　　　E. 寻求新用户

三、判断对错

1. 产品整体概念的内涵和外延都是以追求优质产品为标准的。（　　）

2. 企业高层领导人员如果没有产品整体概念，就不可能有现代市场营销观念。（　　）

3. 产品项目是指产品线中不同的品种、规格、品牌、价格的特定产品，如某商店经营的服装、食品、化妆品等。（　　）

4. 产品生命周期的长短，主要取决于企业的人才、资金、技术等实力。（　　）

5. 不同的产品种类，其产品生命周期曲线的形态亦不相同。（　　）

6. 产品品牌的生命周期比产品种类的生命周期长。（　　）

7. 新产品处于引入期时，竞争形势并不严峻，而企业承担的市场风险却最大。（　　）

8. 产品生命周期不同阶段的市场特点与新产品的市场扩散过程密切相关。（　　）

9. 继续生产已处于衰退期的产品，企业无利可图。（　　）

10. 一旦新产品在市场试销成功，则意味着新产品能迅速被消费者接受，企业能获得丰厚的利润。（　　）

四、简答题

1. 简述产品的整体概念。

2. 产品组合有哪几种主要策略？

3. 简述产品设计需遵循的原则。

4. 简述新产品开发的主要组织形式。

5. 简述包装设计应遵循的原则。

五、案例分析

2020 年下半年，R 公司在全国各大中城市推出三种新产品：口腔清新、杀菌的"冰薄齿"牌牙膏，清洗纯棉内衣的"保洁净"牌条状肥皂和"舒足"牌足部洗涤香皂。这三种新产品都比原来产品档次高，属于高档产品。表 5.1 是 R 公司新产品上市前产品组合及产品品牌情况。

表 5.1　R 公司新产品上市前产品组合及产品品牌情况

清洁剂	牙膏	肥皂	纸巾
洁爽	露凝	绝顶	
佳洁雪	绝好	露肤	粉红丽人
快乐	海洋		俏佳人
纯白	兰花草		

为了使新产品在市场上达到理想销量，R 公司投入 3000 万元进行促销，如买一赠一、有奖销售和数量折扣。

结合上述案例，请针对所给的资料进行分析，并回答下列问题、

（1）R 公司新产品上市前后产品组合的宽度和长度分别是多少？

（2）R 公司所采用的品牌策略是哪种？

（3）R 公司的新产品所采用的产品延伸策略是什么？企业选择此策略的理由是什么？

项目五技能训练

项目六　价格策略

任务一　定价目标及影响因素

知识目标

1. 了解企业的定价目标及种类。
2. 企业定价的程序。
3. 掌握各因素对企业定价的影响。

能力目标

1. 能够针对不同企业提出不同的定价目标。
2. 能够根据实际情况，应用不同的定价程序，确定产品价格。
3. 能够结合企业实例分析成本、需求、竞争等因素对定价的具体影响。

素质目标

1. 能够具体问题具体分析，灵活运用知识解决实际问题。
2. 关注企业价格动态，培养行业洞察力。

引导案例

为何同样是景区，定价会如此不同

2020年12月，山东商报发文《正名！泰山山顶矿泉水5元一瓶》，在舆论场再掀波澜。

"他们肩上搭着一根光溜溜的扁担，扁担两头的绳子挂着沉甸甸的货物……挑山工登一次山，走的路程大约比游人多一倍。"提到泰山，不免想起小学课文《挑山工》。山东商报此番特意强调，泰山顶峰5元钱的矿泉水是人力挑上山的。因此，虽然同样的水比正常便利店多卖了两三块钱，人们还是纷纷称赞泰山景区定价合理。还有网友吐槽："曾经背着好几瓶水爬泰山，爬到山顶发现水那么便宜，当时就非常后悔。"

但仔细想想，为啥游客要负重爬山？恐怕是听说或者亲自体验过景区商品价格能翻到多高，再联想山上运输不便、泰山又是著名景点，对"泰山山顶的矿泉水贵不贵"心里没底，所以宁可累也不愿多花冤枉钱。表示后悔则说明，将挑山工的人力成本折算两三块钱到每瓶水里，在游客们眼中合情合理，甚至是低于预期的。

人人心中都有杆秤，只要讲理，何必担心公众不通情达理。

泰山的正面典型背后，有很多反面例子作为背景板。近些年，国内很多景区因商品售价畸高而在新闻中被曝光。有的是讲好了食品一斤卖多少钱，收钱时变成一只多少钱；还有的是导游和店家联手宰客，不买东西就恶语相向。这些乱象明显侵犯了游客的正当权益，国家和地方都出台了相关举措进行整改。

资料来源：闪电新闻. 泰山矿泉水价格再掀波澜，景区该怎么定价？[EB/OL]. （2020-12-03）[2021-03-09]. https://baijiahao.baidu.com/s?id=1685029144115715449&wfr=spider&for=pc.

任务分析

产品定价是 4P 营销组合中唯一能产生收入的要素，最具灵活性和艺术性，同时还是影响交易完成的主要因素。在如今竞争白热化的形势下，价格的制定及调整是否合理，直接影响消费者的购买行为，影响产品及企业的形象，影响企业的盈利水平及在市场上的竞争力，并在一定程度上决定着企业的成败，是企业能否走向成功的重要因素。因此，企业在制定及调整价格的过程中，必须首先明确其定价目标，考虑各种因素对价格的影响，进而才能制定出较合理的价位。

上述案例资料就分别涉及企业的定价目标、定价的影响因素等相关知识。因此，本部分设置如下具体任务。

（1）通过对相关知识的学习，说明可供企业选择的定价目标有哪些？

（2）从引导案例中体现出的是何种定价目标？这种定价目标给不同景区带来的影响是什么？

（3）通过对相关知识的学习，谈谈影响企业定价的因素都有什么？

（4）从引导案例中反映出来的是何种因素对定价的影响？其影响原理是什么？

知识学习

一、定价的目标

定价目标（pricing objectives）是企业在对其生产或经营的产品制定价格时，有意识地要求达到的目的和标准，它是指导企业进行价格决策的主要因素。定价目标取决于企业的总体目标。作为企业整体价值的一部分，价格在创造顾客价值、建立与维系顾客关系中发挥着关键作用。企业的发展目标不一样，为实现不同目标所指定的产品价格就会不一样。企业的每一种可能价格对其利润、收入、市场占有率均有不同的含义。通常，企业的定价目标有以下几种。

（一）以企业维持生存发展为目标

以维持企业生存发展为定价目标是指企业为避免不必要的价格竞争，以适中、稳定的价格维持企业的生存，进而获得长期利润的一种定价目标，这种定价目标也称为稳定定价目标。稳定的价格通常是大多数企业获得一定目标收益的必要条件，市场价格越稳定，经营风险也就越小。

（二）以实现企业利润最大化为目标

最大利润定价目标是指企业追求在一定时期内获得最高利润额的一种定价目标。利润额最大化取决于合理价格所推动的销售规模，因而追求最大利润的定价目标并不意味着企业要制定最高单价。

（三）以提高市场占有率为目标

以提高市场占有率为目标又称市场份额目标，是指企业的销售额占整个行业销售额的百分比，或者是指某企业的某产品在某市场上的销量占同类产品在该市场销售总量的比重，即把保持和提高企业的市场占有率（或市场份额）作为一定时期的定价目标。

 拓展知识 6.1

市场占有率的分类

市场占有率有绝对市场占有率和相对市场占有率之分，是反映企业经营状况及竞争能力的主要指标。

绝对市场占有率是指企业产品在某一时期市场中的销售额（或销售量）与同行业产品在同一时期市场中的总销售额（或销售量）之比。相对市场占有率则是某企业产品的销售额（或销售量）与最大竞争对手的销售额（或销售量）之比，前者侧重考核在行业中的竞争地位，后者则侧重考核与最大竞争对手的力量对比。

实现市场占有率目标通常有两种做法。

第一种，定价由高到低。该做法适用于一些竞争不激烈的产品。产品刚上市时，利用消费者的求新心理，制定高价格，以期望在短期内获取高额利润，随着竞争加剧，适当降低价格，增加销量，以提高市场占有率。

第二种，定价由低到高，即上市时低于竞争对手定价，以低价争夺竞争对手的顾客或吸引潜在顾客，利用消费者的求廉心理，从而迅速占领市场，提高市场占有率。之后通过提高产品质量，增加产品的某些功能等措施逐步提高产品价格，既维持了市场占有率，又给企业带来更多的收益。

（四）以顾客让渡价值最大化为目标

市场营销的根本目的就是满足消费者的需求和欲望。满足顾客需求的最佳办法就是提高顾客的让渡价值。顾客让渡价值是指顾客购买的总价值（产品价值、服务价值、人员价值和形象价值）与顾客购买的总成本（货币成本、时间成本、精神成本和体力成本）之间的差额。理性的顾客必然会选择自我判断哪些产品提供最高价值，依次做出对自己最有利的选择。因此，传递高的顾客价值就能引起高的顾客满意，继而就产生高的顾客忠诚，这就是企业长期生存的关键之处。很难想象一个不满意的顾客会重复购买令他不满意的产品或多次主动接受令他不满意的服务。例如，航空公司经常会为常客提前办理登机手续，提供贵宾休息室，提供登机前的各项服务等。

（五）以应付和防止竞争为目标

企业采用竞争定价目标，要注意与竞争产品的对比分析，从有利于竞争的目标出发制定价格。一般来说，竞争力量较弱的企业，应采取与竞争对手相同或略低于竞争对手的价格；竞争能力强又想扩大市场占有率的企业，可以采取略低于竞争对手的价格；实力雄厚并拥有某种特殊技术的企业，可以采取高于竞争对手的价格；有时出于排挤竞争对手或阻止其他企业加入竞争行列的考虑，一些大企业还常常采取低价倾销的手段力争独占市场。

（六）以保持良好的渠道关系为目标

多数企业都需要借助中间商的力量销售产品，保持与渠道成员（主要是中间商）的良好关系，保证分销渠道畅通无阻，是企业营销活动中一项不可忽视的内容。因此，企业在定价时，一定要充分考虑到中间商的利益，合理加大给中间商的折扣，适度增加中间商的权利，以保证中间商的合理利润，使之有足够的积极性来推销企业的产品。

（七）以公益为目标

这种定价目标在近年来越来越受到重视，其目的在于满足社会公益、增进宏观效益，包括"绿色定价""公益定价"。例如燃料的定价，对高污染、高排放的燃料制定较高价格，而对低污染、低排放的同类燃料制定较低价格，鼓励顾客购买这种低污染、低排放的燃料，以满足社会公益的要求。

二、企业定价的程序

价格不仅仅涉及企业自身的利益，而且还涉及竞争对手、消费者、商家等的多方利益，因此制定价格时应全面考虑，遵循有序的步骤。定价一般包括以下六步，如图 6.1 所示。

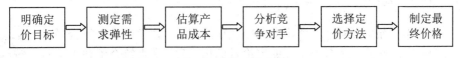

图 6.1 企业定价程序

（一）明确定价目标

定价目标是企业欲通过价格手段的运用以期达到的营销效果，也是企业选择定价方法和制定价格策略的依据。定价目标既要服从于企业的营销战略目标，又要与其他营销目标相协调。任何企业制定价格，首先都必须考虑目标市场和市场定位。

不同的企业可能有不同的定价目标，同一企业在不同时期定价目标也可能不同，企业应权衡利弊加以选择。此外，企业还要考虑一些具体的经营目标，如利润额、销售额、市场占有率等。例如，在迅速发展的市场上，企业可能更注重市场占有率的提高而降低利润要求，采取低价渗透策略；在低速发展的市场上，企业可能更多地考虑尽快收回投资，注重短期效益，而采取高价撇脂策略。

（二）测定需求弹性

产品价格与需求量关系密切，应通过市场调研了解产品的需求状况，了解不同价格水平上的需求量的高低，观察需求量对价格变动的反应，在此基础上测定需求价格弹性。如果需求弹性大，调高产品价格就会引起营收的下降，反之，降低价格则使销售总收入上升；如果需求弹性小，调高产品价格可增加营业总收入，反之，降低价格则使销售总收入下降。

（三）估算产品成本

正常情况下，成本是制定价格的最低界限，价格只有高于成本，企业才有利可图。成本作为企业定价的重要依据，只要有产品完工待销便可估算。因此，在定价前对于产品的成本应该有一个比较准确的预测。

成本包括固定成本和变动成本两类。固定成本一般包括厂房和机器设备的折旧费、房租、管理人员的工资、职工福利费、办公费等。变动成本一般包括原材料、燃料、生产工人的工资、储运费等。

（四）分析竞争对手

如今的市场环境，很多行业内企业间的竞争已经达到白热化状态，价格是竞争中最常用的一种武器。因此，企业在给产品定价时，一定要关注竞争对手的产品和价格，以做到知己知彼，保证竞争中的优势地位。例如，拼多多的崛起，不一定是拼团这种玩法，而是商品价格真的太低了。同时，价格又是双刃剑，太低了就不赚钱，不赚钱则不可持续，太高了转化差，竞争力弱。

（五）选择定价方法

在确定了价格目标、已知需求量和需求弹性、估算成本、分析竞争产品后，可选择适当的定价方法，为产品来确定一个基本的价格。可供选择的基本定价方法有成本导向定价法、需求导向定价法、竞争导向定价法。

（六）制定最终价格

在制定基本价格的基础上，还需要考虑其他的因素，如考虑是否符合国家政策法规的有关规定；是否与企业的定价目标相一致；是否符合消费者的利益及消费心理；是否与合作伙伴的利益相一致；竞争对手对所定价格的反应如何等，综合确定产品的最终价格。

课堂思考6.1

三、影响定价的主要因素

（一）成本因素

成本是定价的基础和前提，是价格的主要组成部分，也是定价的最低限度。企业要正常经营，必须能够通过价格补偿产品生产、分销、促销的各种风险支出，并补偿企业为产品承担风险所付出的代价，如此，企业才能获取利润。

正常经营情况下，产品成本是价格的下限，即成本价格。成本则表现为企业在产品的研发、制造、储存、原材料、运输等。以成本价格销售，企业不盈不亏；低于成本价格销售，必定亏损。因此，企业应该努力降低成本，降低价格，以扩大销售量，增加利润。

与定价策略直接相关的成本概念有如下几个。

（1）固定成本：又称固定费用。企业在一定规模内生产经营某一商品支出的固定费用，在短期内不会随产量的增减变动影响而发生变动的成本费用。

（2）变动成本：又称为变动费用，是指支付给变动生产要素的费用，随产量的增减变化而发生变化的成本，常常在实际生产过程开始后才需支付。

（3）总成本：是固定成本与变动成本之和。

（4）平均成本：总成本与产量之比，即单位产品成本，其结果随产量增加呈递减趋势。不同时期的平均成本可能会有很大变化，通过比较分析，能了解成本变化的总体水平，并为深入分析指明方向。

（二）需求因素

产品价格除受成本影响外，还受需求的影响，即商品供给与需求的相互关系的影响。需求因素对价格的影响可以从以下几方面来看。

1．消费者的需求能力

消费者的需求能力即购买能力或者支付能力。如果价格定得过高，超出消费者的实际承受能力，产品的销售将受到严重影响，甚至无人问津，因此可以说需求因素决定着价格的上限。

2．消费者的需求强度

消费者的需求强度即消费者想取得某商品的欲望强度。强度低，则对价格较敏感，适合定低价；强度高，则对价格的敏感度较差，适合定高价。

3．市场的供求状况

供求规律是一切商品经济的客观规律。一般情况下，市场价格以市场供给和需求的关系为转移，即商品供过于求时价格下降，供不应求时则价格上涨。这就是亚当·斯密提出的市场经济"看不见的手"。

4．需求价格弹性

对于绝大多数消费品，其需求与价格成反比，即价格下降，需求量增加；价格上涨，需求量减少。只有一些特殊消费品，其需求与价格呈同向变化的关系，如能代表一定社会地位和身份的高档消费品、奢侈品等。

用于反映需求对价格变动的反映程度高低的指标为需求价格弹性。

$$需求价格弹性（E_p）=\frac{需求量变动的百分比}{价格变动的百分比} \tag{6.1}$$

因为需求量与价格的变动方向相反，因此结果为负值。为了方便，常取绝对值进行分析。

$E_p>1$，富有弹性，即价格小幅上涨或下降，就会引起需求量较大幅度的降低或增加。对这类商品，可以适度降低价格来增加销售收入。

$E_p<1$，缺乏弹性，即价格变动对需求量的影响不大。对这类商品，可以适度提高价格来增加产品的总收益。

$E_p = 1$，标准弹性，即价格变动不会引起销售收入变动。如价格提高 5%，需求量即降低 5%，因此涨价或降价对企业总收益无明显影响。

$E_p = 0$，无弹性，反映价格变化不能对需求量产生任何影响，可采用提高价格策略。

市场需求与产品价格密不可分。了解需求价格弹性，可以为定价和调价提供依据。需求价格弹性较小的几种情况有：市场上没有替代品或者没有竞争者；消费者对较高价格不在意；消费者不愿意改变购买习惯，也不积极寻找较便宜的东西；消费者认为高价格表示产品质量有所提高等。

（三）竞争对手因素

成本决定价格下限，需求决定价格上限，竞争因素则决定着价格在上下限之间的浮动。

企业在为产品定价时，务必考虑该产品和整个企业所面临的竞争环境。不同的环境存在着不同的竞争强度、竞争方式，以及伴随竞争所产生的机会和挑战。企业应仔细分析竞争环境，趋利避害，通过给产品制定合理的价格，在激烈的竞争中取得发展。

行业的竞争结构对企业的定价也有影响，主要有以下几种。

1. 完全竞争市场

完全竞争市场是指竞争充分而不受任何阻碍和干扰的一种市场结构。在这种市场类型中，买卖人数众多，买者和卖者是价格的接受者，资源可自由流动，信息具有完全性。完全竞争市场全面排除了任何垄断性质和任何限制，完全依据市场的调节运行，因而可以促使微观经济运行保持高效率。

2. 垄断竞争市场

垄断竞争是一种介于完全竞争和完全垄断之间的市场形势，是既有垄断倾向，同时又有竞争成分的一种市场结构。垄断竞争市场竞争程度较大，垄断程度较小，比较接近完全竞争，而且要现实得多。从总体上说，这种市场具有以下特点：厂商众多、互不依存、产品差别、进出容易，以及可以形成产品集团。处在垄断竞争市场上的企业，一般来说，其垄断程序高低与其经营效益的好坏呈正相关。

3. 寡头垄断市场

寡头垄断市场是处于完全竞争和完全垄断之间的一种市场结构。在寡头垄断市场上，只有少数几家厂商供给该行业全部或大部分产品，每个厂家的产量占市场总量的相当份额，对市场价格和产量有举足轻重的影响。相互依存是寡头垄断市场的基本特征。在完全寡头竞争条件下，整个行业的市场价格较稳定，但各个寡头企业在广告宣传、促销等方面竞争较激烈。

4. 完全垄断市场

完全垄断市场指在市场上只存在一个供给者和众多需求者的市场结构，即行业中唯一一个厂商的市场结构。

完全垄断市场只有一家厂商，控制整个行业的商品供给，因此，厂商即行业，行业即厂商；该厂商生产和销售的商品没有任何相近的替代品，需求的交叉弹性为零，因此，它不受竞争的威胁；新的厂商不可能进入该行业参与竞争。因此，垄断厂商可以控制和操纵市场价格。

（四）产品自身特点

1．产品种类

不同种类的产品对价格有不同要求，因此，企业应清楚自己的产品种类是属于日用品、选购品、特殊品，还是奢侈品。例如，日用品的价格一定要考虑大众消费者的接受能力，质价是否相符；而消费者在购买特殊品及奢侈品时，因其很少考虑价格与效用的相符性，消费者对商品所反映的地位和威望的关注程度要远远高于价格。

2．产品的标准化程度

标准化程度高的产品价格变动的可能性一般较低，价格变动过大，很可能就会引发行业内的价格竞争。标准化程度低的产品则相反。

3．产品的易腐、易毁和季节性

一般情况下，易腐烂、变质和不宜保管的产品，价格变动的可能性较高，如生鲜食品。常年生产季节性消费的产品与季节性生产常年消费的产品，可以通过制定季节性价格来平衡产销和提高经济效益。

4．时尚性

时尚性强的产品价格变化明显。一般在时尚的高峰期，价格应定得高一些；高峰过后，就应尽快做价格调整，调低价格。

5．生命周期阶段

生命周期短的产品，往往时尚性较强，需求变化迅速，应及时把握机会，尽快收回成本。生命周期的不同阶段，对价格也提出了不同的要求。

（五）政府力量

世界各国政府对价格的干预普遍存在，政府通过制定一系列的法律法规干预和控制价格，如我国的《中华人民共和国价格法》《中华人民共和国反不正当竞争法》等。

目前政府禁止的价格行为主要有以下四类：① 禁止价格垄断的行为，如滥用市场优势控制市场价格，严重损害其他经营者和消费者利益的行为以及联合控制价格的行为等；② 禁止价格欺诈的行为，主要有虚假降价、模糊标价等；③ 禁止价格歧视的行为；④ 禁止低价倾销的行为。

延伸阅读 6.1
市场监管总局将重点打击网络直播价格欺诈行为

课堂任务

1．按教学班级分组，每组 6~8 人。

2．教师结合影响定价因素的引导案例，组织课堂讨论，或者提供教学平台组织在线讨论。

3．教师随机选定 3 个小组，各组选派代表说明本组的结论，其他同学可结合发言人的阐述进行相对应的提问。

4．教师点评，总结本项目内容。

课后阅读 6.1
价格欺诈的类型

任务二 定价方法

1. 熟悉成本导向、需求导向、竞争导向定价法的思路。
2. 掌握成本导向、需求导向、竞争导向定价法的具体做法。

1. 能够结合实例正确选择恰当的定价方法并制定价格。
2. 能够实际评价不同企业在定价时采用的不同方法。

1. 树立定价方法的规则意识。
2. 通过探究性学习和案例分析的学习等方式，培养良好的执行力和协作力。

定 价 方 法

某地市场上有三家企业制造生产同一种插座，现抽样选出一组工业用户作为样本，邀请他们分别从产品耐用性、产品可靠性、交货可靠性、服务质量四种属性来评价三家企业产品的价值。对每一种属性赋予分值 100，分配给三家企业；同时，按四种属性重要性程度的不同，将 100%的权重分配给四种属性，评价结果如表 6.1 所示。

表 6.1　产品评分表

属　　性	重要性权数%	产　　品		
		A	B	C
产品耐用性	25	40	40	20
产品可靠性	30	33	34	33
交货可靠性	30	50	25	25
服务质量	15	45	35	20

市场调查结果显示，该种插座在市场上的平均价格为 20 元，请采用理解价值定价法为三家企业的产品制定适宜的销售价格。

定价方法是企业在特定的定价目标指导下，依据对影响价格形成的各因素进行分析，运用价格决策理论，确定产品价格的方法。价格的高低受诸多因素的影响，但最主要的还是成本、需求、竞争等因素，实际定价时，往往侧重其中的某一个因素，因此，企业的定价方法可以归纳为成本导向定价法、需求导向定价法、竞争导向定价法。

案例中提及的理解价值定价法为需求导向定价的一种具体做法，欲回答案例问题，必须能够正确理解该定价方法的原理和操作思路。因此，结合此案例，本部分设置如下具体任务。

（1）理解价值定价法的基本思路是什么？
（2）理解价值定价法的关键是什么？
（3）采用理解价值定价法为三家企业的产品定价。

知识学习

一、成本导向定价法

成本导向定价法是以产品成本作为定价的基本依据，是运用比较普遍的定价方法。定价时，较少考虑市场需求和竞争状况。企业是以盈利为目的的经济组织，企业必须通过销售产品来收回企业付出的成本，在此基础上获得相应的利润回报。因此，企业在制定相关产品价格的同时，就必须要考虑产品的成本和利润。成本导向定价法主要包括以下几种具体方法。

（一）成本加成定价法

成本加成定价法是在单位成本的基础上，加上一定比例的利润和税金，构成价格的方法。生产企业的单位成本是单位产品成本与销售费用之和；经营企业的单位成本则是进价与流通费用之和。成本加成定价法以单位成本为基础来定价，可以大大简化企业的定价程序，也可以缓和同行业的价格竞争。

采用成本加成定价法，加成率一般采用利润率指标，具体有以下两种计算方法。

（1）顺加法，其计算公式为：

$$价格 = \frac{单位产品总成本 \times (1+成本利润率)}{1-税率} \qquad (6.2)$$

（2）倒扣法，其计算公式为：

$$价格 = \frac{单位产品总成本}{1-销售利润率-税率} \qquad (6.3)$$

生产企业多采用顺加法定价，而零售企业则多采用倒扣法。

【例6-1】某型号计算机生产厂商，年产销量可达5000台，总固定成本为6 000 000元，每台计算机可变成本为2000元，税率为17%。则

单位产品总成本=单位产品可变成本+（固定成本总额/产销量）

=2000+6 000 000/5000=3200（元）

如果该计算机厂商欲获取成本的20%的利润率，则计算机的单价为：

$$价格 = \frac{3200 \times (1 + 20\%)}{1 - 17\%} = 4627（元）$$

如果该计算机厂商欲获取销售价20%的利润率，则计算机的单价为：

$$价格 = \frac{3200}{1 - 20\% - 17\%} = 3855（元）$$

成本加成定价法以单位成本为基础来定价，可以大大简化企业的定价程序，也可以缓和同行业的价格竞争，还可以使定价对买卖双方都比较公平，在这种情况下卖方只是"将本求利"。在定价的过程中，确定合理的利润率是关键，为此需综合考虑市场供求状况及行业的平均利润水平等。

这种方法的优点是计算简便易行，能保证企业生产经营的产品成本得到补偿；缺点是忽视了市场需求的变化和竞争的影响，缺乏灵活性，成本和利税的重复计算。该方法适用于经营状况和成本水平稳定的企业；供求大体平衡、市场竞争不激烈的产品。

（二）目标利润率定价法

目标利润率定价法是企业根据所要实现的目标利润来定价的一种方法。该方法应首先预测未来时期的销量，计算出该销量下的总成本，再结合企业的目标利润计算出价格，其计算公式为：

$$价格 = \frac{总成本 + 目标利润}{预计销售量 \times (1 - 销售税率)} \tag{6.4}$$

【例6-2】某化妆品预计销售量5000件，固定成本200 000元，单位变动成本50元，目标利润60 000元，销售税率为0.7%，则该产品出厂价格应该定为：

$$价格 = \frac{200\,000 + 50 \times 5000 + 60\,000}{5000 \times (1 - 0.7\%)} = 103（元）$$

该方法的优点是计算简便，能较好地实现投资回收计划；缺点是只从卖方利益出发，没有考虑价格与需求之间的关系和竞争对手产品的价格等因素对企业产品销量的影响。如果在预期内未完成销量，则目标利润很难实现。该方法主要适用于市场占有率较高或垄断性的产品。

（三）变动成本定价法

变动成本定价法又称为边际贡献定价法，是在单位变动成本的基础上，加上预期的边际贡献计算价格的定价方法，其计算公式为：

$$单位商品销售价格 = \frac{总的变动成本 + 边际贡献}{总销量} \tag{6.5}$$

边际贡献是指销售收入减去变动成本后的余额，如果补偿固定成本后仍有剩余，则形成利润，否则亏损。

【例6-3】一企业某产品的生产能力为年产5万件，年固定成本50万元，单位产品变动成本为15元，产品市场价为30元。现在企业只接到订单3万件。按此计划生产，边际贡献弥补部分固定成本后企业仍亏损5万元。

如果此时有客户追加订货2万件，每件报价为20元，根据边际贡献定价法原则，这一报价是可以接受的。接受此订单后，企业将实现盈利 5 万元。

【例 6-4】某企业的年固定成本为 180 000 元，每件产品的单位变动成本为 50 元，计划边际贡献为 150 000 元，当销售量预计为 6000 件时，则该产品出厂价格应定为：

$$价格=(50×6000+150\ 000)÷6000=75（元）$$

采用这种方法定价通常是在企业经营不景气、产品销售困难、竞争异常激烈、生存比获利更重要时采用，通过降低售价实现产品销售。

二、需求导向定价法

需求导向定价法是以消费者对产品的价值感受和需求强度为依据制定价格，是一种随着营销观念的更新而产生的新的定价方法，主要包括以下几种具体方法。

（一）理解价值定价法

理解价值，又称为感受价值、认知价值，是以消费者的价格观念来确定价格的方法。

这种定价方法认为，某一产品的性能、质量、服务、品牌、包装和价格等，在消费者心目中都有一定的认识和评价。消费者往往根据他们对产品的认识、感受或理解的价值水平，综合购物经验、对市场行情和同类产品的了解而对价格做出评判。当商品价格水平与消费者对商品价值的理解水平大体一致时，消费者就会接受这种价格；反之，消费者就不会接受这个价格，商品就卖不出去。因此，企业必须搞好市场调查，了解消费者的消费偏好，以各种营销策略和手段，影响消费者对产品价值的认知，形成对企业有利的价值观念。

延伸阅读 6.2
茅台酒的定价原则

（二）需求差异定价法

需求差异定价法又称为差别定价法，是根据需求的差异，对同种产品或劳务制定不同价格的方法。这种定价方法，首先强调适应消费者需求的不同特性，而将成本补偿放在次要的地位。对同一商品在同一市场上制定两个或两个以上的价格，或使不同商品价格之间的差额大于其成本之间的差额。需求差异定价法主要包括以下几种具体形式。

（1）因消费者而异。同种产品或服务，对不同类型的消费者，制定不同的价格。例如迪士尼景区的门票价格，成人和儿童的票价就不同。企业对老客户、新客户的价格也有差异。

（2）因时间而异。同种产品或服务，在不同的季节、月份、日期，甚至不同的钟点，制定差别价格。例如，旅游旺季宾馆收费涨价，而在淡季大幅度降价；在情人节当天，玫瑰花的价格会比平时贵上一倍；圣诞节当天，很多西餐店只会出现套餐形式的就餐。

（3）因地点而异。同种产品或服务，因处于不同的空间位置，制定不同的价格。例如，饮料在酒吧售价比一般的零售商店及超市要高好几倍；影剧院、体育场前后排的票价也不相同。

（4）因产品式样而异。对不同式样、不同花色、不同规格的同种产品制定不同的价格。例如，新潮服装与样子过时的服装，其价差就很大。由于式样而异的价格差异幅度往往要大大超过成本差异的幅度。

（5）因流转环节而异。以流转环节为基础的差别定价。企业产品出售给批发商、零售

商和用户的价格往往不同，通过经销商、代销商和经纪人销售产品，因责任、义务和风险不同，佣金、折扣及价格等都不一样。

（三）可销价格倒推法

可销价格倒推法又称逆向定价法、价格回推法，即根据市场的需求状况，了解消费者能接受的零售价格，倒推出产品的批发价格和零售价格。

如以进价核算差价率（多为生产企业所采用），则计算公式为：

$$批发价 = \frac{市场可销零售价}{1+批零差率} \qquad 出厂价 = \frac{市场可销批发价}{1+进销差率}$$

如以售价核算差价率（多为渠道中的批发商和零售商采用），则计算公式为：

$$批发价 = 市场可销零售价 \times (1+批零差率)$$
$$出厂价 = 市场可销批发价 \times (1+进销差率)$$

三、竞争导向定价法

竞争导向定价法是根据竞争对手的产品价格来制定企业同类产品价格的一种定价方法，其价格的确定不与成本及需求发生直接联系，只关注竞争对手的产品价格，即使成本、需求发生了变动，只要竞争对手不调价，本企业的产品价格也不做调整。常用的有以下四种方法。

（一）随行就市定价法

随行就市定价法也称为通行价格定价法，即以竞争对手的产品价格为定价基础，不太注重自己企业的成本或需求的定价方法。这种定价方法可以有效避免挑起价格竞争，降低经营风险，利于同行企业和平共处，也容易为消费者所接受，因此，在激烈的市场竞争中，是一种较稳妥的定价方法，尤其为中小企业所青睐。这种定价方法主要适用于需求弹性小、产品差异小、供求基本平衡的产品。

尤其是在网络环境中，由于竞争者之间的价格趋向透明，采用随行就市定价易于和竞争者和平相处，避免价格战和竞争者之间的报复行为，也有利于促进整个行业的稳定发展。

（二）竞争参照定价法

这是一种与"随行就市定价法"相反的一种方法，也称主动竞争法。采取这种方法定价，不是追随行市价格，而是根据本企业产品与竞争对手产品的差异，制定本企业产品的价格，一般为实力雄厚或产品独具特色的企业采用。首先应了解竞争对手的价格策略和方法，然后将产品做横向比较，找出本企业产品的优势，作为制定竞争性价格的依据，最后综合竞争形势及产品优势，制定出本企业产品的价格。

延伸阅读 6.3
中档酒店如何
通过价格和竞争
对手争取订单

竞争参照定价法通常有以下三种形式：① 本企业产品的价格与竞争对手的产品价格基本相同；② 高于竞争对手的价格定价；③ 低于竞争对手的价格定价。

（三）密封投标定价法

密封投标定价法是指在招标竞标的情况下，企业在对其竞争对手了解的基础上定价。这种价格是企业根据对其竞争对手报价的估计确定的，其目的在于签订合同，所以它的报价应低于竞争对手的报价。密封投标定价法主要用于投标交易方式。

该方法一般在大宗物资采购、基建工程项目承包、引进仪器设备、矿产资源开发及政府采购等情况下采用。多家投标方根据招标方发布的招标公告，在同意招标人所提出条件的前提下，对招标项目进行报价，招标者从中择优选定。

企业中标的可能性取决于参与投标的竞争企业的报价情况。一般来说，招标方只有一个，处于相对垄断地位，而投标方有多个，处于相互竞争地位。报价高，中标的可能性不大；报价低，中标的可能性很大，但利润可能很少甚至有可能亏损。因此，投标企业在报价时，必须要预测竞争对手的价格倾向，争取制定出既容易中标，又能获取适度利润的最佳报价。

（四）拍卖定价法

拍卖定价与投标定价的主要区别在于，前者是招标人（买方）公开竞价，后者是拍卖人（卖方）密封定价。拍卖定价法具体有以下几种。

英式拍卖，是最普通的拍卖方式。拍卖标的物的竞价按照竞价阶梯由低至高、依次递增，当到达拍卖截止时间时，出价最高者成为竞买的赢家，通常在出售文物、旧货以及处理破产企业财务时使用。

荷兰式拍卖，是一种特殊的拍卖形式，亦称"公开减价拍卖"，它是指拍卖标的的竞价由高到低依次递减直到第一个竞买人应价时击槌成交的一种拍卖。当然最终成交价应当高于或等于卖方事先确定的底价。荷兰阿姆斯特丹的花式即用该方法成交定价。

延伸阅读 6.4
西贝的"如意算盘"

复式拍卖，是众多买方和卖方提交他们愿意购买或出售某项物品的价格，然后通过计算机迅速处理，并且就各方出价予以配对的做法，股票市场便是其典型范例。

课堂任务

1. 按教学班级分组，每组 6～8 人。
2. 各学习小组根据引导案例中的任务分析，讨论形成三家企业的价格方案。
3. 指定其中一个小组，由其派代表在黑板上演示定价过程。
4. 其他小组就其演示过程进行提问。
5. 教师点评并总结本单元内容。

课后阅读 6.2
八个定价小故事

任务三　定价策略与调整

1. 掌握企业定价的各种技巧。
2. 了解企业调价的原因。
3. 掌握应对调价的策略技巧。

1. 能够灵活运用各种定价策略技巧对初始价格进行修订。
2. 能够正确分析企业价格变动的原因并能提出变价方案。
3. 能够针对竞争对手的调价提出应对价格变动的方案。

1. 感受定价策略的心理运用，培养学生观察生活的意识，培养学生理性消费的意识。
2. 通过探究性学习和案例分析的学习等方式，培养良好的执行力和协作力。

喜茶等茶饮头部品牌涨价，餐饮行业价格策略两级分化

随着逐渐复工复产，餐饮堂食也逐渐"回暖"，北京商报记者走访北京多个商圈看到，喜茶、火炉火、争鲜等门店开始出现排队等位的情况。然而，堂食回暖的同时，客流不稳定、成本上涨也给餐饮企业复工带来新的挑战，也成为目前不少餐饮企业涨价的直接因素。

随着海底捞门店的逐渐复工，不少消费者本想前去打卡却被"菜品涨价约6%"的热搜放缓了脚步。根据消费者反映产品涨价问题，有媒体报道称，海底捞相关负责人已确认目前门店菜品价格调整控制在6%，各城市差异化定价，由门店按照地理位置、当地消费水平等因素对不同菜品综合定价。报道中，该负责人还表示，各门店提供自提服务，可享 6.9 折至 8.5 折折扣。2020 年 4 月 25 日之前，外带的包装材料会优化，以降低成本并减轻消费者负担。

"喜茶多款产品涨价 2 元""奶茶超过 30 元你还会喝吗"成为热搜榜的话题，有不少网友在新浪微博上发布消息称，喜茶多款产品涨价，如"奶茶波波""芝芝莓莓""多肉葡萄"等产品的价位在原来 25 元、30 元、28 元的基础上涨了 2 元。对此，喜茶相关负责人表示，价格上涨属于基于成本的正常调整。

同时，另一茶饮品牌奈雪的茶也出现了个别产品价格调整的现象。对此，北京商报记

者采访奈雪的茶，其相关负责人表示，由于原料价格变化和物流成本波动，为保证产品质量与用户体验，对部分区域的部分产品价格进行了适当的调整。例如，产品霸气芝士草莓在广州深圳等华南地区调高了1元，而芝士金色山脉在杭州等华东地区调低了2元。

然而，在部分茶饮头部品牌涨价的同时，定位在售价15元左右的茶饮品牌并未出现涨价，反而有的品牌开始推出优惠折扣券。北京商报记者发现，茶饮品牌COCO都可今日在微信平台发出限时优惠的信息，根据信息显示，消费者通过购买优惠券可享受最低5折或买二赠二的优惠。与此同时，不少餐饮企业也想通过优惠措施恢复客流，增加市场占有率。以麦当劳为例，近日，麦当劳推出了一款周一会员半价桶，原价81元，售价39元，消费者蜂拥而至。

关于涨价的情况，在消费端引发了争议。"他们有涨价的权利，而我们有不喝的选择""替代品那么多，可以喝别的"，这是在关于喜茶涨价热搜话题中点赞数排名前列的评论。但也有网友表示"影响不大，喜欢品牌"。根据新浪新闻发起的"奶茶超过30元你还会再喝吗"话题投票来看，在60万人参与投票中，有63.5%的人选择"不会，被涨价劝退"的选项，29.5%的人选择"不一定，但很少会喝"，仅有5.3%的人选择"会的，毕竟戒不掉"的选项，另外1.3%的人选择"其他"。

在朱丹蓬看来，头部企业或者有话语权、有号召权的企业可能会选择涨价，而大多数企业更可能选择通过优惠去抢夺市场，提升市场的占有率，不同的企业有不同的策略。

北京工商大学经济研究所所长洪涛表示，不同的企业根据自身情况进行价格调整，对于涨价的企业其主要原因在于成本上升，而对于加大优惠力度的企业其主要希望扩大市场占有率。从目前来看，仅有部分有自己品牌调性、稳定的消费客群的企业开始行动。然而，对于普通品牌来说，盲目涨价并不一定有消费者买单，消费者会根据其价值来衡量，企业需要根据自身创造力去匹配销售价格。当然，对于一些比较有特色的品牌涨价消费者也会出现"情绪波动"。

资料来源：北京商报. 喜茶等茶饮头部品牌涨价，餐饮行业价格策略两级分化[EB/OL].（2020-04-09）[2021-03-15]. https://baijiahao.baidu.com/s?id=1663488579504742080&wfr=spider&for=pc.

任务分析

产品定价是一个极其复杂的过程，企业不仅要选择科学的定价方法制定产品的基本价格，还要进一步依据具体的市场环境、产品特点、市场供求、消费者的购物心理以及地理位置等，灵活地运用定价策略和技巧，制定最终的销售价格，以期在激烈的市场竞争中扩大销售，增加利润。

定价既是一门科学，又是一门艺术。薄利不一定多销，厚利也不一定就销售不出去。结合该案例，本部分设计如下具体任务。

（1）分析喜茶、海底捞等头部品牌餐饮采取了哪些营销策略。

（2）根据消费者的最后调查情况，消费者会为这次商家提价买单吗？

（3）为什么都是餐饮行业的商家，同一环境下却出现了两级分化？

（4）假设此时商家再次研究出新产品，你认为商家会选择如何定价？

知识学习

一、新产品定价策略

（一）投入期的价格策略

定价策略不是一成不变的，它随产品所处生命周期的不同而改变。尤其是在产品投入期阶段，更具有挑战性。当公司推出一种新产品时，就面临第一次定价的挑战。新产品上市，企业常使用三种定价策略：撇脂定价、渗透定价和满意定价。

1. 撇脂定价策略

撇脂定价策略即高价策略，是指在产品上市初期，将价格定得很高，大大高于成本，目的是在市场上一层一层获取收入，攫取最大利润，尽快回收投资成本，是一种短期内追求最大利润目标的定价策略。

在下述条件具备的情况下，企业就可以采取撇脂定价的方法：市场上存在一批购买力很强且对价格不敏感的消费者；竞争对手不能轻易进入市场推出别的竞争品，影响本产品的高价位，要有明显的差别化优势；科技、知识含量较高，属于技术创新型产品，因此具有高质量、好形象的特征，能够吸引足够的消费者愿意在该高价位下购买产品；企业的品牌在市场上有传统的影响力。

撇脂定价策略的优点有：① 高价厚利，能迅速补偿研发费用，实现预期利润；② 利用较高价格可以提高身价，树立高档名牌产品形象；③ 掌握降低价格的主动权

撇脂定价策略的缺点有：① 高价抑制需求，不利于市场开拓及销量增加，容易导致产品积压造成亏损；② 高价厚利极易诱发竞争者进入；③ 在某种程度上损害了消费者的利益。

撇脂定价策略主要适用于以下情况：① 市场生命周期较短的时尚产品，如服装、化妆品等；② 需求弹性较小的产品；③ 有专利保护的新产品等。

延伸阅读 6.5
大疆无人机的
撇脂定价

2. 渗透定价策略

渗透定价策略即低价策略，是指在产品进入市场初期，将价格定得较低，利用消费者求廉的消费心理迅速占领市场，提高市场占有率，以获取较大利润的定价策略，是一种短期内以快速提高市场占有率为目标的定价策略。

在下述条件具备的情况下，企业可以采取渗透定价的方法：市场对价格非常敏感，低价会刺激需求，带来产品销量大幅度的增加，使产品的市场份额迅速成长；低价是企业的竞争优势，低价可以阻止竞争，不会引起恶性价格战；生产和分销的成本会随着产品销量的增加而下降。

渗透定价策略的优点是：① 低价能帮助企业迅速打开销路，提高市场占有率；② 低价薄利可阻止竞争者进入，以便独占市场，获取利润。

渗透定价策略的缺点是：① 利润微薄，收回投资的速度慢，时间长；② 在竞争中价格变动的余地小，难以应付短期内突发的竞争或需求的较大变化；③ 低价容易使消费者产生便宜没好货的感觉，从而降低企业的优质产品形象。

渗透定价策略主要适用于以下情况：① 创新程度不高的新产品；② 对价格敏感的细分市场；③ 有代用品的中高档消费品等。

3. 满意定价策略

满意定价策略即适中价格，又称中间价，兼顾厂商、中间商及消费者的利益，使顾客、同行及全社会都感到满意，是一种介于撇脂定价与渗透定价之间的定价策略。

满意定价与前二者的不同之处在于，满意定价的前提是市场竞争不太激烈，产品以保守的角色参与市场竞争，来获取其应有的收益，没有很强的市场攻击性。

满意定价策略的优点是：① 价格合理，既能保证企业的适度利润，又能兼顾消费者的利益；② 定价公平，上调下降的空间余地较大。

满意定价策略的缺点是：① 比较保守，企业可能失去更大的盈利机会；② 不适合需求复杂多变或竞争激烈的市场环境。

（二）成长期的价格策略

对于成长期的产品，其定价策略应结合投入期采用的策略而定。

投入期采取了撇脂定价策略，随着产销量的迅速提升、竞争企业的快速涌入，企业应在适当的时机采取降价策略，以激发那些对价格比较敏感的消费者，使其产生购买动机，尽早采取购买行动。

投入期采取了满意定价策略，在成长期的价格策略也应以市场渗透为主。

投入期采取了渗透定价策略，产品进入成长期后，又有较多的竞争企业加入，应视竞争企业的价格策略及实力考虑维持投入期的价格或者适当降价，如果没有强有力的竞争对手或没有竞争对手加入，此阶段在能够提高产品质量或增加新功能的前提下也可以考虑适当提价。

（三）成熟期的价格策略

对于成熟期的产品，企业选择定价策略总的指导思想应是尽可能地创造竞争优势，确保产品的市场占有率。

产品经过成长期的一段时间以后，开始进入成熟期，产品的市场需求已经日趋饱和，销量也逐步到达顶点，并出现下降的趋势，利润也随之开始下降；商品在市场上的竞争逐渐激烈，并不断出现仿制品和替代品，在此阶段，可以将产品的价格定得比同类产品低，以排斥竞争者，维持商品销量的稳定或拓展市场。在该阶段，大量小型企业在竞争中被淘汰，形成了以大型企业为主的垄断竞争局面。受竞争环境影响，企业决策的伸缩余地变小，但还是应该确保价格的有效调整，以突出竞争优势。

（四）衰退期的价格策略

对于衰退期的产品，企业价格决策总的指导思想已经不是要获取多少利润，而是如何在损失最小的情况下退出市场。只有极少数处于衰退期的产品能较长时间存活在市场上，对于绝大多数产品都要或早或晚地从该市场上退出来。

衰退期的主要特点是：产品的销售量急剧下降；企业从这种产品中获得的利润很低甚

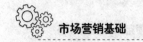

至为零；大量的竞争者退出市场；消费者的消费习惯已发生转变等。

在此时期可以采用的定价方法有三种：① 减价；② 追随其他厂商价格；③ 在同一品牌下，以成本较低的同质产品来维持产品价格。

二、产品组合定价策略

很多企业生产经营多种产品，为了实现整个产品组合的利润最大化，应该综合考虑产品之间的内在联系，系统地制定相关产品的价格，这就形成了对不同组合产品之间的关系和市场表现进行灵活定价的策略。

常用的产品组合定价的形式有以下几种。

（一）产品线定价策略

产品线定价策略是指企业为同一产品线中不同质量不同档次的产品，要确定产品的价格差额，结合成本差异、消费者的需求差异和与竞争对手产品的价格差异等方面，制定不同价格的策略。

当产品线中不同档次的产品价差过小时，消费者往往倾向于购买性能更好的产品，如果两种产品的价差高于成本差异，则企业能增加盈利；如果价格差异过大，消费者则通常倾向于购买价格低的产品。因此，合理确定各产品间的价差是产品线定价策略的关键。

（二）互补品定价策略

互补品是指两种（或以上）功能互相依赖、需要配套使用的商品，如净水机和滤芯、镜架和眼镜片等。

企业一般将主体产品（如净水机、镜架）定低价以吸引消费者购买，而将附属产品（如滤芯、眼镜片）定高价，附属产品的高额利润不仅能够弥补主体产品的损失，还能给企业带来长期的盈利。例如，某眼镜企业就将镜架定很低的价位，而通过高价销售的镜片赚回大量利润。

也有一些企业将产品的定价采取与上述相反的做法，如针式打印机与配套产品色带的定价，企业往往将打印机这种主体产品定较高的价位，而将附属产品色带定价极其低廉。这种做法是靠附属产品来吸引客户，而主要从主体产品上赚取利润。

在这里，可以将定低价用以吸引消费者的产品称为"引诱品"，而将定高价以赚取利润的产品称为"俘虏品"。

延伸阅读 6.6
卖胶囊的
咖啡公司

（三）选择品定价策略

许多企业在提供主要产品的同时，还会附带提供与主产品密切相关，但又可独立使用的产品或特征，即任选品，如购买汽车时选择安装的倒车雷达、购买组装电脑时选择的处理器等。常用的定价策略有如下两种。

（1）将任选品定高价，使其成为企业的主要获利项目。例如，日产汽车公司通常以低价提供不带任何选择品的基本车型，吸引消费者到展厅购买，同时在展厅的绝大部分空间里展示附有各种特色任选品的高价小汽车,而消费者最终与车商成交的往往是带有任选品的高价车型。

课堂思考 6.2

（2）将任选品定低价或免费提供,作为招徕品以吸引消费者,带动其主要产品销售,从主要产品的销售中获利,如一些烧烤店在门口贴出消费满200元酒水免费的宣传单。

（四）组合产品定价策略

为了促销,企业常将相关的多种产品搭配在一起捆绑销售,其价格要低于单独购买其中每一产品的费用之和,如旅游景点的参观套票、电影院推出的周末连场电影等。采用这种方式定价,提供的价格优惠应该足以吸引原本只准备购买部分产品的顾客转而购买全套产品,但同时也要注意不能搞硬性搭配,以免引起消费者的反感,这样非但不利于产品销售,反而会有损企业形象。

（五）分部定价策略

这是服务性企业经常采用的定价策略,即先收取一笔固定费用,在此基础上加收一定的可变使用费用。移动运营商和游乐园收费常采取这种形式:前者是月租加上日后的使用费用;后者则是门票加上超过规定的项目费用。采用这种定价策略,一般收取的固定费用较低,用以吸引顾客,而获利源泉主要为可变的使用费用。

（六）副产品定价策略

在生产加工肉、石油产品和其他化学产品时,在生产过程中,经常有副产品,如榨油厂的油渣、酿酒厂的酒糟等。这样的副产品没有价值,而且在处理时还要支付额外的费用,这样就会影响主要产品的定价。因此,企业应积极寻找需要这些副产品的用户,只要他们的出价能高于储存和处理的费用,对企业就是有利的,这样做不仅能节省储存和处理的费用,还可以为主要产品制定更低的价格,提高竞争力。

延伸阅读 6.7
十元店的利润
来源

三、心理定价策略

心理定价策略一般在零售企业中普遍使用,是商家利用消费者的购物心理,有意识地将价格定高或定低的定价策略,主要有以下几种形式。

（一）尾数定价策略

尾数定价策略利用消费者的求廉心理,保留价格尾数,制定非整数价格,多用于需求弹性较大的价格低廉的日用品。例如,将牙刷的价格定为9.98元,而不定为10元,给消费者以便宜的印象,从而激起消费者的购买欲望;还会让消费者认为价格计算精确,给人以信赖感,促进产品销量增加。

在使用尾数定价策略时,还要注意由于各地民族习惯、社会风俗、文化传统和价值观念的不同,某些数字常常会被赋予一些独特的含义,定价时应巧妙加以使用。例如,在我国，一些吉祥数字如"8""6""9"等很受欢迎；在美国、加拿大等北美国家，奇尾数更受欢迎，同样的商品定价 49 美分，其销量比定价为 48 美分要多一些；世界多国对数字"4"都比较抵触。

（二）整数定价策略

整数定价策略企业有意将产品价格定为整数，以显示产品具有一定质量。这种方法主要利用了消费者"一分钱一分货""好货不便宜"的心理，利用整数价位提升产品形象。例如，服装定价为 1000 元，而非 998 元。这样做省却了找零的麻烦，满足了消费者炫耀、崇尚名牌精品的虚荣心，还有助于企业树立高档、高价优质的产品形象。该策略多用于需求价格弹性小、价格高低不会对需求产生较大影响的商品，如流行性商品、礼品、星级宾馆、高级文化娱乐城等。

还有一种情况，在移动支付还未流行的时候，如果顾客为了购买一瓶水而迫不得已搜索口袋，四处寻找硬币，那么此刻心中一定大为恼火，很有可能下次再也不来光顾了，只因为店里的日用品的价格有太多的零头。因此，对于日常的生活用品，销售商常常采用整数定价法。例如，在水饮品市场，农夫山泉、冰露等都是以整数定价的。

（三）声望定价策略

声望定价策略是利用消费者仰慕名牌商品或名店的心理来制定商品的价格。声望定价可以满足某些消费者的特殊欲望，如地位、身份、财富、名望和自我形象等，还可以通过高价格突出产品的名贵优质形象。

该策略适用于一些传统的名优产品、具有历史地位的民族特色产品，以及知名度高、有较大的市场影响力、深受市场欢迎的驰名商标。例如，提到汽车，人们都会想到奔驰、宝马、奥迪；提到手表，人们就会想到劳力士、卡地亚；提到箱包，人们就想到了 LV、爱马仕等。这些名牌产品不仅以优质高档闻名于世，更以其价格昂贵而引人注目。使用声望定价策略，值得注意的是要适当地控制市场拥有量，即所谓的"物以稀为贵"。

（四）招徕定价策略

招徕定价策略是企业利用顾客求廉的心理，特意将某几种产品定低价以吸引顾客，或利用节庆日和换季时机举行"大甩卖""优惠酬宾"、限时抢购等活动，把部分商品打折出售，吸引顾客经常来采购廉价产品，同时也选购了其他正常价格的产品。虽然几种低价品不赚钱，但由于带动了其他正常价格产品的销售，使得企业的整体效益得以提升。这种定价策略常为大型商场、超级市场所采用。例如，日本创意药房在将一瓶 200 元的补药以 80 元超低价出售时，每天都有大批人潮涌进店里抢购补药，该药店不但没有赔本，反而盈余骤增。

该策略还有一种不常见的形式，即给产品定奇高的价格，用以吸引顾客，从而带动其他产品的销售。我国改革开放初期，在珠海九洲城里有种打火机标价 3000 港元，引起很多人的兴趣，许多人都来一睹尊容，但真正买的人却没有，旁边 3 元一只的打火机却销路大畅。

（五）习惯定价策略

有一些日用消费品，消费者经常重复购买和使用，已经在消费者心目中形成一种习惯性的价格标准，采用"习惯成自然"的定价策略。符合其标准的价格就容易被顾客所接受，偏离其标准的价格就容易引起顾客的怀疑。

必须调整价格时，也应该考虑采用暗调的方式，如改变产品包装内的容量，尽可能不要采用直接调高价格的办法。

四、折扣定价策略

企业为了鼓励消费者或中间商及早付清货款、大量购买，或为了刺激淡季购买，会对基本价格进行修订，实行价格折扣和折让。折扣定价策略是通过降低一部分价格来争取顾客的一种定价方法，主要有以下几种形式。

（一）数量折扣

数量折扣又称批量作价。数量折扣是企业为鼓励顾客大量购买产品所给予的减价优惠，即购买数量越多，折扣越大，以鼓励顾客增加购买量，包括累计数量折扣和一次性数量折扣两种形式。

累计数量折扣是指在一定时期内累计购买超过规定数量或金额所给予的价格优惠，目的在于鼓励顾客与企业建立长期固定的关系，减少企业的经营风险，目前大多数果品店普遍实行的积分卡制度就属此类。例如，企业规定购买量达到 100 件，价格折扣为 2%；购买量达到 200 件，价格折扣为 4%；购买量达到 300 件，价格折扣为 6%。

一次性数量折扣又称非累积数量折扣。一次性数量折扣是按照顾客每次购买产品数量和金额的多少给予不同的折扣，目的是鼓励顾客大批量购买，促进产品多销、快销。这种方法只考虑每次购买量，而不管累计购买量，如"购货 100 个以下单价 10 元，100 个以上 9 元"。

（二）现金折扣

现金折扣又称销售折扣，目的是敦促顾客尽早付款，加速资金周转，降低销售费用，减少坏账损失。现金折扣典型的表示方式为"2/10、1/20、n/30"，表示信用净期为 30 天，其含义是在成交后 10 天内付款，购买者可以得 2% 的折扣，若在成交后的 20 天内付清款项，购买者只能给予 1% 的折扣，若超过 30 天付款不予折扣且要加付较高利息。确定现金折扣率时，一般应高于银行同期贷款利率。例如，A 公司向 B 公司出售商品 20 000 元，付款条件是"2/10、n/60"，如果 B 公司在 10 内付款只需支付 19 600 元；如果在 60 天内付款，则须全额付费；如果超过 60 天则将加入利息。

（三）季节折扣

季节折扣，也称季节差价，是企业鼓励顾客淡季购买的一种折扣，适用于季节性强的产品，如旅游淡季的宾馆住宿费用、机票，夏季销售的滑雪用品等。

对中间商给予季节折扣，可以促使中间商提早进货，减少企业仓储压力，保证企业正常生产；对消费者给予季节折扣，能促使消费者在淡季提前购买商品，减少过季商品库存，加速资金周转。季节折扣比例的确定应综合考虑成本、储存费用、基本价格和资金利息等因素。

（四）交易折扣

交易折扣，又称为功能折扣、中间商折扣，顾名思义，是企业给中间商的一种折扣，促使中间商执行某项渠道功能。因为批发商和零售商在渠道中的功能不同，因此折扣也不同。一般来说，企业给批发商的折扣要大些，而给零售商的折扣要低于批发企业。例如，厂商报价"100元，折扣30%及10%"，意思是给零售商的贸易折扣为30%，即70元，给批发商再折扣10%，即63元。

（五）推广折让

当中间商采取积极措施推广产品，促进产品的销售时，生产商也会对其提供一定的价格折让，鼓励其行为，这就是推广折让。

推广折让是直接从价目表给予减价的一种策略，主要有两种形式：① 促销折让，指生产企业为了鼓励中间商开展各种促销活动，而给予某种程度的价格减让，如刊登地方性广告、布置专门的橱窗等。② 以旧换新折让，指中间商再次购买新货时将旧货交回企业，企业给予一定价格优惠的方法，如苹果手机的以旧换新业务。

五、地理定价策略

地理定价策略是根据买卖双方在商品交易过程中，灵活处理地理位置的远近、运输、仓储、保险等多种费用的价格而制定的不同的价格策略。这种定价策略有以下几种形式。

（一）FOB原产地交货定价

FOB原产地交货定价是企业（卖方）以出厂价格交货，或将产品装运到产地某种运输工具（如货车、船舶、飞机、火车等）上交货的价格，并承担交货前的一切风险和费用，交货后的风险和费用则由买方承担。

所有顾客（买方）都是按出厂价购买产品，自己负担从产地到目的地的风险和运费，因此远方的顾客可能不愿意购买，退而求其次购买附近企业的产品。这样一来，就削弱了企业在较远市场上的竞争力。一般这种做法适用于销路好、市场紧俏的商品。

（二）统一交货定价

统一交货定价，是指企业对不同地区的顾客都按照相同的出厂价加相同的运费（按平均运费）定价，即顾客不论远近都实行一个价格。例如，我国邮政部门普通信件的邮寄价格，寄到全国各地，均付同等邮资，所以又称"邮资定价法"。

该方法使企业易于管理，可以同时进行全国统一价格的广告宣传，有利于开拓和巩固边远市场，但容易损失距离较近的顾客，比较适合于运费在总价格中所占比重较小的产品。

（三）区域定价

区域定价又称分区定价。分区定价是将产品的销售市场划分为若干价格区，在每一个区域内制定一个价格，不同区域市场采用不同的区域价格，即离企业较远的区域，价格定得较高；离企业较近的区域，价格定得较低。

各地区价格虽然不同，但同一地区内所有的顾客都支付同一价格。这时，企业这种分区定价就会存在一些问题：首先，处在相邻的两个价格区域边界的顾客，相距不远，但要按高低不同的价格购买同一种商品；其次，同一价格区内，有些顾客距离企业比较近，有些则距离比较远，距离比较近的顾客就会觉得不合算。因此，实行分区运送价格，极易出现窜货问题。该方法适用于运货费用在价格中所占比重较大的大体积产品。

（四）基点定价

基点定价是指企业选定一些中心城市作为定价的基点，然后按一定的出厂价格加上从基点城市至顾客所在地的运费来定价，而不管货物实际上是从哪个城市起运的。有些货物由于产地比较集中，不同的企业会先把货物集中在某一个固定的城市，然后再从这里运送到各地。有些企业为了加大灵活性，选取许多基点城市，按离顾客最近的基点来计算运费。离基点较近的，售价就低；相反离基点较远的售价就高。基点定价策略比较适用于体积大、运费占成本比重较大、市场范围大、需求弹性小的产品。

（五）运费免收定价

运费免收定价是企业替顾客负担全部或部分实际运费的定价策略。采用运费免收定价，主要是为了与购买者加强联系或开拓市场，通过扩大销量来抵偿运费开支。这种做法可以促成市场渗透，降低平均成本。当市场竞争激烈，或企业急于开辟新市场时经常采用这种做法，一般适用于较大较重的商品，如钢铁制品等。

六、竞争中的调价策略

企业处在一个不断变化的环境之中，为了生存和发展，当确定产品价格后，随着企业的增多和竞争的加剧，企业仍需要经常主动提价或降价，对于竞争对手所做的价格调整，也要及时做出反应，以适应激烈的市场竞争环境。因此，价格调整决策也是企业价格决策中不可忽视的一项内容。

（一）提价原因分析及提价形式

成功的提价策略可以使企业的利润大大增加，但提价有时会引起消费者、经销商及推销人员的不满。因此，不能为了追求利润盲目提价。

在以下几种情况下，企业可以考虑提价。

（1）通货膨胀。由于通货膨胀，物价普遍上涨，企业的成本费用提高，为了应付通货膨胀，企业不得不提高产品价格，减少企业的损失。

（2）产品成本提高。由于原材料涨价，或者由于生产或管理费用提高的原因使成本费用不断增加，妨碍了企业获取合理利润，因此只能通过提价来消化上涨的费用。这是企业提价的最主要原因。

（3）产品供不应求。企业的生产不能满足所有顾客的需要，因此可通过提高产品价格来抑制部分需求，以缓解市场压力，同时也为企业生产经营规模的扩大提供了准备。同时，为了减少顾客的不满，企业提高产品价格时应当向顾客说明提价的原因。

（4）竞争的需要。当本企业产品拥有竞争对手所不具有的某种差异化优势时，可以利用其独特优势来提高价格，以树立其高品质的形象；当同行业的主导企业率先提价时，为了避免与之抵触所造成的损失，也必须随之提价。

一般来说，降价容易涨价难，因此，提价时应掌握好提价幅度、提价时机，并注意与消费者及时进行沟通。企业可以考虑以下提价方式。

（1）明提，即采取直接提价的方式。例如某家电，原价格为5000元一台，现调整为6000元；丰田阿尔法汽车原价格80万元，现在购买需要加价30万元。

（2）暗提，即采取一些手段保持价格不变，但实际隐性上升。

常见的暗提方式有取消折扣、实行服务收费、减少部分不必要的功能、缩减产品的分量、使用便宜的代用原料等。

延伸阅读 6.8
商家变相
"烧脑"涨价

（二）降价原因分析及降价形式

降价通常会影响同行企业之间的关系，极易引起价格战，同时降价也会对企业的整条产品线及企业利润产生影响，因此使用降价策略时应权衡利弊，审时度势，慎重决策，不能任意而为。

在以下几种情况下，企业可以考虑降价。

（1）产品供过于求，企业生产能力过剩，造成产品库存积压严重，占用大量资金，影响企业的正常运行，在使用其他营销策略无效的情况下，必须采取降价策略。

（2）市场中在强大竞争者的压力下，企业的市场占有率出现下滑。此时，迫于竞争的压力及收复失去的市场，企业不得不通过降价来维持和扩大市场占有率。例如，在国内空调市场，格力面对美的的追击，最终为保持市场占有率，被迫采取了降价策略。

（3）企业生产成本费用降低，想通过降价来控制市场或提高市场占有率。

（4）经济形势不景气，市场需求不振。此时，很多企业都把降价作为借以渡过难关的手段。例如，直播电商的异军突起造成了绝大多数实体商店无法经营，此时只能靠降低价格来吸引消费者的光顾。

（5）企业转产或淘汰过时的老产品。一般都要对老产品进行清仓处理，通过降价及时处理掉库存。

采取降价策略，具体方式也不外乎明降和暗降两种方式，企业应视具体情况，选择合适的降价方式：明降，即直接降低产品价格，容易刺激消费者，阻止竞争对手；暗降，即保持价目表上的价格不变，而通过其他手段达到降低产品实际价格的目的。常见的暗降方式有：① 增加免费的服务项目，如送货上门、免费安装、调试、维修等；② 随产品赠送礼品或优惠券或加大各种折扣；③ 增加单位产品的含量；④ 改进产品的性能和质量等。

（三）消费者对企业调价的反应

企业经常需要根据不同情况对产品的价格进行调整，企业提价或降价，都会影响消费者、竞争对手、中间商等各方的利益，因此，价格调整是否得当，很大程度上取决于相关各方对企业调价的反应。

一般情况下，消费者对于价值高、经常购买的产品的价格变动较敏感，而对价值低和不常购买的小产品，即使单位价格高，消费者也不大注意。此外，消费者虽然关心产品价格的变动，但是通常更为关心的是取得、使用和维修产品的总费用。

分析消费者对调价的反应，一是看消费者的购买量是否增加；二是要了解消费者如何理解这次调价，以便采取相应对策。企业在调价前，要分析消费者可能出现的各种反应，并在调整的同时，及时与消费者进行沟通。

消费者对企业提价的反应主要有：这种产品很畅销，不赶快买就可能失去购买的机会；产品质量提高了，价格自然提高；这种产品很有价值，值得购买或收藏；商家想获取更多的利润。在通货膨胀时期，消费者对企业提价还可能做出对企业无害的反应，即认为提价是通货膨胀的结果。

消费者对企业降价的有利反应主要有：一是可能认为企业产品的生产成本降低了，因此下调价格；二是可能认为企业牺牲一部分利润让利于消费者。

消费者对企业降价的不利反应主要有：认为产品过时了，将很快被新型产品所代替；认为产品本身有某些缺陷，销售不畅；认为企业财务出现困境，难以继续经营；价格还会在短时期进一步下跌；认为产品质量下滑了。

延伸阅读 6.9
房"买涨不买跌"，是什么心理在作祟

（四）竞争对手对企业调价的反应

企业在考虑改变产品价格的同时，不仅要考虑消费者的反应，还必须考虑竞争对手对企业产品价格的反应。企业可能只面对一个较大的竞争对手，也可能面对若干个竞争对手。尤其是在行业中企业数目很少、产品质量相同的市场上，竞争对手对企业调价的反应是很重要的。因此，企业在实施调价时，必须善于利用企业内部和外部的信息来源，力求掌握竞争对手所做出的反应，一般竞争对手可能的反应有以下几种类型。

（1）价格策略保持不变。此时，企业降价就可能起到扩大市场份额、提高市场占有率的作用；企业提价而竞争对手保持不变时，可能会直接损失企业的销量和利润。

（2）随企业降价而降价。这样，企业的降价效果就会被抵消，减少销售利润，甚至会恶化企业销售环境。当竞争对手的降价幅度更大时，甚至损失部分市场占有率。

（3）随企业提价而提价。在产品供不应求的情况下，竞争对手一般都会追随企业的提价而提价，这样对所有的企业都有好处。

在市场上，市场领导者往往会遭到其他企业的进攻，他们往往在与市场领导者的类似产品进行比较，通过进攻性的降价措施来争夺领导者的市场地位。因此，作为市场领导者，通过以上问题的分析，认清竞争对手调价的真实目的所在，以及对本企业的影响，针对具体情况采取相应的应对措施。

（1）维持原价，适用以下几种情况：市场领导者认为，如果一再降价会造成过多的利润收入减少；如果不降价，对市场占有率不会有太大损失时；有信心在将来适时夺回市场，恢复市场阵地。

（2）维持原价并采用非价格手段。市场领导者认为，通过提升产品质量、优化服务、加强与消费者的沟通等手段进行反攻。

（3）追随竞争对手降价。市场领导者认为，适用的几种情况有：成本能够随着销售量的增加而下降时；市场对价格很敏感，不降价就会损失市场占有率；市场占有率一旦下降，要想恢复，需要付出更大的代价。

（4）改善产品质量、提高价格并推出与之直接竞争的新品牌。市场领导者认为，提高产品质量并将其价格提高，强调与竞争对手的低价产品相比，自己的产品独具优势。与此同时，再推出与竞争产品同档次、同价位的新品牌与竞争对手争夺市场。

（5）推出廉价进攻性产品。市场领导者认为，在经营的产品中增加低档产品项目或者另行创立一个新的廉价品牌，适合在市场占有率正在下降、对价格敏感的细分市场上使用。

课堂任务

1．按教学班级分组，每组 6～8 人。

2．教师结合引导案例中的任务分析，组织课堂讨论，或者提供教学平台组织在线讨论。

3．教师随机选定 4 个小组，各组选派代表回答任务分析中的一个问题，其他同学可结合发言人的阐述进行相对应的提问。

课后阅读 6.3
品牌定价技巧

4．教师点评，总结本项目内容。

任务四　营销基础知识及技能训练

基础知识训练

一、单项选择题

1．邮资定价又称为（　　　）。

    A．FBO 原产地定价　　　　　　B．基点定价

    C．统一交货定价　　　　　　　D．分区定价

2．成本加成定价是在下列哪一项的基础上加一定百分比来制定产品销售价格的（　　　）。

    A．边际成本　　　　　　　　　B．边际可变成本

    C．平均成本　　　　　　　　　D．单位成本

3．在企业定价方法中，差别定价法属于（　　　）。

    A．成本导向定价法　　　　　　B．需求导向定价法

    C．竞争导向定价法　　　　　　D．市场导向定价法

4.（　　）定价，就是企业把全国（或某些地区）划分为若干价格区，对于卖给不同价格区顾客的某种产品，分别制定不同的地区价格。距离企业远的价格区，价格定得较高；距离企业近的价格区，价格定得较低。各个价格区范围内实行统一价格。

  A．基点　　　　　　　　　　B．邮资

  C．统一交货　　　　　　　　D．分区

5.（　　）是制造商给某些批发商或零售商的一种额外折扣，促使他们愿意执行某种市场营销职能（如推销、储存、服务）。

  A．现金折扣　　　　　　　　B．数量折扣

  C．贸易折扣　　　　　　　　D．季节折扣

6.（　　）是指企业以高价将新产品投入市场，以便在产品市场生命周期的开始阶段取得较大利润，尽快收回成本，然后再逐渐降低价格的策略。

  A．渗透定价　　　　　　　　B．撇脂定价

  C．心理定价　　　　　　　　D．声望定价

7.（　　）是指企业的定价低于利润最大化的价格，以达到限制其他企业进入的目的，是垄断和寡头垄断企业经常采用的一种定价方法。

  A．投标竞争定价法　　　　　B．随行就市定价法

  C．限制进入定价法　　　　　D．差别定价法

8.（　　）是指对那些有较高声誉的名牌高档商品或在名店销售的商品制定较高的价格，以满足消费者求名和炫耀的心理。

  A．声望定价　　　　　　　　B．招徕定价

  C．尾数定价　　　　　　　　D．心理定价

9.（　　）不属于产品组合定价策略。

  A．产品线定价　　　　　　　B．选择品定价

  C．互补产品定价　　　　　　D．累计数量折扣

10.准确地计算产品所提供的全部市场认知价值是（　　）的关键。

  A．认知价值定价法　　　　　B．反向定价法

  C．需求差异定价法　　　　　D．成本导向定价法

11.为鼓励顾客购买更多物品，企业给那些大量购买产品的顾客的一种减价称为（　　）。

  A．功能折扣　　　　　　　　B．数量折扣

  C．季节折扣　　　　　　　　D．现金折扣

12.如果企业按 FOB 价出售产品，那么产品从产地到目的地发生的一切损失都将由（　　）承担。

  A．企业　　　　　　　　　　B．顾客

  C．承运人　　　　　　　　　D．保险公司

13.企业利用消费者具有仰慕名牌商品或名店声望所产生的某种心理，对质量不易鉴别的商品的定价最适宜用（　　）法。

  A．尾数定价　　　　　　　　B．招徕定价

C. 声望定价   D. 反向定价

14. 当产品市场需求富有弹性且生产成本和经营费用随着生产经营经验的增加而下降时，企业便具备了（　　）的可能性。

    A. 渗透定价   B. 撇脂定价

    C. 尾数定价   D. 招徕定价

15. 按照单位成本加上一定百分比的加成来制定产品销售价格的定价方法称为（　　）定价法。

    A. 成本加成   B. 目标

    C. 认知价值   D. 诊断

16. 投标过程中，投标商对其价格的确定主要是依据（　　）制定的。

    A. 对竞争者的报价估计   B. 企业自身的成本费用

    C. 市场需求   D. 边际成本

17. 企业在竞争对手价格没有变的情况下率先降价的策略称为（　　）策略。

    A. 被动降价   B. 主动降价

    C. 撇脂定价   D. 渗透定价

18. 企业因竞争对手率先降价而做出跟随竞争对手相应降价的策略主要适用于（　　）市场。

    A. 同质产品   B. 差别产品

    C. 完全竞争   D. 寡头

19. 在订货合同中不明确价格，而是在产品制成以后或者交货时才进行定价的方法是对付（　　）的一种价格策略。

    A. 通货膨胀   B. 经济紧缩

    C. 经济疲软   D. 经济制裁

20. 非整数定价一般适用于（　　）的产品。

    A. 价值较高   B. 高档

    C. 价值较低   D. 奢侈

21. 在折扣与让价策略中，（　　）折扣并不是对所有商品都适宜。

    A. 交易   B. 季节

    C. 数量   D. 现金

22. 在商业企业，很多商品的定价都不进位成整数，而保留零头，这种心理定价策略称为（　　）策略。

    A. 尾数定价   B. 招徕定价

    C. 声望定价   D. 习惯定价

23. 在经济比较发达、国民教育程度比较高、社会风气比较好的地区成功推行（　　）策略的可能性较高。

    A. 撇脂定价   B. 顾客自行定价

    C. 疯狂减价   D. 逆向提价

24. 在（　　）条件下，个别企业无力影响整个市场的产品价格，因而不存在企业制定最优价格的问题。

    A. 完全竞争   B. 寡头竞争

    C. 垄断竞争   D. 不完全竞争

二、多项选择题

1. 影响企业定价的主要因素有（   ）等。

    A. 定价目标   B. 产品成本   C. 市场需求

    D. 经营者意志   E. 竞争者的产品和价格

2. 企业定价目标主要有（   ）等。

    A. 维持生存   B. 当期利润最大化   C. 市场占有率最大化

    D. 产品质量最优化   E. 成本最小化

3. 只要具备了（   ）这一条件时，企业就可以考虑通过低价来实现市场占有率的提高。

    A. 市场对价格反应迟钝

    B. 生产与分销的单位成本会随生产经验的积累而下降

    C. 市场对价格高度敏感

    D. 低价能吓退现有的和潜在的竞争者

    E. 产品质量优良

4. 当出现（   ）情况时，商品需求可能缺乏弹性。

    A. 市场上出现竞争者或替代品

    B. 市场上没有竞争者或者没有替代品

    C. 购买者改变购买习惯较慢，也不积极寻找较便宜的东西

    D. 购买者对较高价格不在意

    E. 购买者认为产品质量有所提高，或者认为存在通货膨胀等，价格较高是应该的

5. 价格折扣主要有（   ）等类型。

    A. 现金折扣   B. 数量折扣   C. 功能折扣

    D. 季节折扣   E. 价格折让

6. 引起企业提价主要有（   ）等原因。

    A. 通货膨胀，物价上涨   B. 企业市场占有率下降

    C. 产品供不应求   D. 企业成本费用比竞争者低

    E. 产品生产能力过剩

7. 心理定价的策略主要有（   ）。

    A. 声望定价   B. 分区定价   C. 尾数定价

    D. 基点定价   E. 招徕定价

8. 市场领导者在遭到其他的企业进攻后，有下列哪几种策略可以选择？（   ）

    A. 提高产品质量   B. 提价   C. 维持价格不变

    D. 降价   E. 降低服务水平

三、判断对错

1. 根据成本加成定价法可知,如果某品牌的价格弹性高,最适加成也应相对较高;反之亦然。(   )

2. 当采取认知定价法时,如果企业过高地估计认知价值,便会定出偏低的价格。(   )

3. 在制定价格过程中,现行价格弹性的大小对确保企业实现利润最大化的定价没有影响。(   )

4. 随行就市定价法适用于同质产品。(   )

5. 在完全寡头竞争条件下,当需求有弹性时,一个寡头企业不能通过提价而获利;当需求缺乏弹性时,一个寡头企业也不能通过降价获利。(   )

6. 产品差异化使购买者对价格差异的存在不甚敏感。因此,在异质产品市场上企业有较大的自由度决定其价格。(   )

7. 基础价格是单位产品在计入折扣、运费等之后的生产地或经销地价格。(   )

8. 销售中的折价无一例外地遵循单位价格随订购数量的上升而下降这一规律。(   )

9. 从市场营销的实践看,当市场有足够的购买者,且对商品的需求缺乏弹性时,企业往往能成功地实施撇脂定价。(   )

10. 在市场营销实践中,有实力的企业率先降价往往能给弱小的竞争对手以致命的打击。(   )

11. 顾客对产品的降价既可能理解为这种产品有某些缺点,也可能认为这种产品很有价值。(   )

12. 采用运费免收定价会使产品成本增加,不但给企业市场渗透带来困难,甚至难以在激烈的市场竞争中站住脚。(   )

13. 产品形式差别定价是指企业对不同型号或形式的产品制定不同的价格,但它们的价格与成本费用之比却相同。(   )

14. 在产品组合定价策略中,根据补充产品定价原理,制造商经常为主要产品制定较低的价格,而对附属产品制定较高的加成。(   )

15. 分部定价与补充产品定价本质上都是同一性质的产品定价组合策略。(   )

四、简答题

1. 在什么样的条件下需求可能缺乏弹性?

2. 企业在选择不同的折扣策略时所考虑的主要因素是什么?

3. 如果企业的价格发生变动,消费者会有怎样的反应?

4. 什么是撇脂式定价?什么是渗透式定价?其适用条件分别是什么?

5. 如果企业的价格发生变动,企业的竞争对手会有怎样的反应?

6. 企业应如何去应对竞争对手的价格变动?

五、计算题

1. 某厂生产某种商品 30 000 件,固定总成本 700 000 元,变动总成本 800 000 元,预期利润率 20%,试按成本加成定价法计算每件商品的销售价格。

2．某超市从生产商那里购进一批微波炉，进货平均成本为 900 元。如果超市的加成率为 10%，则百货商场按零售价加成确定的微波炉零售价是多少？

3．某烤箱厂投资 100 万美元，期望取得 20%的投资收益率。如果生产烤箱的固定成本为 30 万美元，平均变动成本为 10 美元，建成投产后预计年销售量 50 000 台，则按目标定价法确定的烤箱价格是多少？

4．某企业生产 A 产品供出口，据测算全年固定成本为 44 万元，单位变动成本为 15 元/件，该企业全年计划生产能力 15 万件，生产 A 产品的目标利润为 20 万元。现在有外商前来订货，提出以每件价格 20 元订购 10 万件，并独家经销。请问该项订货可否接受？

六、案例分析

1．休布雷公司在美国伏特加酒的市场上属于营销出色的公司，其生产的史密诺夫酒，在伏特加酒的市场占有率达 23%。20 世纪 60 年代，另一家公司推出一种新型伏特加酒，其质量不比史密诺夫酒低，每瓶价格却比它低 1 美元。

按照惯例，休布雷公司有 3 条对策可选择：① 降低 1 美元，以保住市场占有率；② 维持原价，通过增加广告费用和销售支出来与对手竞争；③ 维持原价，听任其市场占有率降低。由此看出，不论该公司采取上述哪种策略，休布雷公司都处于市场的被动地位。

但是，该公司的市场营销人员经过深思熟虑后，却采取了对方意想不到的第四种策略。那就是，将史密诺夫酒的价格再提高 1 美元，同时推出一种与竞争对手新伏特加酒价格一样的瑞色加酒和另一种价格更低的波波酒。

这一策略，一方面提高了史密诺夫酒的地位，同时使竞争对手的新产品沦为一种普通的品牌。结果，休布雷公司不仅渡过了难关，而且利润大增。实际上，休布雷公司的上述 3 种产品的味道和成分几乎相同，只是该公司懂得以不同的价格来销售相同的产品而已。

结合上述案例，请针对所给的资料进行分析，并回答下列问题。

（1）第四种策略是否恰当？为什么？

（2）这一策略使公司的目标市场策略发生了怎样的变化？

（3）企业决定价格时，须考虑哪些因素？

2．在国内手机市场上，几大品牌的手机在出新款时价格都很高，随着时间的推移和手机普及，原先产品的价格越来越低，但是它新出的款价格始终维持高价，这样就形成了价格从高到低的全系列产品，满足了不同层次人的需要。

结合上述案例，请针对所给的资料进行分析，并回答下列问题。

（1）新款手机面世时采取的是何种定价方式？

（2）这种定价方式的优点有哪些？

（3）几大品牌手机公司符合什么条件采用这种定价方式？

项目六技能训练

项目七　分　销　策　略

任务一　分销渠道认知

1. 掌握分销渠道的概念、功能和基本类型。
2. 了解分销渠道的发展动态。

1. 具备根据不同类型产品选择分销渠道类型的能力。
2. 具备根据企业实际情况调整分销渠道的能力。

1. 对不同商品所采用的分销渠道具备一定的洞察力，培养发现问题、解决问题的能力。
2. 提升职业素养，增强分销渠道选择方面的法律意识。

案例 1：金锣肉制品——多点发力全渠道营销

国家统计局公布 2020 年 10 月份的主要经济数据显示，社会消费品零售总额 38 576 亿元，同比增长 4.3%。受益于国内消费回暖，肉制品市场整体向好，其中，金锣火腿肠作为肉制品行业的龙头品牌，将产品创新和渠道营销作为发力的重点，激发了全新的消费活力。

在肉制品市场环境复杂多变的情况下，金锣能够实现逆势增长，渠道建设居功至伟。据了解，经过多年深耕，金锣在线下已发展至 58 个系统、30 000 多家门店、2000 多家经销商、100 多万个销售网点，线下传统渠道方面已成功建立庞大的分销网络。宽度上，销售区域基本覆盖了全国大部分地区；深度上，在重点地级市和省会级核心市场基础上，向上已进入北上广深等一线城市，向下已渗透到广大乡镇村市场。公司将传统渠道升级作为重点，计划重构经销商平台，扩大经销商规模，提高质量与专业度，持续通过下沉和纵深拓展手段，提高在国内市场的渠道渗透能力。

在线上，金锣多年致力于"互联网+"的渠道融合：为了适应新零售的市场发展环境，金锣自 2018 年开始启动新营销战略，通过开展"微商城"计划，与京东、天猫、有赞等电商渠道合作，拓展社区新零售货架模式，入驻天猫小店——零售通、京东便利店——新通路，不断强化自身在 B2B2C 领域的供应链能力，实现互联网趋势下的渠道升级。

在线上线下双模式并行的充分融合下，金锣还积极拓展直播卖货和社区团购等新兴渠道。2020 年，金锣火腿肠在中国国际肉类工业展览会期间首次尝试了"云逛肉展+云享好货"模式，首日销售额突破 120 万元，初战告捷。除利用"直播经济"创新赋能，金锣在社区团购渠道的探索也取得了好成绩。2020 年疫情期间，金锣进军社区团购新渠道，仅 10 天就招募了超过 800 名团长。截至目前，金锣已与多个社区电商平台达成合作，其中不乏头部平台，业务范围基本覆盖到了全国的大部分地区。

金锣升级传统渠道、探索电商、直播带货和社区团购渠道，多点发力全渠道营销，为金锣肉制品开辟出更广泛的供给空间，对市场的拓展力度进一步加大，金锣火腿肠销售渠道的广度、深度都将得到深挖。

资料来源：文影讯. 消费、渠道双升级，金锣火腿肠抢抓肉制品发展新风口[EB/OL]. （2020-12-08）[2021-09-19]. https://www.sohu.com/a/436969826_120420278.

艾瑞网. 金锣火腿肠：多点发力全渠道营销 焕发市场新生机[EB/OL]. （2021-01-27）[2021-09-19]. http://news.iresearch.cn/yx/2021/01/358881.shtml.

案例2：柜姐变直播导购，疫情触发商场"云购物"

2020 年，突如其来的疫情又让全国各地的实体商场成为受损"重灾区"。延长闭店、导购返岗难、客流骤降，面对经营困局，直播带货、微信群营销和小程序商城逐渐兴起。

3 月初，一位消费者走进杭州武林银泰百货，发现某化妆品柜台前，戴着口罩的导购正对着手机屏幕介绍商品。这样的场景，同样出现在全国各地恢复营业不久的银泰百货里。受疫情影响，全国 35 座城市的 65 家银泰百货不得不在商场销售的黄金时段"春节档"闭店。2 月 7 日，银泰百货在淘宝推出导购直播，杭州两家门店 50 多个品牌专柜的导购率先加入，在家直播带货。从专柜导购，到特殊时期在家直播，"云柜姐"们觉得，直播带货似乎效率更高些。有 6 年的化妆品专柜导购工作经验的梅子说："平时在专柜，一天接待 10~15 位顾客，现在直播一次服务上百甚至更多人，很值得。"截至目前，银泰百货已有超过 2000 位导购注册为淘宝主播，完成了超过 1000 场直播，多名导购单场销售额超 1 万元，最高单场直播销售额超 10 万元。

据中国百货协会发布数据显示，2020 年春节期间全国各地的商场整体开业率不到三成，商场平均销售额不及去年同期的 15%。在疫情防控期间，全国多家商场尝试导购直播，涵盖化妆品、服饰、珠宝首饰、母婴用品、电子产品等众多品类。中国百货商业协会发布《疫情下负重前行的中国百货业》报告，其中，直播带货、微信群营销和小程序商城，被称为"无接触销售新三法"。一夜之间，"云购物"在各大商场微博、微信平台上随处可见。全国很多商场在短短几天之内组建了品牌微信群、店长微信群，与顾客实现线上链接。此前作为商场辅助销售渠道的小程序商城也变成了主力渠道。作为创新性的新型零售模式，直播电商为我国疫情防控、促进创新就业起到了非常重要的促进作用。

资料来源：新京报. 柜姐变直播导购，疫情触发的商场"云购物"能走多远？[EB/OL]. （2020-03-10）[2021-09-19]. https://ishare.ifeng.com/c/s/7ujWqI4EWfH.

分销渠道策略是整个营销系统的重要组成部分，它对降低企业成本和提高企业竞争力具有重要意义。随着市场发展进入新阶段，激烈的市场竞争和强大的技术变革使得分销渠道策略变得愈发重要。受经济、文化、环境等因素的影响，企业的分销渠道也在不断发生新的变革。面对竞争对手的威胁，企业只有合理规划分销渠道策略，才能开辟新的市场，降低分销成本，这就需要对分销策略有基本的认识。

结合金锣肉制品和商场"云购物"两个案例，设置如下任务。

（1）金锣在产品销售上采取了哪些分销渠道？

（2）金锣为什么要升级传统渠道，发力全渠道营销？

（3）商场实体店与"云购物"两种渠道，各有什么优缺点？

（4）对于企业来说，什么样的分销渠道较为合理？

一、分销渠道的概念及功能

（一）分销渠道的概念

分销渠道即商品流通渠道，指产品（或服务）从生产者向消费者或用户转移的过程中所经过的一整套机构或途径。

分销渠道反映的是商品实体转移和价值实现的过程，起点是生产者，终点是消费者或用户。大多数情况下，生产者需要经过一系列中介机构转卖或代理转卖产品或服务，因此涉及的中间环节还包括批发商、零售商和储运商等，是从生产领域到消费领域的完整商品流通过程。除了实体产品以外，虚拟产品和服务也同样需要通过分销渠道转移至消费者或用户。

分销渠道的重要意义在于它所包含的轨迹构成了营销活动效率的基础。企业产品是否能及时销售出去，在相当程度上取决于分销途径是否畅通。

延伸阅读 7.1
北京环球度假区
布局分销渠道迈
出首步——旅游
服务的分销渠道

（二）分销渠道的功能

分销渠道是生产者之间、生产者和消费者之间商品交换的媒介，在克服产品（或服务）与使用者之间在时间、地点和所有权上的不一致等方面，具有以下功能。

（1）连结产销。生产者和消费者或用户通过分销渠道连接在一起，消除了产品在时间、地点和所有权等方面的矛盾。

（2）沟通反馈信息。及时与渠道企业了解产品销售情况、市场供求变化以及顾客、竞争对手及其他市场要素的动态信息，是保证商品适销对路和有效流动的前提。

（3）促进销售。构成渠道中间环节的中间商最主要的业务就是销售产品，因此，中间商会努力将生产企业的产品信息通过各种促销方式传播给目标消费者或用户，刺激需求，扩大销售。

（4）风险负担。渠道成员在商品流通过程中，不可避免地要承担市场供求变化、自然灾害、价格下跌等风险。

（5）实体分配。渠道成员通过有效地组织货物运输、仓储等活动，保证了商品能高效、适时地到达消费者或用户手中，消除了产品在时空上的矛盾。

（6）协商谈判。渠道成员在实现产品所有权转移的过程中，为保证顺利成交，不可避免地要同下一环节的渠道成员或最终的消费者或用户就价格、付款方式、交货条件等进行协商谈判。

二、分销渠道的类型

（一）根据是否有中间商的介入，分为直接渠道和间接渠道

1．直接渠道

生产者将产品直接销售给消费者或用户，不经过中间环节，又叫零级渠道，这是最简单、最直接的渠道，是工业品分销的主要类型，如大型设备、专用工具及技术复杂等需要提供专门服务的产品，都采用直接分销。消费品中有部分也可采用直接渠道，如鲜活商品等。

直接渠道可以减少损耗，降低费用，缩短时间，加速流通，了解市场，提供服务，控制价格，但它也会分散生产者的精力，增加资金投入，承担全部市场风险，而且由于生产者不可能广设网点，产品的销售范围和数量也会受到限制。

2．间接渠道

在生产者与消费者或用户之间有中间环节加入，商品销售要经过一个或多个中间环节，基本模式为：生产者—中间商—消费者。间接渠道是社会分工的结果，通过专业化分工使得商品的销售工作简单化，根据中间环节的数量可以分为一级渠道、二级渠道、三级渠道等。目前，市场大多数商品都是通过间接渠道销售给消费者或用户的。

课堂思考7.1

（二）根据中间环节层次的多少，分为长渠道和短渠道

分销渠道的长度是指产品从企业到最终消费者（或用户）的转移过程中所经历的中间环节的多少。中间环节的数目称为渠道的级数。

不经过中间环节或者只经过一道中间环节的渠道，称为短渠道。短渠道的主要类型有：① 零级渠道，即生产者—消费者（或用户）；② 一级渠道，即生产者—零售商—消费者（或用户）。

经过两个及两个以上层次中间环节的渠道称为长渠道。长渠道的主要类型有：① 二级经销渠道，即企业—批发商—零售商—消费者（或用户）；② 二级代理渠道，即企业—代理商—零售商—消费者（或用户）；③ 三级分销渠道，即企业—代理商—批发商—零售商—消费者（或用户）。

渠道的长短只是相对而言，并不决定它们孰优孰劣。渠道长短的选择，关键要适合自身的特点。一般而言，价格较高的家用电器、电子产品、名牌服装、汽车及其他贵重商品

等，可采用短渠道；绝大多数日用品、食品饮料、普通服装、小型家用电器、标准零配件等，可通过长渠道销售。

（三）根据同一层次中间商的多少，分为宽渠道和窄渠道

分销渠道的宽度取决于流通过程中每个层次使用同种类型中间商数目的多少。如果使用许多的批发商和零售商分销产品，就是宽渠道；如果只通过很少的专业批发商或零售商分销，甚至在某一地区只授权给一家中间商分销，这种渠道就较窄或很窄。渠道宽度有如下三种策略可选。

1. 密集分销

密集分销也称广泛分销，指企业尽可能多地通过批发商、零售商推销其产品。消费者越是要求购买的高频性和方便性，就越有必要选择密集分销方式，它是一种最宽的分销渠道。消费品中的便利品和工业品中的标准件、通用小工具以及不宜长期存放的商品（鲜花、水果、肉制品、鲜奶等）多采用这种策略，为顾客提供购买上的方便。例如，软饮料、肥皂、汽油、口香糖等消费品，以及润滑油、灯泡等工业品。

2. 选择分销

选择分销是指企业在某一地区仅通过少数几个精心挑选的、最合适的中间商推销其产品。这样，既可以使产品取得足够的市场覆盖面，又可以比密集分销更容易控制和节省成本，对于消费品中的选购品（服装、鞋帽、家电等）和工业品中的标准产品、原材料、专用性较强的零配件以及技术服务要求较高的产品尤为适宜。与密集分销策略相比，选择性分销策略可以使生产企业对中间商进行精选，使用效率高的中间商，降低销售成本。企业更容易与中间商保持良好的关系，使中间商更好地完成企业所赋予的营销职能。

3. 独家分销

独家分销是指企业在某一地区仅选择一家中间商推销其产品。通常双方协商签订独家经销合同，规定经销商不得经营竞争者的产品，以便提升企业对销售渠道的控制力，刺激中间商，调动其积极性，占领市场。独家分销一般适用于消费品中的特殊品，尤其是新产品、名牌产品以及有某种特殊性能和用途，或者需要提供特殊服务的产品，如品牌服装、高档家用及办公家具、机床及农用机械等行业。这种策略有利于生产者控制市场和价格，激发中间商经营的积极性，提高企业形象。但如果在一个地区过分地依赖独家分销商，易受分销商的支配并承受较高的失败风险。

三、分销渠道的发展动态

（一）多渠道组合趋势

对于某一产品的某一区域市场而言，传统上多数制造商只通过一个渠道进入，而如今，随着细分市场和潜在渠道的增加，越来越多的公司采用多渠道系统。

多渠道是指企业对同一或不同细分市场，同时采用多条渠道的分销体系，并对每条渠道或至少对其中一条渠道拥有较大控制权。

多渠道的形式主要有：① 企业通过两条以上的竞争性分销渠道销售同一商标的产品；② 企业通过多条分销渠道销售不同商标的竞争性产品；③ 通过多条分销渠道销售服务内容与方式有差异的产品，以满足不同消费者的需求。

（二）网络分销与传统分销渠道综合发展

网络分销是指企业以电子信息技术为基础，以计算机网络为媒介和手段而进行的各种分销活动的总称。

随着互联网、移动支付的普及和物流业的发展，网购用户的规模和网购交易额不断增加。资料显示，2019 年我国网购用户数量达 6.49 亿人，网购用户总体来说偏向年轻化，19～40 岁的网购用户占比 70.5%。同时，在现今消费升级的市场环境下，年轻消费者对商品品质以及商品个性化的要求越来越高，越来越看重购物体验，逐渐有了很多偏好在线下进行购物的消费者。而众多品牌也开始实行线上线下同价机制，消费者在线下体验购买，同时能够享受线上购买的优惠价格，为越来越多的人，特别是年轻一族所追捧。

延伸阅读 7.2
三只松鼠在
焦虑中前进

（三）渠道结构扁平化

渠道扁平化，就是尽量减少流通环节，由此来实现成本优势，还可以减少中间环节过多导致的信息失真，其本质是居于渠道强势地位的商家想通过减少渠道层次的方法，把原本仅仅做物流、资金流而不承担其他义务的平台的利润拿到自己的手中。

渠道扁平化的优势有：① 有利于更好地满足消费者的需求，了解市场真实信息；② 有利于管理和服务经销商，控制和驾驭经销商；③ 有利于加大宣传力度，开展终端促销活动，消化库存，建立品牌。

（四）渠道一体化

渠道成员之间趋向组成一个联合体，以增强竞争力。生产商通过强有力的中间商渠道可以迅速有效地铺货，达到占领市场并保持竞争地位的目的。

同时，中间商通过这种联盟，可以进一步强化其在流通、价格和服务方面的优势，从而进一步巩固其在同行业中的竞争地位。这样的战略联盟可以整合资源、降低成本、减少浪费、提高效率，使厂商资本利用率、回报率都得到极大提高。

课堂任务

1. 以 5 人左右的学习小组为单位，选择一款熟悉的商品（如手机、文具、食品等），查找并讨论该商品的各种分销渠道及各自的优缺点。

2. 小组成员组织语言，派出代表发言，教师也可以通过教学信息化平台，组织在线讨论，其他同学可结合发言人的阐述进行提问。

3. 教师点评，总结本部分内容。

课后阅读 7.1
直销与传销

任务二　分销渠道的设计与选择

知识目标

1．熟悉影响分销渠道选择的因素。
2．熟悉分销渠道的设计步骤。
3．了解渠道管理的基本方法。

能力目标

1．能够为企业、产品选择恰当、合理的分销渠道。
2．能够为企业设计简单的分销渠道方案。
3．能够根据渠道管理基本方法解决窜货、渠道冲突等分销现实问题。

素质目标

1．能够具体问题具体分析，灵活运用知识解决实际问题。
2．关注市场动态，培养行业洞察力。

引导案例

OPPO 发力全渠道销售

2020 年初春伊始，一场严重的疫情就席卷了全国，整个社会和经济的发展都遭受了强烈的打击。对于手机行业来说，疫情对线下门店销售业绩的影响更加严重。

但面对疫情的无情打击，OPPO 并没有消极懈怠，而是提出了针对性的措施。在线下门店受疫情直接影响的情况下，OPPO 加大了线上销售和社区营销的推进力度，获得了与 2019 年同期相比增长 50%的线上销售业绩；同时，加紧维护传统的线下渠道，强化渠道优势，即使在门店复工率低于 50%的 2 月，也在月底将销售额恢复到了 2019 年的同期水平。OPPO 中国区总裁刘波表示："接下来我们继续巩固 OPPO 渠道的纵深优势，分层分级，搭建金字塔模式布局。2020 年，区县城市渠道投入加倍，进一步提升渠道效率和规模。将一线、新一线、二线及省会城市作为首要目标，跟随消费习惯和生活方式变化，进驻重点、核心购物中心，逐步覆盖三线及以下城市。"整体而言，中国区对外表示，终端形象体系将更加清晰，不同类型和级别的店面匹配不同的策略。

众所周知，OPPO 成功的关键因素之一就是强大的线下渠道资源。与其他手机厂商不同，OPPO 早在 2008 年就启动了手机代理商制度，分为省代（一级代理）、市区代理（二级代理）以及经销商。这种公开渠道市场体系搭建的独特代理制，各地代理商与总部都是一个利益共同体。这种销售模式曾在 2011 年从功能机向智能机转变时经历过一轮巨大的考验，差点儿倒在智能手机大潮来临之前，但是最后工厂总部的保价策略让渠道商熬了出来，并在 2016 年前后缔造了智能手机的渠道神话。2019 年下半年，OPPO 渠道经历了新的考验，但是渠道整体体系仍然保持健康稳定，很重要的原因就在于代理商与工厂总部长达数年甚至十几年长期的合作，并且从中源源不断地赚到了钱。

以云南市场为例，在疫情期间，顾客们都被迫待在家里，OPPO 在云南市场的 3000 多名导购也只能在家办公。由于销售下滑，无法支撑导购的薪资，OPPO 总部选择拿出资金，与云南地方一起进行补贴，目的就是让这 3000 人不离开团队。此外，经销商体验店的形象无法升级，OPPO 就选择帮助经销商升级，大部分终端形象都是 OPPO 在投资，经销商不用出钱，这样做对 OPPO 品牌形象有帮助，对于经销商活下来也有帮助。OPPO 这样做，很重要的目的在于与经销商长期合作关系的维护，双方不是一锤子买卖，而是长期共生共荣。在与经销商多年的合作过程中，OPPO 一直采取调价补差、适当产品可退换货以及全程价保的策略。可以说，OPPO 给了终端渠道经销商一种持续可靠、安全的感觉。

资料来源：砍柴网. 探访 OPPO 云南渠道：上半年缺货完满解决，Reno4 重回爆款[EB/OL]. （2020-07-10）[2021-02-13]. https://baijiahao.baidu.com/s?id=1671819045580734274&wfr=spider&for=pc.

任务分析

从 OPPO 的案例中可以看出，设计并建立合理的分销渠道，掌握渠道管理方法，形成良好的产销合作关系，对于产品的销售是十分必要的，尤其是面对市场需求变化或其他因素影响时。在激烈的市场竞争中，面对复杂多变的市场环境，再加上突如其来的其他因素，企业应如何设计并制定合理的分销渠道策略，如何对现有分销渠道进行管理、变革和升级呢？

结合案例内容，通过网络查找有关 OPPO 渠道策略的相关资料，回答以下问题。

（1）OPPO 的线下渠道有哪些优势？

（2）促使 OPPO 不断升级渠道的因素有哪些？

（3）影响企业分销渠道选择的因素有哪些？

（4）OPPO 与代理商形成了稳定的合作关系，工厂总部是如何进行渠道管理的？

（5）企业应如何制定合理的分销渠道策略？

知识学习

一、影响分销渠道选择的因素

选择商品分销渠道的影响因素有很多，生产者在决定选择何种分销渠道前，只有对产品、市场及企业本身各种因素进行综合的研究与判断，才能做出恰当的选择。

（一）产品因素

（1）单位价值的高低。一般而言，价格高的工业品、耐用消费品适用短、窄渠道；价格低的日用消费品适用长、宽渠道。

（2）体积与重量大小。考虑到产品运输和储存的条件及费用，体积过大或过重的商品，应选择最短的渠道。

（3）式样或款式。时尚程度较高的产品，即式样或款式较易发生变迁的产品，如各种新奇玩具、时装等，应尽可能缩短分配路线，以求速售。

（4）易毁性和易腐性。易毁、易腐产品，应尽量缩短分销途径，迅速把产品出售给消费者，如牛奶、水果、肉类与蔬菜等。

（5）技术性与销售服务。多数工业品及耐用消费品中的家用电器，具有高度技术性或需要经常服务与保养，可由生产者直接供应消费者或用户，或经极少数零售商供应。

（6）标准产品与专用产品。通用的、标准的、用户比较分散的产品，如通用机械、量具刀具等，宜用间接形式销售。专用产品，如专用设备、特殊品种规格的产品，需要量较大的原材料和燃料等，应由产需双方直接签订供货合同。

（7）新开发的产品。为了尽快把新产品投入市场，一般应采用强有力的推销手段去占领市场。生产企业往往不惜为此付出大量资金，组成推销队伍，直接向消费者推销，在情况许可时，也应考虑利用原有的分销途径。

（8）政府政策规定。某些按政府政策应严格管理的商品或计划分配的商品，只能由指定的单位经营，这必然影响分销途径的选择。

延伸阅读 7.3
时尚快消品牌
的分销渠道

（二）市场因素

（1）商品的数量。品种少产量大，往往由中间商销售；品种多产量大，除中间商外，往往需要生产商直接销售一部分，也有一些大型商店，销售数量极大，使生产者不必另寻买主。

（2）潜在顾客数量。潜在顾客的多少，决定了市场的大小。市场规模越大，覆盖的范围越广泛，越需要中间商提供服务。如果潜在市场仅有少数顾客，则可由生产者自己推销。

（3）市场的地区性。对于工业品来说，其市场相对集中，适合直接销售。对于消费品来说，其市场可以根据消费者密度进行区分，密度较高地区，可采用直接销售与间接销售的综合模式，一般地区则采用传统的间接分销渠道，即通过代理商、批发商、零售商的中间商进行销售。

（4）消费者购买习惯。顾客对不同商品的购买习惯不同，愿意付出的时间和价格不同，对购买场所的偏好不同，对于服务的要求不同，这些因素都会直接影响商品分销渠道的选择。例如，对于便利品，由于是日常生活所需、需重复购买的商品，消费者在购买这类商品时，一般不愿花很多的时间比较价格和质量，愿意接受其他任何代用品。因此，便利品多采用密集分销模式，其分销的广泛性和经销网店的分布尤为重要，以便消费者能及时就近购买。而特殊品，由于其不可替代性，购买者愿意花特殊的精力去购买，则可以选择较短的分销渠道。

（5）商品的季节性。具有季节性的商品，均应充分发挥中间商的作用，以不失时机地组织好采购和销售，如粮食、水果、蔬菜等农产品。

（6）竞争性商品。在选择分配路线时，应注意研究和参考同类其他商品的分销渠道。一般来说，采取与竞争品相似的分销渠道比较容易占领市场，除非有绝对把握，不宜另辟途径。

延伸阅读 7.4
农产品的
销售渠道

（三）企业本身因素

（1）商誉与资金。企业声誉越大，资金越雄厚，越可自由选择分销渠道，甚至建立自己的销售网点，采取产销合一的方法经营。反之，必须依赖中间商提供服务。

（2）管理能力与经验。有的企业虽在生产方面表现了卓越的知识和技能，但在市场营销方面却经验甚少。因而有必要物色可靠和有力的代理商，若选择不当或中间商未能尽力，则势必使整个企业的业务受到影响。

（3）可能提供的服务。生产者对其产品大做广告或愿意负担广告费用，中间商多乐于代其销售。生产者能提供充分的售后服务，或能按零售商要求建立陈列柜，或经常派服务与修理人员驻店，亦能增加中间商经销的兴趣。

（4）其他营销策略，如企业需要控制零售价格，或要求大量增加推销力量，均会影响分销渠道的选择。

（四）中间商因素

中间商的选择、费用、服务质量等因素，均会对分销渠道产生影响，包括合作的可能性——如果中间商不愿意合作，只能选择短、窄的渠道；费用——利用中间商分销的费用很高，只能采用短、窄的渠道；服务——中间商提供的服务优质，企业采用长、宽渠道，反之，只有选择短、窄渠道。

二、分销渠道的设计

（一）确定渠道的类型

企业在进行分销渠道设计时，首先要决定采取什么类型的渠道，即要确定采用哪一种或哪几种类型的渠道来分销产品，是直销还是通过中间商销售，是单渠道还是多渠道等。

（二）确定渠道的长度

在确定了渠道类型后，若是用间接渠道分销产品，企业还面临着确定渠道长度的决策问题。技术和服务含量较大的产品，如电脑、汽车等，需要较短的渠道；消费者选择性不强但要求方便购买的产品，如日用小百货，则适宜采用较长的渠道。

（三）确定渠道的宽度

确定渠道宽度，即企业确定在每个层次上使用中间商数目的多少，实际上是对宽、窄渠道的选择确定。

（四）确定渠道成员的权利和责任

在确定了渠道的长度和宽度之后，企业还要规定与中间商彼此之间的权利和责任，如对不同地区、不同类型的中间商和不同的购买量给予不同的价格折扣，提供质量保证和跌价保证，以促使中间商积极进货。企业还要规定交货和结算条件，以及规定彼此为对方提供哪些服务，如产方提供零配件，代培技术人员，协助促销；销方提供市场信息和各种业

务统计资料。在生产者同中间商签约时应包括以上内容。

（五）渠道方案的评估

1．经济性

一方面要考虑采用企业销售人员和利用中间商这两种方式，哪一种所产生的销售额较大；另一方面要评估每个渠道的成本，即建立、发展与维持渠道所需要的费用。生产者一般选择那些能够承担一部分广告费用和其他销售促进费用的中间商，以减少企业的负担，降低销售费用。

2．可控性

一般来说，企业在其产品的分销渠道中卷入越深，对渠道的控制力越大。当销售渠道变得越来越长时，企业对价格、销售量、推销方式和零售形式等的控制力就会削弱。实践中，建立特约经销或特约代理关系的中间商比较容易控制，而对于密集性分销渠道，由于涉及企业多，控制能力比较弱。

3．分销商实力

企业生产要选择资金力量比较雄厚、财务状况良好的中间商，而且选择的分销渠道必须适合企业本身的特点及其产品的特点，企业要考虑中间商的销售对象是否与企业所要进入的目标市场一致，即所要选用的中间商的经营范围应该与生产企业的产品的销路基本对口。同时，必须考虑中间商的经营能否维持连续性，以便在整个渠道建立对厂家品牌的忠诚度。

4．分销商能力

选择分销商除了上面一些因素外，还要考虑分销商的信用和分销能力。信用是指中间商的信用度大小，如履行合约的信用、回款及时性等方面的信用。分销能力是指分销商开拓市场的能力、营销能力、管理能力、提供技术支持与售后服务能力、商品储存与运输能力等。企业一般选择信用好、分销能力强、市场覆盖面大的分销商经销本企业的产品。

三、分销渠道的管理

（一）选择渠道成员

企业在具体选择中间商时要考虑以下因素：中间商的市场覆盖面、中间商的信誉、中间商的资本实力、中间商的经营能力、中间商的合作意愿等。

（二）激励渠道成员

对渠道成员的激励有正面激励和负面激励，即"胡萝卜＋大棒"政策。

正面激励的措施主要有：向中间商提供适销对路的产品；协助中间商开展各种促销活动；向中间商提供必要的资金支持或使用优惠的付款方式等。

负面激励是在中间商不努力推销产品的前提下实施的，如减少让利、减少供货、终止合作关系等措施，以此激励中间商重视本企业产品的销售。

生产者要注意避免激励不足和激励过分。

（三）评估渠道成员

对渠道成员评估的目的在于掌握销售动态，及时发现问题。对绩效好的中间商要给予一定的奖励，必要时可淘汰部分中间商；通过评估，还可以对企业现有的分销渠道进行必要的调整，使之更加合理。评估的主要内容有销售指标的完成情况、平均存货水平、交货速度、对损坏和遗失商品的处理、贷款的回收情况、为顾客提供的服务等。

（四）分销渠道的调整

随着竞争者的出现、市场的扩大、消费者购买方式的改变、产品进入生命周期的不同阶段等因素的变化，原有的分销渠道应进行必要的调整。

（1）增减某些渠道成员。如果某中间商经营不善，影响了整个分销渠道的通畅和效率，生产企业就应考虑终止与该中间商的合作，并在适当的时候，增加能力较强的中间商。

（2）增减某些分销渠道。当某些市场的影响环境、市场需求或顾客的购买能力都发生了很大变化时，生产企业原有的分销渠道不能有效地将产品送达目标顾客，或只依靠原有的分销渠道不能满足目标顾客的需求，此时，生产企业就应考虑增加或减少某些分销渠道。

（3）变更整个分销渠道，即对原有的分销渠道做较大规模的改进，甚至完全废弃，而重新设计和组建新的分销渠道。例如，我国禁止任何形式的传销活动后，有的企业就改为了通过店铺进行销售。

延伸阅读 7.5
格力开启渠道
变革，重视提
升零售能力

课堂任务

1．以 5 人左右的学习小组为单位，分别讨论"任务分析"中的相关问题。

2．结合具体问题，随机指定小组，由其派代表回答上述问题中其中的一个。教师也可以通过教学信息化平台，组织在线讨论。

3．其他小组可结合发言人的阐述进行提问。

4．教师点评，总结本项目内容。

课后阅读 7.2
窜货现象
及其整治

任务三　中间商策略

知识目标

1．熟悉中间商的类型。
2．熟悉不同中间商的特点和作用。

能力目标

1．能够准确判断中间商类型。

2．能够根据企业和产品的实际选择不同类型的中间商。

素质目标

1．培养具体问题具体分析、灵活运用知识解决实际问题的能力。
2．培养规范意识和职业道德。

引导案例

戴尔直销自我颠覆 中国成渠道变革主战场

2008年3月20日，戴尔公司的创始人迈克尔·戴尔来到中国，向外界传递了戴尔拥抱传统地面渠道的信号和决心。这个高高在上的直销巨头，在进入中国市场十年之际，却在分销模式上进行了彻底的自我否定。

戴尔依靠单纯的直销模式曾经夺得了PC老大的宝座，而其被赶下宝座也恰恰是因为这种直销模式。尽管戴尔直销模式在北美吃香，但是在中国市场却碰了壁。随着联想、惠普等PC厂商在中国等新兴市场的崛起，单纯的直销模式被证明不能"一招吃遍天下"。此外，由于个人消费产品逐渐成为市场主流，这种趋势也使联想所主导的分销模式获得了更多的生存空间。

联想，仅凭借中国本土这个庞大的市场，就具备了收购IBM电脑的实力，惠普也同样在中国获得了前所未有的成功。但是，十年坚持直销模式的戴尔在中国却一直处于第三名的地位，与联想、惠普差距甚大。中国庞大的市场更适合复杂多样的销售模式，个人用户的消费方式、支付方式和购物心理倾向于分销，而大客户更适合直销。随着联想、惠普在中国都建立了针对大客户的直销体系，戴尔的优势已经被追赶上，因此必须转向发展分销渠道，才可能获得与联想、惠普同样的成长速度。

2007年9月，戴尔和中国最大家电分销商国美达成协议，全面入驻国美500家店面，2008年将扩展到900家。在产品服务方面，戴尔也开始逐渐将一部分产品的售后服务交给了分销商的服务渠道，对戴尔原有的上门维修服务模式形成有益的补充。渠道销售模式在中国市场的成功实施，已经成为戴尔全球的样板。直销固然是戴尔公司对业界的创新，但不能死守着不放，客户需求才是戴尔公司制定发展方向的依据。

资料来源：李国训，财经时报. 戴尔直销自我颠覆[EB/OL]. （2008-03-28）[2021-02-13]. https://it.sohu.com/20080328/n255957453.shtml.

任务分析

通过十余年前戴尔的案例不难发现，受地域、文化、市场环境等因素的影响，分销渠道需要不断调整和变革。中间商的存在，在为生产企业扩大市场、带来收益的同时，也有着潜在风险。而互联网的发展为直接渠道的建立提供了更多可能性，越来越多的企业致力于打造自己的直销渠道。由于价格等各方面的优势，这样的模式也颇受消费者的欢迎。逐渐有一些声音认为，互联网平台的出现解决了中间商赚差价的问题，"去中间商化"已经成为大势所趋，未来，交易中可能不会再有中间商的角色了。中间商作为分销渠道中极为重要的角色，不管是批发商、代理商、零售商，我们都有必要清楚地了解其特点、优势和在分销渠道中的作用，然后再解答是否有了网络，就没有中间商存在的必要了呢？

结合案例资料，分析并讨论下列问题。

（1）在改革前，戴尔是如何进行直销业务的？

（2）收集查找资料，了解联想的分销渠道是怎样的。

（3）戴尔为什么要进行渠道变革？

知识学习

分销渠道的中间商主要由代理商、批发商和零售商构成。代理商可以有一级代理、二级代理……同样，批发商也可以有多层级形式，层级越多，分销渠道越长。批发商区别于零售商的最主要标志是一端联结生产商，另一端联结零售商，专门从事成批商品买卖活动。与批发商相似，代理商联结的也是生产商与零售商。

一、批发商

批发商是指向生产企业大批量购进产品，然后转售给零售商、产业用户或各种非营利组织，不直接服务于个人消费者的商业机构，位于商品流通的中间环节，流通过程中，批发商拥有商品的所有权。常见的批发商形式包括如下几种。

（1）普通商品批发商。这种批发商经营普通货物，而且经营商品的范围很广，种类繁多，如经营服装织物、小五金、家具、化妆品、药品、电器、汽车零件设备等。

（2）单一种类商品批发商。这种批发商经营的商品仅限于某一类商品，而且这类商品的花色、品种、厂牌等齐全。这种批发商同时还经营一些与这类商品密切关联的商品，如单一种类食品杂货批发商通常不仅经营罐头、蔬菜、水果等食品，而且还经营盐、酱油、醋等调味品。

（3）专业批发商。这类批发商的专业化程度较高，专门经营某一类商品中的某种商品，如食品行业中的专业批发商专营罐头食品、肉制品，或者专门经营保健食品等。

二、代理商

代理商是从事购买或销售或二者兼备的洽商工作，但不取得产品所有权的商业单位。与批发商不同的是，他们对其经营的产品没有所有权，所提供的服务也少，其主要职能在于促成产品的交易，借此赚取佣金作为报酬。根据委托人给予代理人的权限，可以分为独家代理、一般代理和总代理。

（一）独家代理

委托人给予代理商在一定地区和一定期限内的代理权，独家代理商受到某些限制，如不得再代理同类业务（即防止同业竞争条款）等，同时，委托人也不得另外再指定其他的代理商。这种代理具有排他性。独家代理是独家代理中的主要类型，其代理关系的建立是由委托人与独家代理商签订协议来实现的。一方面，代理商不承担执行合同义务和经营的风险；另一方面，代理商在一定地区和一定期限内享有代销某种商品的专营权利，即只要在指定地区和一定期限内做成该种商品的交易，除了双方另有约定，无论由代理商与买主达成交易，或者由委托人直接成交，代理商都能按成交金额提取相应的佣金。

（二）一般代理

和独家代理相对，一般代理是不享有排他的代理权的代理。在这类代理中，代理人仅为委托人在当地招揽生意，或根据委托人的要求与卖主洽谈生意，由委托人签订买卖合同，代理商按成交金额收取佣金。委托人可以在同一地区和一定时期内委托几家代理商代理其经营业务，也可在代理区域内直接招揽顾客，由企业和顾客直接交易，而且不给代理商任何佣金。一般代理具有灵活性大、进退自如的特点，因为对委托人来说，虽然在特定区域里有代理人代理，但同时也保留了与其他买主进行直接交易的权利。也正因为如此，一般代理人的经营积极性和责任感不如独家代理。各个代理商唯恐自己所做的努力为他人所分享，而不全力推销，所以在广告、企业形象的树立等各代理商共同受益的项目上不愿花费精力与金钱，因此往往有相互扯皮的现象发生。

（三）总代理

总代理人实际上是委托人在指定地区的全权代理，权限很大。因为总代理的代理商在指定的地区和一定期限内除了享有独家代理的权利外，还代委托人进行全面的业务活动，如洽谈交易、签订买卖合同、履行合同、处理货物等。同时，总代理还往往有权代表委托人办理一些其他非商业性的事务。

延伸阅读7.6
奥克斯空调开启"网批模式"，赋能零售新概念

三、零售商

零售商是指将商品直接销售给最终消费者的中间商，是相对于生产者、批发商和代理商而言的，处于商品流通的最终阶段，是分销渠道的最终环节，其基本任务是为最终消费者服务，也是联系消费者与生产者、批发商和代理商的桥梁。从经营形式上看，目前零售商的类型主要分为商店零售和无店铺零售。

（一）商店零售

商店零售又称为有店铺零售，特点是在店内零售产品与服务，主要形式有以下几种。

1. 百货商店

百货商店常采用独家经营或连锁经营的方式。独家经营的商店规模较小，连锁经营商店一般规模都比较大。百货商店的特点如下：一是经营的商品齐全，品种多；二是进行大

量销售、大量采购；三是商品周转快，进货价格低，因而商品价格竞争能力较强；四是可以为顾客提供多种服务。

2．专卖店

专卖店指专门经营某一类商品或某一类商品中的某一品牌的商店，突出"专"。一般品种齐全，经营富有特色，有个性，专业性强。

3．超级市场

超级市场常简称超市，是指以顾客自选方式经营食品、家庭日用品为主的大型综合性零售商场，它是一种自我服务、低价销售的特殊方式。超市的经营特点主要是连锁经营，总店下属很多分店，经营品种已从主要经营食品发展到经营日用杂品、服装、针织品和家具等。

4．便利店

便利店多数是小型商店，建立在居民居住区内，补充超级市场的不足。小型方便商店可以在购买场所、购买时间、商品品种上为顾客提供方便，成为人们生活中不可缺少的一种购买形式。

5．折扣店

折扣店指提供很多商品品种、较少种类、有限服务和低价格的普通商品零售商。折扣商店趋向于面向中低收入的消费群体。折扣商店出售全国性品牌的商品，但这些品牌与百货商店的品牌相比一般不具时尚导向性。

6．仓储商店

仓储商店是一种以大批量、低成本和微利多销方式经营的连锁式零售企业。

（二）无店铺零售

无店铺零售是指不经过店铺销售产品的零售形式。传统的无店铺零售形式主要有访问销售、电话销售、电视报纸杂志等形式的销售。由于科技的发展及竞争关系的变化，越来越多的企业采用无店铺零售的方式出售产品，而随着互联网的发展，信息传递的成本降低，速度加快，传统的无店铺零售形式也逐渐被网络零售所取代。

网络零售是指通过互联网或其他电子渠道，针对个人或者家庭的需求销售商品或者提供服务，即针对终端消费者的电子商务活动。根据国家统计局数据，2020 年全国网上零售额达 11.76 万亿元，同比增长 10.9%，实物商品网上零售额达 9.76 万亿元，同比增长 14.8%，占社会消费品零售总额的比重接近 1/4，网络零售在促消费、稳外贸、扩就业、保民生等方面作用不断增强。网络零售主要可以分为 C2C（customer to customer，个人对个人）模式和 B2C（business to customer，企业对个人）模式。2015 年，中国网络零售市场发展迎来拐点，以天猫为代表的 B2C 模式首次超过以淘宝为代表的 C2C 模式，占据 51.9%的市场份额，成为市场的主体。C2C 模式下，网络零售商一般是中小规模的个人卖家；B2C 模式中，主要存在三种形式的网络零售商，分别是旗舰店、专卖店和专营店。

课堂思考 7.2

课后阅读 7.3
超级市场的起源

1. 以 5 人左右的学习小组为单位，分别讨论"任务分析"中的相关问题。

2. 结合具体问题，随机指定若干小组，由其派代表回答上述问题中其中的一个。教师也可以通过教学信息化平台，组织在线讨论。

3. 其他小组可结合发言人的阐述进行提问。

4. 教师点评，总结本项目内容。

任务四　营销基础知识及技能训练

营销基础知识

一、单项选择题

1. 在实物商品分销过程中，分销渠道所涉及的是商品实体和商品（　　）从生产向消费转移的整个过程。

  A．使用权   B．支配权   C．所有权   D．商标权

2. 按照分销过程中流通环节或层次的多少，分销渠道可分为（　　）。

  A．直接渠道和间接渠道   B．长渠道和短渠道

  C．宽渠道和窄渠道   D．单渠道和多渠道

3. 下列商品，最适合使用直接渠道分销的是（　　）。

  A．工业用品   B．农产品   C．生活日用品   D．食品

4. 生产资料分销渠道中最重要的类型是（　　）。

  A．生产者→批发商→用户   B．生产者→用户

  C．生产者→代理商→用户   D．生产者→代理商→批发商→用户

5. 香皂、肥皂、洗衣粉等日化用品属于消费品中的便利品，最适合采取（　　）。

  A．选择分销策略   B．独家分销策略

  C．人员推销策略   D．密集分销策略

6. 某企业生产冷冻食品，并直接向其所在县城的零售店供货，这种渠道叫（　　）。

  A．直销   B．一层渠道   C．二层渠道   D．三层渠道

7. 经销商与代理商的根本区别在于（　　）。

  A．拥有商品的所有权   B．签订合同

  C．提供市场信息   D．拥有商品的定价权

8. 某天猫店铺主要经营品类为小家电，其店铺销售的小家电主要品牌有九阳、美的、小熊等，这家店铺最有可能是（　　）。

  A．旗舰店   B．专卖店   C．专营店   D．企业店

二、多项选择题

1. 渠道成员中的中间商包括（　　　）。

    A. 消费者　　　　　　　　B. 生产者　　　　　　　C. 批发商

    D. 零售商　　　　　　　　E. 代理商

2. 下列商品中，适宜选择短渠道分销的有（　　　）。

    A. 食品饮料　　　　　　　B. 汽车　　　　　　　　C. 机器设备

    D. 日用百货　　　　　　　E. 奢侈品箱包

3. 短渠道的好处是（　　　）。

    A. 产品上市速度快　　　　　　B. 节省流通费用

    C. 市场信息反馈快　　　　　　D. 产品市场渗透能力强

4. 制造商在决定是否采取直接渠道时，必须考虑的因素包括（　　　）。

    A. 顾客定购量　　　　　　　　B. 顾客的购买习惯

    C. 所运送产品的特性　　　　　D. 市场范围的大小

5. 企业选择分销渠道应考虑的主要因素有（　　　）。

    A. 顾客因素　　　　　　　　　B. 产品因素

    C. 中间商因素　　　　　　　　D. 企业自身因素

6. 适合广泛性分销的产品有（　　　）。

    A. 便利品　　　　　　　　　　B. 选购品

    C. 标准件　　　　　　　　　　D. 精选品

7. 企业不通过分销渠道的中间环节，采用产销合一的经营方式，直接将商品卖给消费者可以称为（　　　）。

    A. 零级渠道　　　　　　　　　B. 无店铺零售

    C. 直接渠道　　　　　　　　　D. 网批

三、判断对错

1. "网批"模式是一种零级渠道模式，也叫作直接渠道。（　　　）

2. 自己进货，并取得产品所有权后再出售的商业企业是经纪人或代理商。（　　　）

3. 以大批量、低成本、低售价和微利多销的方式经营的连锁式零售企业是便利商店。（　　　）

4. 中间商在分销渠道中会赚取差价，对产品的分销是不利的，应尽量减少中间商。（　　　）

5. 技术性较强的商品适于选择短而窄的分销渠道。（　　　）

6. 没有分销商介入的分销渠道称为一级分销渠道。（　　　）

7. 随着互联网的发展，信息交换成本降低，速度加快，直销已经取代间接渠道，成为最优的分销渠道。（　　　）

8. 某企业选择本埠市场为目标市场可以采用短渠道策略。（　　　）

9. 生产商应对分销渠道中间商进行评估，对绩效好的中间商给予一定的奖励，必要时可淘汰一些不好的中间商。（　　　）

四、案例分析

"没有中间商赚差价"，你信了吗

2020 年 4 月 1 日晚 11 点，某新晋带货主播在抖音完成了直播首秀，整场直播持续 3 小时，支付交易总额超 1.1 亿元，累计观看人数超 4800 万人。由于直播电商互动性、趣味性强，消费者体验更为直观，近几年网络直播带货势头极猛。而这种"势头极猛"背后的金字招牌就是"互联网没有中间商赚差价"，因而产品价格极低，是"超物有所值"。在直播中，该主播对所有产品承诺质量和售后保障："早期我们只跟知名品牌合作，尽量保证不出现有问题的产品，万一出问题，也会优先确保消费者权益。"

而在 2020 年 12 月 15 日，该主播的直播带货微博发布了关于 11 月 28 日所销售"皮尔卡丹"品牌羊毛衫为假货的声明。声明中提到，从多名消费者手中回收直播间售卖的 5 件羊毛衫，检测结果显示，产品为非羊毛制品。

声明中承认，直播间所售卖的这款产品来自于渠道贸易商"成都淘立播网络科技有限公司"，而这家公司的供货方为"上海圈寻科技有限公司"和"桐乡市腾运电子商务有限公司"，这两家公司涉嫌伪造文书，涉嫌伪造假冒伪劣产品，涉嫌蓄意欺诈。

由这一起事件不难看出，直播间只能算作代理销售方，并不是直接销售方。互联网上这种号称"没有中间商赚差价"的极低价格的背后，很多情况下不仅不是没有中间商，而且涉及多级中间商，每一级中间商都需要赚取差价来盈利，线上渠道长度不一定比线下渠道短，只是线上的渠道做得更隐蔽而已。

资料来源：戈军珍. 没有中间商赚差价，这种谎言你还相信吗[EB/OL]. （2020-12-17）[2021-02-01]. https://www.sohu.com/a/438808452_100134939.

结合此案例，思考以下问题。

（1）"直播带货"的主播（及背后的团队）在分销渠道中是什么样的角色？

（2）在分销渠道中，中间商的作用是什么？

（3）结合案例内容，分析企业应如何对中间商进行选择和管理。

（4）随着网络技术的发展，各种新兴的网络购物形式出现，你认为中间商会消失吗？为什么？

项目七技能训练

项目八　促销策略

任务一　促销组合与促销方案

知识目标

1. 了解常用的促销手段。
2. 理解促销的本质，掌握制定促销组合的策略。
3. 了解促销方案的制定过程。

能力目标

1. 能够辨别各种促销手段的优缺点，并对其进行评估。
2. 能够结合具体产品，根据各种因素，选择适当的促销组合。
3. 能够灵活运用促销手段，制定新颖的促销方案。

素质目标

1. 培养思考能力和创新能力。
2. 强化市场营销从业人员的职业道德和法律法规意识。

引导案例

法国队世界杯夺冠，华帝启动退全款，这场营销谁赢了

2018 年 7 月 16 日凌晨，法国队 4:2 击败克罗地亚队，喜提时隔 20 年的第二个世界杯冠军奖杯。在球迷庆祝的同时，从不看球的高太太也欢呼了起来——大半个月前，这位女士在天猫下单了华帝"夺冠套餐"，按照活动规则，法国队夺冠后，华帝将退全款。

华帝是一家卖厨卫电器的公司，"夺冠套餐"是华帝在世界杯期间的营销产品。2018 年 5 月 30 日，华帝在权威纸媒南方都市报发布一则全版广告，称"法国队夺冠，华帝退全款"，凡是在指定期间购买"夺冠套餐"的用户，若法国队夺冠，都可享受全额退款的权益。5 月至 6 月，华帝在线上线下各种渠道大批量投放该广告，不断将热度推向高潮。7 月 16 日，法国夺冠之后，华帝官方微信公众号第一时间发布文章称，作为法国国家队官方赞助商，"庆祝法国队夺冠，华帝退全款启动"，并在天猫等平台发出退款流程公示。

很多人关心，法国队夺冠了，华帝退这么多钱，是不是亏了？事实上，不论法国队赢

或者不赢，消费者的钱是退或者不退，华帝都是这次营销事件的最大赢家。华帝公司公布的数据显示，活动期间线下渠道总零售额预计为 7 亿元以上，同比增长 20%左右，其中"夺冠退全款"指定产品约 5000 万元，占线下销售的比例约 7%；线上渠道总零售额预计为 3 亿元以上，同比增长 30%以上，其中"夺冠退全款"指定产品约 2900 万元，占线上销售的比例约 9.67%。也就是说，这次活动，华帝线上线下销售额超过了 10 亿元，而实际发生退款的，仅涉及指定套餐产品的生产成本和部分促销费用，即退款将低于 7900 万元。而且，根据活动营销方案，华帝公司总部只需承担线上渠道的退款责任，即不超过 2900 万元；线下渠道的退款责任则由销售区域的经销商来承担。

世界杯期间，"法国队夺冠，华帝退全款"几乎成了家喻户晓的话题，华帝品牌知名度大大提升。这波营销为华帝赚足了关注，百度指数涨了近 10 倍。天猫"6·18"当天，华帝转化率在大家电行业 top20 品牌里排第一，单日最大增幅高达 525%。

华帝此次"夺冠退款"活动是一场精心策划的营销活动，在球队的选择、活动时间、传播渠道、广告设计等方面，每一步都经过周密策划，细节执行到位；玩法上大胆创新，没有花上亿赞助费，也没有像 BOSS 直聘、知乎、马蜂窝一样巨资投放央视广告，却达到了更好的效果，称得上是史无前例的世界杯借势营销活动。

资料来源：天下网商. 法国队世界杯夺冠，华帝启动退全款，这场营销谁赢了？[EB/OL].（2019-07-16）[2021-02-01]. https://www.sohu.com/a/241389916_114930.

任务分析

华帝公司此次"夺冠退款"营销活动的成功，与其促销方案的精心设计有着密切联系。促销策略作为市场营销组合的基本策略之一，对扩大企业知名度、提高销售额有着最为直接的效果。成功的促销活动依托于好的促销方案，往往能起到多方面的作用，如提供信息情况，及时引导采购；激发购买欲望，扩大产品需求；突出产品特点，树立产品形象；维持市场份额，巩固市场地位等。促销的手段、形式、渠道多种多样，效果各不相同，如何能够设计合理的促销组合，形成有效的促销方案呢？

结合案例，设置如下具体任务。

（1）"夺冠退款"活动为华帝带来了哪些效果？

（2）此促销方案下，华帝需要付出的费用主要有哪些？

（3）"夺冠退款"活动这一促销组合，涉及哪些促销方式？

（4）分析华帝"夺冠退款"促销活动成功的因素有哪些。

知识学习

一、促销的实质与作用

（一）促销的定义

不管是在线下实体店购物，还是在线上平台穿梭，伴随着市场交易的开展，各种形式的促销活动随处可见：各种媒体广告、电商平台的限时折扣、商家的抽奖活动、网络上的热门话题等。在研究促销组合和方案之前，必须掌握促销的内涵与作用，对其有一个全面的了解。

促销即促进销售，是指企业通过人员推销或非人员推销的方式，把企业的商品、服务等信息传递给消费者，使消费者对商品或服务产生好感和信任，从而实现刺激需求、促成购买、扩大销售的一种市场营销活动。促销的定义主要包括以下几层含义。

（1）促销的实质是企业同目标市场之间的信息传递，是一种沟通活动。企业通过有效沟通，将商品或服务的存在、性能、特征、价格等信息传递给消费者，以便与消费者保持良好的联系。

（2）促销的目标是吸引消费者对企业或商品的兴趣，激发消费者的购买欲望，促进消费者的购买行为。

（3）促销的形式分为人员推销和非人员推销。

（二）促销的作用

促销是企业市场营销活动中不可缺少的组成部分，其作用主要体现在以下方面。

1．传递信息，指导消费

企业需要通过促销宣传及时向消费者介绍产品信息，从而引起目标用户的注意，激发其购买欲望。对于消费者来说，掌握较多的产品信息，能够更轻松地做出购买决策。

2．突出特点，树立形象

在现代市场经济条件下，同类产品之间的竞争日益激烈，要在激烈的竞争中脱颖而出，就需要有自己的独特之处。企业可以通过促销活动宣传本企业产品的品牌、特点、价格、效能等，突出与竞争产品的差异，强调能给消费者带来的独特利益，增强用户的信任感，提高企业和产品的知名度与竞争力，使消费者形成对本企业产品的偏好。

3．诱导需求，扩大销售

消费者的购买行为通常具有可诱导性，促销的一个重要作用就是诱导需求。通过促销沟通，唤起消费者对企业及产品的好感，创造、扩大、平衡需求，保持销售势头。

4．稳定销售，巩固市场

市场环境的复杂多变使得许多企业的销售额波动较大。面对波动，企业如能有针对性地开展促销活动，对于稳定销售、树立良好的企业形象和商品形象、培养和提高"品牌忠诚度"、巩固和扩大市场占有率，具有十分重要的作用。

延伸阅读 8.1
互联网巨头掀起
春节红包战

二、促销组合及其特点

促销组合是指企业根据促销的需要，对各种促销方式的综合运用。促销组合体现了现代市场营销理论的核心思想——整体营销，这一概念的提出反映了促销实践对整体营销思想的需要。常见的促销方式分为人员推销、广告、公共关系及营业推广等。

（一）人员推销

人员推销又称人员销售，是企业通过派出推销人员亲自向顾客介绍、推广、宣传，以促进产品的销售，可以是面对面交谈、电话交流、电子邮件、即时聊天工具等多种形式。这种促销方式灵活性强，针对性强，信息反馈迅速、准确，可以通过进行双向沟通保持密切联系，是一种"量体裁衣"式的信息传递方式。

（二）广告

广告是指企业以付费的形式，通过一定的媒介，向广大目标顾客传递信息的方法。广告信息传递速度快、传播面广、渗透性强，是一种大众化的信息传播方式。随着互联网的发展，文字、色彩、视频、音频的综合利用，也使广告的形式变得更加丰富多样，但是广告往往只是信息的单向传递，信息反馈较为困难。

（三）公共关系

公共关系是指企业为树立、传播和维护自身的形象，提高知名度和声誉，通过宣传报道等方式，保持与企业外部的有关公众的沟通活动。公共关系一般是以新闻报道等形式传递信息，在具有广告传播速度快、范围广等优点的同时，比广告更有可信性，可以减轻消费者的戒备心，但是信息发布权掌握在公共媒体手中，企业较难直接控制。

（四）营业推广

营业推广是指企业为激发顾客的购买行为而在短期内采取的一些刺激性手段，如奖券、竞赛、展会、抽奖、优惠等。营业推广可以让消费者产生强烈的、即时的反应，直接提高产品的销量，但是通常只在短期内有效。

三、促销组合常用的基本策略

按促销活动运作的方向来分，促销有推式、拉式及推拉结合策略三种。

（一）推式策略（从上而下式）

推式策略是指企业利用推销人员和中间商促销，将产品推向分销渠道，最终推向市场的促销策略。这是指一种根据产品的流通渠道，按照自上而下的顺序进行宣传、推广等一系列的营销活动，如图 8.1 所示。

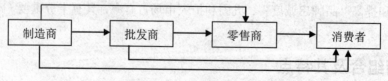

图 8.1　推式策略

推式策略由生产企业直接作用于渠道中间商，与中间商谈判，劝导中间商争取订单，使中间商尽可能多地存储产品，以至推给最终消费者。推式策略的风险小，推销周期短，资金回收快，但需经销商的配合，并利用大量推销人员推销商品，它适用于生产者和中间商对产品前景看法一致的产品上。

此外，推式策略将重点放在了产品的流通渠道上，而不是最终的消费者，因此，一旦其停止促销活动或是有其他同档次的品牌对该产品的流通渠道采取了更为有吸引力的营销措施，就很容易前功尽弃。推式策略常用的方式有派出推销人员上门推销，提供各种售前、售中、售后服务等。

（二）拉式策略（从下而上式）

拉式策略是指企业为了吸引消费者，以广告促销为主，通过创意新、高投入、大规模的广告宣传，直接诱发消费者的购买欲望，由消费者自主性地向零售商、零售商向批发商、批发商向制造商求购，由下至上，层层拉动购买，如图 8.2 所示。

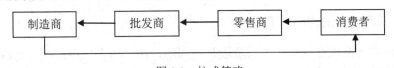

图 8.2　拉式策略

拉式策略通过广告活动直接把信息作用于最终消费者，目的是劝诱最终消费者寻找中间商购买某种产品，从而促进销售。这种策略强调广告的作用和一定的营业性力量，而相对减弱了个人推销的作用。中间商（主要是零售商）是否有足够的库存和良好的信誉及经营能力也是重要的因素。拉式促销战略更适合于品牌知名度高的产品和具有高相关性的产品。由于消费者认识到了不同品牌之间的差距，在去商店购买之前就已经选定了某种品牌的产品。拉式策略常用的方式有价格促销、广告、展览促销、代销、试销等。

延伸阅读 8.2
推拉策略结合，
可口可乐打开中
国农村市场

（三）推拉结合策略

企业在促销时，也可以把上述两种策略结合起来使用，在向中间商进行大力促销的同时，通过广告刺激市场需求。在"推式"促销的同时进行"拉式"促销，用双向的努力把商品推向市场，这比单纯地"推"或"拉"更有效。

四、影响促销组合的因素

（一）促销目标

企业在不同时期、不同市场环境下，都有特定的促销目标，对应的促销组合也有差异。如果促销目标关注短期效果，如增加销量、扩大市场份额，一般来说促销组合的选择会更多地使用广告和营业推广；如果是较为长期的目标，如树立良好的企业形象和口碑，公共关系则是非常重要的，与之相配合的广告宣传在内容和形式上也会有一些差异。

（二）产品性质

产品性质不同，购买者的行为往往存在很大差异。一般来说，消费品供个人和家庭使用，在对其进行促销时，因市场范围广而更多地采用拉式策略，以广告宣传为主，结合营业推广，辅之以人员推销和公共关系；工业品技术性强、单价高、批量大、购买程序复杂，在对其进行促销时，以人员推销为主要形式，配合以广告与公共关系。即：

消费品：广告→营业推广→人员推销→公共关系

工业品：人员推销→营业推广→广告→公共关系

总体来说，广告比较适合于产品价值低、技术性低、买主多而分散的消费品；人员推销比较适合于产品价值量高、技术复杂、买主少而集中的商品。

（三）市场特点

从市场地理范围大小看，若促销对象是小规模的本地市场，应以人员推销为主；而对广泛的全国甚至世界市场进行促销，则多采用广告、公共关系等形式。此外，目标市场的其他特征，如消费者的收入水平、受教育程度、地方风俗习惯等，也会对促销方式的选择产生影响。

（四）产品所处生命周期的阶段

促销目标在产品生命周期的不同阶段是不同的，决定了在生命周期各阶段要相应选择不同的促销组合，采用不同的促销策略。以消费品为例，产品生命周期不同阶段的促销组合如表 8.1 所示。

表 8.1　产品生命周期不同阶段的促销组合

产品生命周期的阶段	促 销 目 标	主 要 方 式
投入期	认识了解产品 鼓励试用	广告（告知性）、公共关系为主 配合营业推广和人员推销
成长期	品牌宣传 激发消费者选购需求	加强广告（突出优点和特色）和公共关系 用人员推销来发展渠道，降低促销成本
成熟期	对抗竞争 树立品牌形象	增加营业推广 加强公共关系
衰退期	促成购买 保持顾客记忆	营业推广为主 辅以提示性广告，降价

（五）促销预算

不同促销手段的费用各不相同，企业能够用于促销的费用也是影响促销组合的重要因素，企业需要利用有限的促销预算，综合考虑其他因素，选择适宜的促销组合。企业在选择促销方式时，要考虑促销费用总预算，合理支出，达到最佳促销效果。

课堂任务

1. 以 5 人左右的学习小组为单位，分别讨论"任务分析"中的相关问题。

2. 结合具体问题，随机指定若干个小组，由其派代表回答上述问题中的其中一个。教师也可以通过教学信息化平台，组织在线讨论。

3. 其他小组可结合发言人的阐述进行提问。

4. 教师点评，总结本项目内容。

课后阅读 8.1
设计有效的
促销方案

任务二　人员推销

知识目标

1. 了解人员推销的概念与特点。
2. 掌握人员推销的步骤及技巧。

能力目标

1. 能够判断特定情境下是否适合使用人员推销。
2. 能灵活机动地运用推销方法及技巧向消费者介绍和推销产品。

素质目标

1. 培养学生锻炼沟通技巧的意识。
2. 培养学生善于应变的能力。

引导案例

《2020 中国房产经纪人发展报告》：90 后成中坚力量，高学历是行业趋势

2020 年，中国经济逆势增长 2.3%，成功走出"V 形"曲线，其中，房地产经纪行业也同样实现逆势增长。

在上百万元，甚至上千万元交易额的房地产市场，作为最重要的信息及服务提供方，我国房地产经纪人在 2020 年总数已接近 200 万人。贝壳研究院联合贝壳找房人力资源中心、经纪人增长中心发布了《2020 中国房产经纪人发展报告》，该报告对全国 137 个城市、292 个经济品牌，超 21 万经纪人进行了调研，勾勒出了现下中国房地产经纪人的处境与生态。

在很多人眼里，房产经纪是一个没有门槛的行业。但事实上，房产经纪人的学历水平正在逐年提升。截至 2020 年，全国大专及以上经纪人占比为 43.29%，其中本科及以上占比 17.1%，在北京、上海，本科及以上学历占比分别能达到 49.57% 和 61.91%。房产经纪人不只是带人看房、办手续，新居住时代，一个合格的经纪人应当在满足消费者购房需求基础上，提供符合他们心理需求、情感体验的增值服务。让消费者"住得更好"，才是经纪人的核心价值所在。

实现这一目标，经纪人必然要走向职业化、专业化，也必然会拉高从业者"门槛"。新门槛设立，促使经纪人群体"换血"。目前，90.78% 经纪人年龄在 20～39 岁，其中"90 后"占比在一半以上。除了服务工作本身，房产经纪人每天还要花时间学习。2020 年，49% 的经纪人每天学习时长超 1 小时，27% 的经纪人每天学习时长在 1.5 小时以上。

不同于零售或其他服务业，一间房屋从挂牌到成交要经历漫长的过程，包含委托、匹配、带看、谈判、签约、审核、贷款、缴税、登记、交付等多个环节。和 2017 年相比，2020年房产经纪成交服务周期增长 1 倍。在 30 个重点城市，每成交一套房，平均用时 40 天；平均每套成交房源，需要经过二十余次带看。

在面对面推销过程中，由于房地产经纪人可以针对不同的顾客需要机动、灵活地调整销售方式，能够及时与客户进行沟通、磋商、解决问题，因此一直以来都是房地产行业的主要销售形式。虽然随着互联网的发展，出现了贝壳找房、安居客、58 同城等线上房地产交易平台，增加了线上沟通、VR 看房等沟通形式，但这些平台的作用更多体现在信息的获取与匹配上，并不能直接促成交易，也几乎没有人会经过简单地浏览就在网上直接拍下一套房子。在通过线上获取信息、咨询并取得初步意向后，具体的磋商洽谈、交易达成等，大部分还是会转移到线下，通过房地产经纪人来完成。

资料来源：中国房地产报.《2020 中国房产经纪人发展报告》：90 后成中坚力量，高学历是行业趋势[EB/OL].（2021-01-30）[2021-02-25]. https://xw.qq.com/cmsid/20210201A0BK8900.

任务分析

人员推销形式对于房地产行业来说一直是不可或缺的促销方式。房地产行业的蓬勃发展，带动的是促销人员素质的提升。人员推销是企业促销的重要方式之一，是一种最古老的促销方式，面对同样的产品和顾客，推销人员的个人素质、沟通能力、创新能力、应变能力等，对于促销效果会有最直接的影响。结合案例内容，回答以下问题。

（1）在线上交易额不断增加的背景下，为什么房地产行业仍离不开房地产经纪人？

（2）除了房地产行业，还有什么样的情况适合使用人员推销？

（3）你认为推销人员应具备的素质有哪些？

知识学习

一、人员推销的含义与特点

（一）人员推销的含义

人员推销是指企业委派自己的销售人员，运用各种推销技巧和手段，直接向消费者推销产品（或服务）的一种直接销售方式，即企业通过派出推销人员与一个或一个以上可能成为购买者的人交谈，作口头陈述以说服其接受企业的商品，促进和扩大销售。

在人员推销活动中，推销人员、推销对象、推销品三要素缺一不可。人员推销具有双重目的性，销售是一种互利互惠的活动，只有同时满足用户和企业双方的利益，才能成功。

（二）人员推销的特点

人员推销自古以来就是一种有效的促销方式，与非人员推销相比，其特点表现在以下几个方面。

（1）灵活机动，适应性强。人员推销具有人与人直接接触的特点，推销人员可以根据顾客的具体情况，及时调整推销策略，也可在顾客方便的时间、地点，以顾客最能接受的方式向顾客传递产品信息，推销产品。

（2）针对性强。推销人员可以在开展推销活动之前，通过调研和分析可能的目标顾客，对他们的需求以及其他一些特征有大致了解。在进行推销时，可根据顾客的不同需求，采取不同的解说和介绍，当场回答消费者提出的问题，取得消费者的信任，有利于促成购买。

（3）双向沟通，反馈性好。由于推销员是和顾客直接洽谈，因此，顾客不是被动地接受企业的促销信息，也可以主动发出信息，这就使得推销人员能够及时获得顾客的反馈，取得一手资料，为企业制定营销策略提供依据。

（4）及时促成购买，缩短购买时间。在人员推销中，传递信息与达成销售是融为一体的。推销人员在传递信息的同时，根据顾客的反应适时提出销售建议，从而达成交易。

（5）收集信息，兼做服务。推销人员在推销产品时还可以进行市场调研，收集市场信息，同时还可以兼做一些商业性业务和售后服务工作，如签约、收款、送货、安装、维修等。

延伸阅读 8.3
地推——互联网
产品的人员推销

（6）对人员素质要求较高。单位信息的传播成本大，要求推销人员有较高的素质，才能胜任推销工作。

二、人员推销的程序

多数推销人员按下述 4 个步骤完成推销工作。

（一）寻找顾客

寻找顾客即发现和选择潜在顾客。潜在顾客是那些对推销员所推销的商品有一定需求，并有购买能力的组织和个人。潜在顾客应具备三原则（MAN 原则），即金钱（money）、决定权（authority）和需要（need）。

（二）访问前准备

推销人员在访问顾客之前需要做的准备工作主要有：① 本企业及其产品的详细情况、资料和样品等；② 熟悉竞争企业相关产品的特点、价格、竞争能力和市场定位等；③ 了解顾客情况，如谁参与购买决策、谁去采购、需要采购什么等；④ 访问时机和方法。决定最佳的访问时机，因为许多潜在顾客可能在一定时间内十分繁忙；决定采用哪种访问方法，是拜访、电话访问还是邮件访问；还要提前考虑好对顾客的全面推销策略。

（三）约见顾客

在完成推销准备后，推销人员就要开始约见顾客。与关系密切的顾客约见只需通个电话就可以了，与往来不多的顾客或从未谋面的顾客约见，一定要注意以下三点：① 注意礼仪；② 要验证在准备阶段所得的情况；③ 要为后面的谈话做好准备。

（四）推销洽谈

这是推销工作的核心，推销人员要运用各种方法说服顾客购买产品。推销人员可以按照 AIDI 模式向顾客进行推销，争取成交。AIDI 即"关注产品—引起兴趣—激发欲望—采取行动"。推销员在该阶段应以产品性能为依据，着重说明产品给顾客带来的利益，必要时还需进行产品演示或请顾客进行产品体验。

三、推销队伍的管理

（一）招聘和选择推销人员

招聘和选择优秀的推销人员是销售队伍管理成功的关键，优秀的推销人员可以大幅度地提高企业的销售业绩。

课堂思考 8.1

罗伯特·麦克默里说："我认为一个具有高效率推销个性的推销员是一个习惯性的追求者，一个怀有赢得和抓住他人好感的迫切需求的人。"他列出了超级推销员的 5 项品质包括：旺盛的精力、强烈的使命意识、对金钱的追求、坚韧不拔的毅力、挑战异议跨越障碍的癖好。

（二）推销人员的培训

一般推销人员培训的内容包括：企业文化、宗旨与价值观；品牌与产品情况；市场、顾客和竞争者的特点；如何进行有效的推销展示；推销实战的程序与责任等。

通过培训，应该使销售人员在心态、知识、技巧及素质等方面有较大改善。积极的心态是销售成功的前提；知识面扩大，有助于和客户的沟通；掌握一定的销售技巧可以事半功倍；不断在实践中提升自身综合素质，养成良好的推销习惯，无形中会帮助推销员提高销售业绩。

（三）推销人员的激励

企业需要不断提高推销人员的积极性，主要可以通过以下几种方式。

（1）环境激励，即营造一种良好的工作氛围，使推销人员能心情愉快地开展工作。

（2）目标激励，即为推销人员确定一个合理的销售目标，以此激励推销人员上进，主要目标有销售定额、毛利额、访问户数、新客户数、访问费用和贷款回收等。

（3）物质激励，即通过物质报酬的增加来刺激推销人员的积极性，如奖金、奖品和额外报酬、佣金、优先认股权等。物质激励对推销人员的激励作用最为明显。

（4）精神激励，即指对做出优异成绩的推销人员给予表扬，颁发奖状、奖旗，授予荣誉称号等，以此来激励推销人员上进。精神激励通常对那些受正规教育较多的年轻推销人员更有效。

（5）逆向激励，即惩罚性措施，主要是对于业绩长期欠佳的员工进行必要的惩罚，让员工感觉到更大的压力，自动寻找更好的解决方案。通常采取的逆向激励措施有自动淘汰、罚款、降薪、辞退甚至除名等。

（四）推销人员的考核

考核就是企业对推销人员销售业绩的考评，它既是对推销人员激励的客观依据，也是企业调整销售策略的基础，主要包括以下内容。

（1）收集考核资料。考核资料的收集主要从推销人员的推销工作报告、企业销售记录、顾客及社会公众的评价和企业内部员工的意见等途径获取。

（2）建立考核标准。常用的绩效考核指标有销售量、毛利、每天平均访问次数、每次访问的平均时间、每次访问的平均费用、每次访问平均收到订单的百分比、一定时期内新增顾客数等。

（3）实施考核。考核具体有三种方法：第一种是将各个推销人员的绩效进行比较和排队；第二种是将推销人员目前的绩效同过去的绩效相比较；第三种是考核推销人员对企业、产品、顾客、竞争者、本身职责的了解程度，也包括推销人员的言谈举止和修养。

四、人员推销的基本形式

（一）上门推销

上门推销是最常见的人员推销形式，由推销人员携带样品、说明书和订单等走访顾客，推销产品。这种形式，可以针对顾客的需要提供有效的服务，方便顾客，故为顾客所广泛认可和接受。

（二）柜台推销

柜台推销又称门市推销，指企业在适当地点设置固定的门市，由营业员接待进入门市的顾客，推销产品。这是等客上门式的推销方式。由于门市里的产品种类齐全，能满足顾客多方面的购买要求，为顾客提供较多的购买方便，并且可以保证商品安全无损，因此，顾客乐于接受。柜台推销适合于零星小商品、贵重商品和容易损坏的商品。

（三）会议推销

会议推销是利用各种会议和展会向与会人员宣传和介绍产品，开展推销活动。例如，在订货会、交易会、展览会、物资交流会等会议上推销产品均属会议推销。这种推销形式接触面广，推销集中，可以同时向多个推销对象推销产品，成交额较大，推销效果较好。

课堂任务

1．以5人左右的学习小组为单位，分别讨论"任务分析"中的相关问题。

2．结合具体问题，随机指定若干个小组，由其派代表回答上述问题中的其中一个。教师也可以通过教学信息化平台，组织在线讨论。

3．其他小组可结合发言人的阐述进行提问。

4．教师点评，总结本项目内容。

课后阅读8.2
"直播销售员"
列入新职业

任务三　广告促销

知识目标

1. 掌握广告媒体的类型。
2. 了解广告设计的步骤。
3. 了解广告效果的测定。

能力目标

1. 能够为具体产品选择恰当的广告媒体。
2. 能够为具体产品初步设计广告方案。
3. 能够对广告案例进行评析。

素质目标

1. 启发培养学生的创新意识和创新精神。
2. 培养学生树立高尚的职业道德，增强广告宣传过程中的法律意识。

引导案例

案例1：恒源祥，羊羊羊

恒源祥这个品牌，相信很多人并不陌生，即便没有购买过其产品，也一定被"恒源祥，羊羊羊"这段广告词洗脑过。提及这一段广告，营销界褒贬不一，但回溯恒源祥的品牌历史，它确实是老字号中善于审时度势、敢于尝鲜、锐意进取的品牌。

恒源祥创立于1927年，成立之后的几十年间，经历改制、变革，见证了羊毛产业在中国的兴衰。到了20世纪80年代末90年代初，整个中国的经济腾飞，而此时恒源祥已是门庭冷落。1987年，时任上海恒源祥绒线公司总经理的刘瑞旗接手了店铺，并开始了自己的改革，在1988年为"恒源祥"三字注册了商标。

1991年，恒源祥制作并在上海电视台投放了著名的5秒广告，在两集电视剧间的广告时段首、中、尾各播一次广告，屏幕仅缓慢地滚动显示"恒源祥"，由著名播音员配音。那时，中国第一次引进电视剧，收视率非常高，而广告时段间隔播放三次的洗脑节奏，使其成为大众印象最深刻的广告。其首创的5秒电视广告为恒源祥带来巨大收益，1992年，恒源祥的销售额就达到了300万元，这在当时是创纪录的数字。

依靠5秒广告在上海获得首次盈利，恒源祥来到央视。几经波折，最后将广告语确定为"恒源祥，羊羊羊"。由于央视只提供15秒广告，恒源祥只得将5秒广告连播三遍。广告最终花费 10 万元，相当于耗光了恒源祥上一年的全年利润。虽然费用高昂，但六字广告语可谓家喻户晓，要通过几秒钟的时间被人记住的话，重复或许是最好的方法。

由于"恒源祥，羊羊羊"这六个字的声音已经深入人心，甚至比已注册商标的图文版"恒源祥"更著名，在 2014 年，恒源祥集团将其注册为声音商标，为企业增加保护渠道，对商标健康发展大有益处。不知不觉中"恒源祥"刻在了一代又一代人的记忆中。看来，"重要的事情说三遍"这个道理，恒源祥 20 年前就懂了。

如今，恒源祥的主要精力在品牌管理——将生产外包、产品研发和销售渠道交由代理商。而恒源祥集团本身的工作就是品牌的维护，主要包括通过公益活动、体育赞助和文化研究等形式，对品牌进行研究和推广。

资料来源：商讯．洗脑传说[EB/OL]．（2021-02-19）[2021-05-31]．https://www.163.com/ad/article/G37H9RL6000189DG.html.

案例 2：恒源祥亮相 ChinaJoy，传统文化打通次元壁

2020 年 7 月 31 日上午，2020ChinaJoy 在上海新国际博览中心开幕，中华老字号恒源祥首次参展，把中式高定的"海派华服"带到了二次元的动漫展会，混搭"传统文化个性"和"年轻时尚潮流"，形成国潮新风尚。

2013 年，恒源祥旗下恒源祥戏剧公司打造的沪语话剧《永远的尹雪艳》上演，展现了从 1949—1979 年上海的绝世风华和文化底蕴，而服装就是剧中最大的亮点之一。香港著名服装设计大师张叔平为这台话剧设计了多达 90 套的演出服，更是为主角尹雪艳一人精心设计了 7 套旗袍，也就是恒源祥此次展出的"海派华服"。

此次参加 ChinaJoy，恒源祥还携手多名深受年轻粉丝喜爱的原创音乐人，开展了一场"Chinajoy 逐梦之旅"音乐服装秀，使观众充分了解恒源祥品牌的"传统文化个性"及"年轻时尚潮流"。

恒源祥（集团）有限公司总经理陈忠伟表示："汉服热、国潮热、传统文化热正在进行时，这是恒源祥重点关注的方向。当然，恒源祥所提倡的'国潮'不是盲目地跟风，而是一种发自内在的中华民族美学文化积淀，历经时间的酝酿，加上设计师别出心裁的再创作，所以才能散发出跨越时代的恒久魅力，越是民族的、经典的，越是能让世界所欣赏和认可的。我们也希望通过更多的途径，将这种认知传达给年轻消费者。"

据悉，恒源祥的国风 IP 产品，如京剧脸谱系列 T 恤等产品，现已在恒源祥微信小程序商城上架。今后，恒源祥还会结合国人，特别是千禧一代喜爱的国潮元素、国风 IP，设计定制更多的文创产品。

资料来源：姜煜．老字号拥抱年轻人，恒源祥亮相 ChinaJoy[EB/OL]．（2020-08-02）[2021-05-31]．http://www.sh.chinanews.com.cn/wenhua/2020-08-02/79332.shtml.

任务分析

广告作为促销手段，是一门带有浓郁商业性的综合艺术。虽说广告并不一定能使产品和品牌家喻户晓、人尽皆知，但若没有广告，其知名度肯定会大打折扣。成功的广告可使

默默无闻的企业和产品名声大振，广为传播，深入人心。恒源祥就是成功地运用了广告这一手段，深深地扎根在几代人的记忆中。结合案例资料，回答以下问题。

（1）分析恒源祥的经典广告，你认为这样的广告创意主要的促销目的是什么？

（2）恒源祥的经典广告在营销界一直存在争议，有广告人认为其内容过于简单直白，是没有创意的烂广告。你认为它是好广告还是烂广告？广告好坏的标准有哪些？

（3）如今"恒源祥，羊羊羊"的广告已经非常少见了，取而代之的是各种体育赞助、慈善活动等，案例2即为恒源祥参加 ChinaJoy 的一则新闻。恒源祥为什么会做出这样的改变？

知识学习

一、广告的含义与种类

广告从字面上来理解，即"广而告之"的意思，作为一种传递信息的活动，是被企业普遍重视且应用最广的促销方式。市场营销学中的广告是广告主以促进销售为目的，付出一定的费用，通过特定的媒体传播商品或服务等有关经济信息的大众传播活动。

根据内容的不同，广告可以分为商品广告、企业广告和公益广告。

（1）商品广告。商品广告是为了提高某种商品的知名度，促进其销售的信息传播活动，能够直接产生促销的效果，是企业所做的主要广告之一。服务广告与商品广告相似，区别在于所宣传的对象为服务或劳务，而非实物商品。此类广告按其目的不同又可分为以下三种类型。

一是开拓性广告，即报道性广告，是以激发顾客对产品的初始需求为目标，主要介绍刚刚进入投入期的产品的用途、性能、质量、价格等有关情况，以促使新产品进入目标市场。

二是劝告性广告，即竞争性广告，是以激发顾客对产品产生兴趣，增进"选择性需求"为目标，对进入成长期和成熟前期的产品所做的各种传播活动。

三是提醒性广告，即备忘性广告或提示性广告，是指对已进入成熟后期或衰退期的产品所进行的广告宣传，目的在于提醒顾客，使其产生"惯性"需求。

（2）企业广告，又称商誉广告，是为了树立和维持企业的信誉，提高企业的知名度，从而间接促进商品销售的广告形式。这类广告着重介绍企业文化，宣传企业精神，打造品牌认知，增强消费者对企业的好感和信任，以带来间接、长久的促销效果。

（3）公益广告，即用来宣传公益事业或公共道德的广告，是不以盈利为目的而为社会提供免费服务的广告活动。公益广告能够实现企业自身目标与社会目标的融合，履行企业社会责任，有利于树立并强化企业形象，有着广阔的发展前景和更为深远的影响。

二、广告媒体及选择

广告媒体种类繁多，不同的媒体有不同的特性。选择的媒体不同，广告费用、广告设计、广告策略、广告效果等内容都是不同的。因此，采用何种广告媒体把商品信息传向市场，是广告决策的主要内容。一般来说，报纸、杂志、广播、电视，通常被称为传统四大广告媒体，而后起之秀互联网发展迅速，2010—2019 年，我国互联网广告市场规模复合增速达 40%以上，到 2019 年，互联网广告所占比重已超过 50%。

（一）各种广告媒体的优缺点

1．报纸

报纸是一种较早使用的传播媒体，其优点是：发行量大，读者广泛且稳定，覆盖面广；信息传播迅速及时；地理选择性好；费用较低。报纸的不足是：时效短，不易保存；注目率底，内容庞杂易分散注意力；形式欠佳，吸引力不如其他形式。

2．杂志

杂志分类明确，一般有鲜明的主题，其优势是：信息传播对象明确，针对性强；保存期长，可反复阅读；印刷精美，效果好于报纸广告。杂志的不足是：发行周期长，受定期发行的时间限制，灵活性差；接触对象不够广泛，传播不够广泛。

3．广播

广播在 20 世纪 40 年代兴起，它的优点是：传播迅速、及时、灵活，时效性强；制作简单，费用较低；传播范围广。广播的不足是：传递的信息量有限；有声无形，形式单调，无法进行产品演示；不便记忆和存查；随着其他媒体的广泛应用，收听对象不断流失。

4．电视

电视是声画结合的现代化广告媒体，时至今日，电视仍然是最重要的广告媒体之一，其优势是：传播范围广，影响面大；生动、形象，感染力强；传播迅速灵活，不受时空限制。电视的不足是：制作费用和播放费用高；缺乏针对性，广告对象难以选择；播放不当，易引起反感。

5．互联网

随着互联网的发展，互联网和移动互联网也越来越被企业所认可，除了具备电视广告的优点以外，网络广告费用相对较低，互动性强，针对性强，更新及时，可检索可复制，效果易评估，已成为目前最主要的广告投放媒体。但是随着互联网广告的发展，其费用也在不断升高，并且极易充斥屏幕造成用户反感，因此，对于企业来说，不能完全依赖互联网广告进行促销。

延伸阅读 8.4
"关不掉"的网
络广告

此外还有一些其他的广告投放渠道，如路牌、机场、车站、橱窗、霓虹灯、电影院、电梯等，在一定区域内有针对性地进行推广，效果也是非常明显的。

（二）广告媒体的选择

各种不同的媒体特点各不相同，企业在运用广告促销时，为了达到预期的效果，需要恰当选择广告媒体，一般要考虑以下影响因素。

1．产品的特性

广告媒体只有适应产品的特性，才能取得较好的广告效果。通常，原理复杂、技术性强、需要详细说明介绍的产品，多选用报纸、杂志等文字性的媒体；而对一般生活用品，如服装、食品、日化用品等，则适合选用能直接传播到大众的广告媒体，如电视、互联网等，利用彩色动态画面增加其吸引力。

2．消费者的习惯

不同的顾客群体，其习惯、心理活动等方面都不一样，广告需要选择最容易触达目标群体的媒体形式。例如，目标顾客是老年人，可以选择报纸、广播和电视投放广告；而目标顾客是年轻人，则应选择电视、互联网。

3．媒体的传播范围

媒体传播范围的大小直接影响广告信息的传播区域。适合全国各地使用的产品，应以全国性的传统媒体及互联网做广告媒体；属地方性销售的产品，除了可以通过地方性媒体传播以外，还可以借助户外广告、移动互联网等形式。

4．媒体的费用

各种广告媒体收费标准不同，即使同一种媒体，也因传播范围和影响力的大小而有价格差别。考虑媒体费用，不应单纯计较总金额，应同时考虑广告促销效果，常用指标有千人平均成本，即广告投入总费用与触达人数的比值。

课堂思考 8.2

三、广告的设计原则

广告效果，不仅取决于广告媒体的选择，还取决于广告设计的质量。设计广告时必须遵循以下原则。

（一）真实性

《中华人民共和国广告法》第三条规定："广告应当真实、合法，以健康的表现形式表达广告内容，符合社会主义精神文明建设和弘扬中华民族优秀传统文化的要求"。第四条规定："广告不得含有虚假或者引人误解的内容，不得欺骗、误导消费者"。广告的真实性体现在两个方面：一是内容真实；二是表现形式真实。广告的语言文字不宜使用含糊、模棱两可的言词；艺术手法修饰要得当，以免使广告内容与实际情况不相符合，尽量避免引人误解或产生歧义的可能。依据真实性原则设计广告，这也是一种商业道德和社会责任。

（二）思想性

广告在传播经济信息的同时，也传播一定的思想意识，必然会潜移默化地影响社会文化、社会风气。广告的思想性体现在：广告必须符合社会文化、思想道德的客观要求，要有利于社会主义精神文明，有利于培养人民的高尚情操。

（三）合法性

广告设计，无论从内容、形式都要合法。广告要遵循党和国家的有关方针、政策，不违背国家的法律、法令和制度，包括广告主的主体资格符合法律规定，被广告的商品或服务是国家许可的，广告的表现形式和内容，如语言、文字、画面等，应当符合法律规定，广告的发布程序要符合法律规定等。

（四）针对性

广告的内容和形式要富有针对性，即对不同的商品、不同的目标市场要有不同的内容，采取不同的表现手法。由于各个消费者群体都有自己的喜好、厌恶和风俗习惯，为适应不同消费者群的不同特点和要求，广告要根据不同的广告对象来决定广告的内容，采用与之相适应的形式。

（五）艺术性

广告是一门科学，也是一门艺术。广告的设计要吸收文学、戏剧、音乐、美术等各学科的艺术特点，把真实的，富有思想性、针对性的广告内容通过完善的艺术形式表现出来，以达到吸引目标客户的目的。这就要求广告设计构思新颖，广告形式不断创新。真实是广告的生命，创意是广告的灵魂。广告毕竟不是产品说明书，所有真实的信息一旦转换为广告说辞，就不可避免地产生一定程度的失真，这是广告的宿命。但是，通过最优秀的创意向广大受众传递最真实的产品信息，无疑是每一则广告都想达到的目标。

四、广告效果的测定

广告效果有传播效果、促销效果和本身效果之分，因此要从三个方面测定广告效果。

（一）广告传播效果的测定

广告传播效果是指具有说服动机的广告信息对受众心理、态度和行为的影响，即广告传播活动在多大程度上实现了广告目标；同时也包括广告信息带来的一切影响和后果，是以广告的收看、收听、认知、记忆等因素为依据来衡量广告传播的效果。衡量广告传播效果的指标主要有接收率和认知率。

接收率，指接收某种媒体广告信息的人数占该媒体总人数的比重。

$$接收率 = \frac{接收广告信息的人数}{接触该媒体的总人数} \times 100\% \qquad (8.1)$$

认知率，指接收到广告信息的人数中，真正理解广告内容的人所占的比重。

$$认知率 = \frac{理解广告内容的人数}{注意到此广告的人数} \times 100\% \qquad (8.2)$$

（二）广告促销效果的测定

广告促销效果，是广告的直接经济效果，反映广告费用与商品销售量（额）之间的比例关系。广告促销效果的测定，是以商品销售量（额）增减幅度作为衡量标准的，常用指标有如下几种。

1. 广告费用占销率

利用该指标可以测定出计划期内广告费用对产品销售量（额）的影响。广告费用占销率越低，表明广告促销效果越好；反之则越差。

$$广告费用占销率 = \frac{广告费}{销售量（额）} \times 100\% \qquad (8.3)$$

2. 广告费用增销率

该指标可以测定计划期内广告费用增减对广告商品销售量（额）的影响。广告费用增

销率越高，表明广告促销效果越好；反之则越差。

$$广告费用增销率 = \frac{销售量（额）增长率}{广告费用增长率} \times 100\% \qquad (8.4)$$

3．单位广告费用促销量（额）

该指标可以测定单位广告费用促销商品的数量或金额。单位广告费用促销量（额）越大，表明广告效果越好；反之则越差。

$$单位广告费用促销量（额） = \frac{销售量（额）}{广告费用} \qquad (8.5)$$

4．单位广告费用增销量（额）

该指标可以测定单位广告费用对商品销售的增益程度。单位广告费用增销量（额）越大，表明广告效果越好；反之则越差。

$$单位广告费用增销量（额） = \frac{报告期销售量（额）-基期销售量（额）}{广告费用} \qquad (8.6)$$

5．弹性系数

通过销售量（额）变动率与广告费用投入量变动率的比值来测定广告促销效果。

$$E = \frac{\Delta S / S}{\Delta A / A} \qquad (8.7)$$

式中：S——销售量（额）；

ΔS——加广告费用后的销售增加量（额）；

A——广告费用原有支出额；

ΔA——增加的广告费支出额；

E——弹性系数，即广告效果。E 值越大，表明广告的促销效果越好。

（三）广告本身效果的测定

广告本身效果不是以销售数量的大小为衡量标准，而是主要以广告对目标市场消费者所引起心理效应的大小为标准，包括对商品信息的注意、兴趣、情绪、记忆、理解、动机等。因此，对广告本身效果的测定，应主要测定知名度、注意度、理解度、记忆度、视听率、购买动机等项目。

课堂任务

1．以 5 人左右的学习小组为单位，分别讨论"任务分析"中的相关问题。

2．结合具体问题，随机指定若干个小组，由其派代表回答上述问题中的其中一个。教师也可以通过教学信息化平台，组织在线讨论。

3．其他小组可结合发言人的阐述进行提问。

4．教师点评，总结本项目内容。

课后阅读 8.3
2021 年《广告法》禁用词

任务四　公共关系促销

知识目标

1. 熟悉公共关系促销的形式和特点。
2. 理解公共关系促销对于企业的意义。

能力目标

1. 能够选择恰当的时机和方式，进行公共关系促销。
2. 能够正确利用公共关系实现企业促销目标。

素质目标

1. 培养学生的团队合作意识。
2. 增强学生的社会责任感。

引导案例

央视《新闻联播》聚焦温州外贸鞋企

2020 年 4 月 12 日晚，央视《新闻联播》将目光聚焦温州，以《一家外贸鞋企的转型突围之路》为题，用长达 3 分 3 秒的时间，展现了温州政府和当地企业在新冠肺炎疫情带来的困境之下的转型之路。新闻内容如下。

"宛家勇在温州鹿城经营着一家中小型的外贸鞋企，生产的皮鞋 90% 出口销往俄罗斯、韩国、澳大利亚等国家。随着海外疫情的暴发，订单量被取消了 30%，延迟确认的订单也占了 20% 左右，企业生产车间里的机器一夜之间关停了一大半。海外市场遇阻，能否转向内销？外贸鞋和内销鞋不仅销售渠道完全不同，在工艺上也存在较大差异，想要转型，风险同样不低。

"宛家勇企业遭遇的困境，在温州并不是个例，很多外贸鞋企都遭遇了暂缓发货、订单被撤的情况。如何帮助企业渡过难关，温州市商务局早在 2 月就开始谋划破解'保外贸订单'的工作方案，每个外贸企业都派驻了一名驻企联络员。

"政府的积极作为，让遭受订单荒的宛家勇踏实了些，开始大胆投资用于内销的生产线，经过不断的试错，终于设计出了既有外贸鞋耐磨耐折的特点，又在款式上贴合国内消费者眼光的内销鞋样。3 月 16 日，宛家勇企业车间里新购置的两条内销鞋生产线正式投产，通过网红直播带货、电商平台铺货等方式，以每天 5000～10 000 双的数量销往全国各地。"

众所周知，《新闻联播》是央视综合频道的一档晚间新闻节目，自 1978 年开播以来，

每天总结播报国内外要闻，是我国的官方新闻发布渠道，也是覆盖范围最广、最权威、最具有影响力的新闻节目。温州外贸鞋企出现在这样的节目中，没有花一分钱的广告费，却大大提升了企业的知名度，树立了良好的企业形象，也让全国人民了解了这些外贸企业正在面临的问题，为帮助企业从困境中恢复起到了至关重要的作用。

资料来源：侃股网. 2020 年 4 月 12 日星期日晚间央视新闻联播文字版主要内容摘要[EB/OL]. （2020-04-12）[2021-05-26]. http://www.eweb.net.cn/article-123473-11.html.

任务分析

20 世纪 70 年代以来，公共关系逐渐成为企业的一个重要促销手段，目前，很多大企业都设有公共关系部门，专门管理公共关系事务。企业在任何市场的经营活动，都与其公共关系密切相关。公共关系涉及的内容较为广泛，形式也较为多样，因此，有必要对公共关系进行认识和探讨。请阅读案例并回答以下问题。

（1）除了案例资料，举几个你认为属于公共关系促销的例子。

（2）开展公共关系促销能够为企业带来哪些收益？

（3）常见的公共关系促销方式有哪些？

知识学习

一、公共关系的含义

公共关系是指企业或组织为了适应环境，以争取公众的了解、信任、支持和合作，树立企业良好形象和信誉而采取的一系列有计划的活动，其主要目的不是为了销售产品，而是通过与社会和企业内部的"对话"来提升形象，内求团结和协调，外求理解与支持，为企业发展赢得良好的内外部环境。

任何一个企业都不可避免地要与社会各界发生各种各样的交往关系，企业要在纷繁复杂的社会环境中求得生存和发展，就必须采取有计划的政策和行动，处理好这些关系，树立良好的社会形象。随着现代信息传播技术和大众传播的发展，公众舆论的作用日益增强，企业必须运用公关手段来引导舆论，营造良好的生存发展环境。

二、公共关系的特点

公共关系是一门"内求团结、外求发展"的经营管理艺术，是一项与企业生存发展休戚相关的事业。公共关系作为促销组合的重要组成部分，与其他促销方式相比，具有以下特点。

（一）目标的长期性

企业通过各种公共关系手段的使用，能树立良好的企业形象和产品形象，但是这个过程不是一朝一夕就能完成的，企业必须要经过长期努力，着眼于长期效应，不计较一时得失。待企业形象、产品形象成功塑造起来，就能长时间地促进销售，稳固市场。

（二）沟通的双向性

公共关系的工作对象是各种社会关系，是全方位、立体化的关系网络。企业与社会公众之间的联系要通过双方的信息交流与沟通来实现。通过公共关系手段的应用，让企业了解公众，让公众认识企业并愿意接受企业的产品和服务。

（三）促销的间接性

公共关系是通过积极参与各种社会活动，宣传企业形象，扩大企业知名度，增强社会各界对企业的了解和信任，从而达到促销的目的，而不是直接介绍和推销商品，因此是一种间接促销的行为。

延伸阅读8.5
趣味谈公关

三、公共关系的活动方式

公共关系活动是一门综合性的艺术工程，必须遵循一套科学的程序和步骤，这些步骤可以归纳为调查研究、确定公关目标、制定公关对策、实施公关计划、反馈和评价公关效果等。企业要有效地实施这些步骤，就必须善于运用各种公关活动方式，常见的公关活动方式有如下几种。

（一）借助新闻媒体宣传

新闻媒体宣传是一种免费广告，是企业公共关系最重要的活动方式，这种方式不仅可以节约广告费用，而且由于新闻媒体的权威性和广泛性，要比普通广告在获取客户信任方面更为有效。企业的公关部门及公关人员可以发展和创造对公司和产品或员工有利的新闻，撰写故事性的新闻稿件，如围绕优秀人物专访、企业参观、技术创新等方面，争取让媒体采用，达到宣传的目的。

（二）策划新闻事件

公关部门策划一些与企业自身密切相关的时间并借助媒体进行报道，吸引公众的注意和兴趣，以达到提高社会知名度、塑造企业良好形象的目的。例如，金六福成为奥运赞助商举行新闻发布会，利用报纸、电视、网络等多种媒体进行详细报道。

（三）参与社会公益活动

每个企业都有其应尽的社会责任，参加公益活动不仅体现了企业的社会责任感，也有利于树立企业形象，提升美誉度。社会公益活动包括捐赠或救济、赞助体育文化科教活动、兴建公共设施、参与社会慈善和福利事业等。例如，有的企业热心于"希望工程""西部水窖工程"等，以引起社会各界公众及媒体的关注，树立企业热心公益事业、福利事业的良好形象。

延伸阅读8.6
助力战"疫"——
企业捐赠榜

（四）举办专题活动

专题活动是围绕某一主题而开展的特殊活动，如举办展销会、开展竞赛、开业庆典、周年纪念日、答谢会等形式，旨在吸引公众的注意力，向公众宣传企业、介绍产品，促进公众对企业的了解和支持，以扩大企业影响。

（五）加强公关广告

通过公关广告介绍、宣传企业。公关广告，即为形成某种进步或具有积极意义的社会风气或宣传某种新观念而做的广告，常见的形式包括：致意性广告，即向公众表示感谢、道歉、节日祝福等；倡导性广告，即企业率先发起某种社会活动或提倡某种新观念；解释性广告，即就某方面情况向公众进行介绍、宣传或解释。

（六）危机公关活动

危机公关指企业或组织在面临危机时，为避免或者减轻危机所带来的严重损害和威胁，从而有组织、有计划地学习、制定和实施一系列管理措施和应对策略。随着信息传播渠道增多、速度加快，舆论的力量变得不容小觑，一点风吹草动就有可能将企业推向社会舆论的风口浪尖。当企业面对此类危机时，应第一时间内，本着诚意、诚恳、诚实的原则与公众真诚沟通，说明事实真相，勇于承担责任，求得公众谅解，以减轻企业的损失；成功的危机公关，甚至能够变危机为商机。

课堂任务

1. 以5人左右的学习小组为单位，分别讨论"任务分析"中的相关问题。

2. 结合具体问题，随机指定若干个小组，由其派代表回答上述问题中的其中一个。教师也可以通过教学信息化平台，组织在线讨论。

3. 其他小组可结合发言人的阐述进行提问。

4. 教师点评，总结本项目内容。

课后阅读 8.4
赞助——公共关系最常用的手段

任务五　营业推广促销

知识目标

1. 理解营业推广的含义。
2. 熟悉营业推广手段及其适用范围。

能力目标

1. 能够分析营业推广案例，评估营业推广效果。

2. 能够正确选择营业推广手段，进行简单的推广策划。

素质目标

1. 培养学生诚信经营的意识。
2. 引导学生树立高尚的职业道德。

引导案例

车市回暖，4S 店让利促销

2020 年，经历过疫情阴霾的汽车市场，在下半年出现明显的回暖信号。在中秋、国庆"双节"到来之际，为了把握黄金销售期，各品牌都有不同程度的终端优惠。

总体来看，美系车优惠幅度大，如上汽通用别克的优惠力度最大，现金优惠一般在 3 万～5 万元，有的车型还附赠包括延保等服务优惠；日系中本田和丰田优惠力度相对较小，在 1 万～3 万元不等；德系、韩系和自主品牌汽车的优惠力度多在 2 万～4 万元。

相比之下，BBA 等豪华品牌车型的优惠力度普遍较高，比如奔驰 E 级的优惠可达 9.3 万元；奥迪 A4L 的优惠金额约为 6 万元，购车还会送礼包；宝马 X2 的优惠力度在 5 万～7 万元。

早在 2 月、3 月，工信部接连发文要稳定汽车等大宗消费产业，随后各地纷纷响应，出台刺激汽车销售的政策，如直接现金补贴、放松限牌政策、开展促销补贴、支持汽车消费信贷、新能源免征购置税等。全国乘用车市场信息联席会秘书长崔东树分析称："得益于中央及地方出台的刺激汽车消费的政策，有效释放汽车市场的活力，再加上汽车厂商和经销商开展的让利促销活动，进一步激发了消费热情。"

在汽车行业分析师张翔看来，汽车市场的销量回暖很大程度上与经销商的优惠促销有关，经销商 4S 店通过大幅度的优惠力度吸引消费者购车，不过，这种通过促销提振销量的做法也会损害他们的经营利润。

资料来源：新京报. 车市迎"金九银十"，多家 4S 店让利促销[EB/OL]. （2020-10-04）[2021-02-21]. http://epaper.bjnews.com.cn/html/2020-10/04/content_790461.htm?div=0.

任务分析

市场竞争日益激烈、品牌数目增加、产品日趋类似、广告成本上升、法律约束等诸多因素导致企业营销效率下降。因此，营业推广立竿见影的促销效果，使其受到众多企业的青睐。结合案例资料，本部分设计如下具体任务。

（1）回顾近几年的"双 11"活动，总结其中所涉及的营业推广方式。

（2）4S 店大力度现金优惠、附加赠品等活动大大降低了利润率，有些品牌甚至"赔钱卖车"，为什么各大品牌还持续不断进行这样的活动？

（3）结合两个案例的共同之处，总结营业推广能够为企业带来的促销效果。

一、营业推广的含义和特点

营业推广，又称销售促进，是人员推销、广告和公共关系以外的能迅速刺激需求、鼓励购买的各种促销活动。

营业推广由一系列具有短期诱导性的战术性促销方式组成，对企业促销有着最迅速、最直接的作用。产品在不同的时期，可以借助营业推广实现不同的促销效果：处于成长期的产品，进行营业推广能够快速打开市场，吸引消费者的关注；处于成熟期的产品，进行营业推广有利于提升销量、获取更高的市场份额；处于衰退期的产品，可以采用营业推广迅速清理库存，但很难改变其销售大幅度下降的趋势，只可能稍稍延缓销售的幅度。

概括说来，营业推广有如下特点。

（一）促销的非连续性

营业推广一般是为了某段时期的促销目标专门开展的一次性促销活动。它不像广告、人员推销、公共关系那样作为一种连续的、常规性的促销活动出现，活动内容着眼于一些短期的、具体的促销问题，也就是说促销不能经常使用，所以具有非规则、非周期性的特点。

（二）促销形式多种多样

营业推广的方法多种多样，如打折、优惠券、满减、买赠、抽奖等，这些方法各有其长处，企业应根据不同的产品特点、不同的市场营销环境、不同的顾客心理等灵活地加以选择和运用。

（三）促销的短期效应

营业推广是在一个特定的时间里，针对某方面的消费者或中间商提供一种特殊优惠的购买条件，能给买方以强烈的刺激作用。只要方式选择运用得当，其效果能很快地在其经营活动中显示出来。因此，营业推广比较适合于突击式的、需要短期见效的促销目标。

（四）促销手段的局限性

并不是所有企业、所有商品都适用此种促销方式，定位较为高端的品牌或产品，几乎很少采取营业推广，而应依靠品牌形象来获得消费者的青睐，频繁的折扣和优惠，会破坏品牌在消费者心中的形象，降低其品牌价值，典型的代表就是一些奢侈品品牌。此外，营业推广难以建立品牌忠诚度，只可能短时期刺激购买，一旦营业推广结束，可能会面临"销售冷淡期"。

二、营业推广的方式

营业推广的方式有很多，随着时代的变化而变化，各有其特点和适用情况。企业要结合目标市场类型、产品特点、营业推广目标、市场竞争状况等因素来选择和使用。

（一）针对消费者的营业推广

向消费者推广是为了鼓励老顾客继续购买、使用本企业产品，激发新顾客尝试本企业产品，其方法主要有以下几种。

1．折价

折价即企业通过降低商品的正常售价，以提供给消费者经济利益，从而激发消费者购买欲望，促进商品销售的促销方式。常见的折价形式有直接打折、数量折扣、附加赠送、加量不加价等。这种方式适用于那些消费者熟悉或经常购买的品牌。

2．优惠券

优惠券即企业通过一定形式向目标顾客发放的购物抵用券，持券人在指定地点购买商品时可以享受一定优惠的促销方式。

3．赠送样品

向消费者免费赠送样品，以鼓励目标顾客试用。某些单价低、易于以独立小包装的形式分送的日用消费品，可以采用赠送样品的促销方式。

4．附送赠品

为鼓励或刺激消费者购买其产品而向消费者免费赠送奖品或礼品。一般是买某件产品，赠送该品牌旗下的其他种类产品，也可能是其他厂商的产品。营销实践中，赠品促销的一种特殊形式是，消费者除支付所购商品费用外，还需要支付一定的费用才能领到赠品。

延伸阅读 8.7
小样免费领，
大牌套路深

5．退款促销

企业根据顾客提供的购买某种商品的购物凭证给予一定金额的退款，以吸引顾客，促进销售。退款可以是商品购价的一部分，也可以是全部或超额。一般来说，在售价 20% 以上的退款才能引起消费者的兴趣。

6．集点换物

集点换物也称印花促销或积分优待，指消费者凭借购物凭证换取相应的奖励，作为积分的凭证通常是产品包装，或是包装上的某一特殊标志，如瓶盖、商标贴或包装内的小卡片，也可以是企业发放的积分卡或是积分记录。

7．有奖销售

有奖销售即抽奖促销，指消费者在购买某种商品或累计购买达到一定数量时，可以参与厂商事先安排的抽奖活动，最后由厂商从参加者中抽出幸运者并赠送其奖品的促销方法。抽奖的形式有摇奖、摸奖、转奖、兑奖、刮奖等。

8．会员制

会员制又称作俱乐部营销，企业以某种利益或服务为主题，将各种消费者组成俱乐部形式，开展宣传、促销和销售活动。成为会员的条件可以是缴纳一定的会费或购买一定数量的产品。常见的会员制有三种形式：优惠类会员制、积分类会员制、便利类会员制。会员营销能培养消费者的品牌忠诚度，缩短厂商与消费者之间的距离，提高营销竞争力。

9．路演

企业在超市卖场外或其他场所开展现场宣传活动，通过与消费终端的直接沟通树立品牌形象，并在活动中推荐或销售产品，直接拉动产品现场销售。

10. 促销包装

企业对其产品给以一定的折扣优惠，并把原正常价格与限定优惠价格标明在商品包装或标签上。特价包装的形式，可以将同类商品包装起来减价出售，也可以将两件或多件相关产品包装在一起组合销售，但价格比单独购买一件商品的价格之和要实惠。这种方法适用于非耐用性消费品，短期效果明显。

课堂思考 8.3

（二）针对中间商的营业推广

为了促进中间商合理安排进货、尽快付款、大批量采购，可以采用的方式有如下几种。

1. 进货折扣促销

进货折扣使用广泛，操作简便，效果显著，是企业吸引中间商的重要促销形式。常见的进货折扣促销形式有以下几种。

现金折扣：即企业对于在约定时间内提前付清货款的客户给予一定比例的折扣。

数量折扣：即企业向大量购买本企业产品的中间商提供价格折扣，分为累积性数量折扣和一次性数量折扣。

附加赠送：即企业根据中间商的购买数量，向其赠送一定数量的相同产品。

提前采购折扣：即企业对在销售淡季购买或提前购买产品的客户给予一定比例的折扣。

职能折扣：即企业根据中间商承担的营销职能情况给予不同的折扣。

协作表现折扣：即企业根据中间商的忠诚度与协作状况给予不同的折扣。

进货品种折扣：即企业根据中间商进货品种结构状况给予一定的折扣优惠。

2. 随货赠品促销

箱外赠送：企业根据中间商进货的多少赠送一定数量的物品。赠品一般在箱外随货送出，一般适用于对批发商的促销。赠送的物品可以是本企业的其他商品或其他企业的产品，也可以是赠品券、折价券、抽奖券、优惠券等。

箱内赠送：将赠品放在封装好的包装内，主要适用于对零售商或整件批量购买的消费者的促销。

3. 销售奖励促销

销售奖励促销即对超额完成销售目标的中间商给予的奖励，包括年度销售奖励和阶段性销售奖励。

4. 销售竞赛促销

这是企业常用的激励中间商的促销方式，具体做法有销售量竞赛、陈列竞赛、店铺装饰竞赛、销售技术竞赛、创意竞赛等。

5. 补贴促销

企业常对中间商采取各种补贴的措施，以激励中间商对企业的支持、合作与努力销售，具体做法有售点广告补贴、合作广告、商品陈列展示补贴、产品示范表演和现场咨询补贴、降低零售价补贴、点存货补贴、恢复库存补贴、延期付款或分期付款、赊销或代销等。

延伸阅读 8.8 补贴经销商，厂商同盟，共渡难关

三、营业推广方案

企业欲进行营业推广，必须有一个科学且可行的方案。营业推广方案是企业营业推广活动的具体安排，包括推广规模与强度、推广对象、推广途径、推广时间及推广预算等内容。

（一）推广规模与强度

一般而言，营业推广规模小、强度小，相应的影响力就会受到限制，推广效果不明显。反之，规模越大，所能影响到的潜在消费者范围就越广；强度越高、活动力度越大，刺激效果就会越明显。但是不能忽略成本的问题，从成本效益的角度看，规模大、强度高，不一定就能达到最佳投入产出。过度的刺激一方面会造成企业利润的减少，同时还有可能让消费者产生疑虑，降低品牌价值。

（二）推广对象

在制定方案时，要明确企业进行营业推广的对象是谁，可以是企业目标市场范围内的所有消费者、中间商及推销人员，也可以是特定人群或组织。一般来说，企业应该选择那些对产品有潜在需求、对营业推广刺激反应强烈的群体作为营业推广的对象，这样既能有效地促进销售，增强营业推广的效果，同时也能够在一定程度上控制营销费用。

（三）推广途径

营业推广的形式多样，需要通过不同的途径来实施，才能使其发挥最佳效果。例如优惠券的发放，优惠券可以放在包装里随商品销售而送出，可以通过广告媒体分发，也可以通过注册会员、关注公众号等方式在线领取，不同的发放途径，影响到的人群不同，推广费用也有区别。在选择推广途径时，除了考虑传播范围和效果外，还应该考虑成本问题。

（四）推广时间

营业推广时间的控制，是营业推广能否取得预期效果的关键因素之一，应考虑两个因素：推广时机和推广时长。

1．推广时机

并非任何时候都适合采用营业推广方式进行促销。推广时机选择得好，能起到事半功倍的效果；时机选择不当，有可能适得其反。企业应综合考虑社会舆论环境、市场竞争状况、产品生命周期、顾客收入情况和消费心理等因素，决定推广时机。

2．推广时长

推广持续时间太短，可能会有一些潜在顾客来不及购买，其影响力未能得到充分发挥；持续时间太长，一方面增加了促销成本，另一方面可能会失去刺激作用，甚至给消费者留下不好的印象，如怀疑产品质量、怀疑价格弄虚作假等。这样一来，营业推广的短期效果会被削弱，一些潜在顾客可能会持币观望而不急于购买。

（五）推广预算

制定营业推广预算的方法一般有两种。第一种是自下而上的：先预估每个促销项目的

费用，然后相加得出总预算。第二种是自上而下的：采用总预算比例法，将总促销预算按比例分配，其中一定比例的款项用于营业推广活动。营业推广的成本一般包括管理成本，如宣传活动费、印刷费、邮寄费等；刺激成本，主要是赠品、减价、补贴、让利等带来的成本。

四、营业推广的效果评估

为了改进营业推广方法，为今后的推广决策提供依据，有必要对推广活动进行评估。常用的推广评估方法有两种，即销售量比较法和推广对象调查法。

（一）销售量比较法

销售量比较法是指从销售量角度评价营业推广效果的方法，是指通过对推广活动前、中、后的销售量进行比较分析，评价推广效果，评价结果大致可分为以下四种情况。

1．稳定上升型

在营业推广期间销售量不断增加，营业推广结束后仍然保持营业推广期间的销售量，这是一种最理想的状况，也是较少见到的情况。

2．平起平落型

在营业推广期间销售量增加，推广结束后，销售量又回到原先的水平。这说明营业推广只是使消费者购买时间提前，并没有有效地促使消费者增加使用量，扩大消费者规模和提高企业的市场份额。针对这种情况，对季节性或时间性不强的产品可不进行营业推广，改用其他方式进行促销。

3．大起小落型

营业推广期间销售量增长快，营业推广结束后销售量有所减少，但总体上销售量增加大于销售量减少。根据这种情况，企业可以在上一营业推广期结束后，经过短时间调整，开展新一轮的营业推广活动。

4．大起大落型

在营业推广期间销售量增加，营业推广结束后，销售量大幅减少。推广后的销售量小于推广前，总体上销售量增加小于销售量减少。一旦出现这种情况，企业应密切关注，停止新一轮营业推广活动，以免出现更大的损失。

延伸阅读 8.9
苹果降价促销，
难挡销量下滑

（二）推广对象调查法

跟踪调查推广对象，以了解他们对营业推广活动的反映，以此来对营业推广效果进行评价。一般可以对以下内容进行调查：① 有多少人了解企业的营销推广活动；② 消费者对该活动的评价如何；③ 有多少人在活动期间增加了产品的购买量；④ 有多少新顾客购买了企业的产品；⑤ 营业推广活动对消费者今后的购买行为中的品牌选择有什么影响等。

课堂任务

1．以 5 人左右的学习小组为单位，分别讨论"任务分析"中的相关问题。

课后阅读8.5
路演流程

2．结合具体问题，随机指定若干个小组，由其派代表回答上述问题中的其中一个。教师也可以通过教学信息化平台，组织在线讨论。

3．其他小组可结合发言人的阐述进行提问。

4．教师点评，总结本项目内容。

任务六　营销基础知识及技能训练

营销基础知识

一、单项选择题

1．以下关于促销与营销的关系说法正确的是（　　）。

A．促销就是营销　　　　　　　　B．促销是营销策略中的一个部分

C．促销是营销的发展　　　　　　D．营销的重点是促销

2．促销工作的核心是（　　）。

A．出售商品　　　　　　　　　　B．沟通信息

C．建立良好关系　　　　　　　　D．寻找顾客

3．拉动策略最主要的促销手段是（　　）。

A．人员推销　　　　　　　　　　B．广告

C．营业推广　　　　　　　　　　D．公共关系

4．对于单位价值高、性能复杂、需要做示范的产品，通常采用（　　）。

A．人员推销　　　　　　　　　　B．广告

C．公共关系　　　　　　　　　　D．营业推广

5．下列因素中，不属于人员推销基本要素的是（　　）。

A．推销员　　　　　　　　　　　B．推销品

C．推销条件　　　　　　　　　　D．推销对象

6．在产品生命周期的投入期，消费品的促销目标主要是宣传介绍产品，刺激购买欲望的产生，因而主要应采用（　　）的促销方式。

A．广告　　　　　　　　　　　　B．人员推销

C．价格折扣　　　　　　　　　　D．营业推广

7．购买折扣、免费货品、合作广告、推广补贴等属于针对（　　）的营业推广方式。

A．中间商　　　　　　　　　　　B．推销人员

C．消费者　　　　　　　　　　　D．采购人员

8．儿童智力玩具一般宜选择（　　）作为广告媒介。

A．报纸　　　　　　　　　　　　B．广播

C．电视　　　　　　　　　　　　D．杂志

9．从立足点来看，公共关系广告应立足于（　　）。

A. 商业利益　　　　　　　　　B. 公共利益

C. 长远利益　　　　　　　　　D. 短期利益

10. 下面不属于公共关系策略的是（　　　）。

    A. 慈善捐款捐献　　　　　　B. 处理内部信访

    C. 赞助大型体育赛事　　　　D. 对中间商予以补贴

二、多项选择题

1. 以下属于促销基本手段的有（　　　）。

    A. 广告　　　　　　　　　　B. 人员推销

    C. 建立销售网络　　　　　　D. 公共关系

2. 促销策略从总的指导思想上可分为（　　　）。

    A. 被动策略　　　　　　　　B. 综合策略

    C. 拉动策略　　　　　　　　D. 推动策略

3. 促销组合和促销策略的制定其影响因素较多，以下属于其影响因素的是（　　　）。

    A. 促销时机　　　　　　　　B. 促销目标

    C. 产品因素　　　　　　　　D. 市场特点

4. 人员推销具有如下特点（　　　）。

    A. 成本较高　　　　　　　　B. 针对性强

    C. 促成交易　　　　　　　　D. 兼做服务

5. 广告设计的原则包括（　　　）。

    A. 真实性　　　　　　　　　B. 艺术性

    C. 针对性　　　　　　　　　D. 思想性

6. 某地一楼盘即将开盘，开发商欲通过广告的形式为开盘预热，合理的广告投放媒体有（　　　）。

    A. 当地知名论坛　　　　　　B. CCTV-1 黄金时段

    C. 当地交通广播　　　　　　D. 附近车站广告牌

7. 以下关于营业推广的理解正确的是（　　　）。

    A. 营业推广对在短时间内争取顾客扩大购买具有明显作用

    B. 由于消费者对不同推广方式的反映不同，为引起消费者兴趣，在一次营业推广活动中，可以使用多种推广方式

    C. 营业推广的影响常常是短期的，对建立长期的品牌偏好作用有限

    D. 有奖销售，利用人们的侥幸心理，对购买者刺激性较大，有利于在较大范围内迅速促成购买行为，因此奖励应尽可能大

8. 公共关系的作用对象相当广泛，以下属于其作用范围内的对象有（　　　）。

    A. 顾客　　　　　　　　　　B. 社会团体

    C. 竞争对手　　　　　　　　D. 政府机构

三、判断对错

1．促销是指企业通过人员推销或非人员推销的方式，向目标顾客传递商品或劳务的存在及其性能、特征等信息，帮助消费者认识商品或劳务所带给购买者的利益，从而引起消费者的兴趣，激发消费者的购买欲望及购买行为的活动。（　　）

2．人员推销是一种"拉"式促销策略。（　　）

3．拉式策略一般适合于单位价值较高、性能复杂、需要做示范的产品。（　　）

4．"推"式促销策略要求制造商以中间商为主要的促销对象。（　　）

5．结构简单、标准化程度较高、价格低廉的产品适合人员促销。（　　）

6．推销员除了要负责为企业推销产品外，还应该成为顾客的顾问。（　　）

7．在产品成长期的促销组合选择是人员推销、公共关系和广告的效应都降低了，以营业推广为主。（　　）

8．如果市场区域广阔，那么应多用人员推销，配合以广告和营业推广。（　　）

9．广告作为促销方式或促销手段，是一门带有浓郁商业性的综合艺术。（　　）

10．公共关系的目标是塑造组织形象。（　　）

11．某企业产品在"3·15晚会"被曝光有质量问题后，连夜在微博发布道歉信，这属于公共关系促销。（　　）

四、案例分析

1．2021年1月底，浙江公布了14例虚假违法广告典型案件，其中一例如下。

余姚市某家用电器有限公司为销售其破壁机产品，在未采用德国技术、电机也并非德国品牌的情况下，在自营网店中发布含有"德国双核变频电机"等内容的广告，违反了《广告法》第四条、第二十八条的规定，构成了"发布普通商品虚假广告"的违法事实。依据《广告法》第五十五条第一款的规定，2020年11月，余姚市市场监管局做出行政处罚，责令其停止发布违法广告，消除影响，并处罚款30万元。

广告的真实性被称为广告的生命，但目前市场上虚假广告泛滥，严重损害了消费者的利益，扰乱了市场稳定，甚至威胁到消费者的身体健康和生命安全。

结合此案例，通过上网或其他途径查找资料，讨论企业利用广告促销时应注意的问题。

2．雨天，一对年轻夫妇走进一家建材家装店。

导购员热情上前："您好！选点什么产品呢？"

女顾客脸上没有任何表情，随口说了一句："随便看看。"

"装修可真不容易！要是赶工期，什么天气都得出来买材料。"导购只得没话找话。

"是啊，都转了好几家了！"男顾客应道。

不错的信号，导购马上接着说："那应该有想要的产品风格和价位了吧？"

"便宜、干净一点就好。"男顾客答道。

"你们不是名牌吧？好像都没听说过？"女顾客突然问了一句。

解答客户的疑问、正确处理顾客的异议，是推销员成功销售必经的环节。

如果你是导购，你会如何回答女顾客？你将如何促成这笔交易呢？

项目八技能训练

项目九　网络营销认知（知识拓展）

项目九　网络营销认识

参考文献

[1] 科特勒. 市场营销原理[M]. 13 版. 北京：中国人民大学出版社，2010.

[2] 苏爱艳，侯铭海. 市场营销项目化教程[M]. 北京：中国轻工业出版社，2011.

[3] 林文杰. 市场营销原理与实训[M]. 北京：北京理工大学出版社，2009.

[4] 申纲领. 消费心理学[M]. 北京：电子工业出版社，2009.

[5] 平建恒，王慧琴. 消费者行为分析[M]. 北京：中国经济出版社，2008.

[6] 王方. 市场营销原理与实务[M]. 北京：高等教育出版社，2013.

[7] 杨明刚. 市场营销策划[M]. 3 版. 北京：高等教育出版社，2015.

[8] 张卫东. 网络营销：策划与管理[M]. 北京：电子工业出版社，2012.

[9] 屈冠银. 市场营销理论与实训教程[M]. 北京：机械工业出版社，2014.

[10] 隋兵，武敏. 市场营销基础与实务[M]. 北京：中国经济出版社，2010.

[11] 张俊，周永平. 市场营销：原理、方法与案例[M]. 北京：人民邮电出版社，2016.

[12] 杨卫兵，李静雯，尤维芳. 市场营销[M]. 北京：航空工业出版社，2012.

[13] 陈钦兰，苏朝晖，胡劲. 市场营销学[M]. 2 版. 北京：清华大学出版社，2017.

[14] 苗月新. 市场营销学[M]. 4 版. 北京：清华大学出版社，2019.

[15] 周建波. 市场营销学：理论、方法与案例[M]. 2 版. 北京：人民邮电出版社，2019.

[16] 郭国庆. 市场营销学通论[M]. 8 版. 北京：中国人民大学出版社，2020.

[17] 孙晓燕. 市场营销[M]. 北京：高等教育出版社，2015.

[18] 吴勇. 市场营销[M]. 5 版. 北京：高等教育出版社，2017.

[19] 魏亚萍. 电子商务基础[M]. 3 版. 北京：机械工业出版社，2018.

[20] 黄睿. 网络营销基础与创业实践[M]. 北京：人民邮电出版社，2016.

[21] 庄云鹏. 麦肯锡经典工作法：高效能人士问题分析与解决全方案[M]. 北京：中国法制出版社，2016.

[22] 科特勒，卡塔加雅，塞蒂亚万. 营销革命 3.0：从价值到价值观的营销[M]. 毕崇毅，译. 北京：机械工业出版社，2019.